Manfred Piwinger/Victor Porák (Hrsg.)

Kommunikations-Controlling

Manfred Piwinger/Victor Porák (Hrsg.)

Kommunikations-Controlling

Kommunikation und Information
quantifizieren und finanziell bewerten

Bibliografische Information Der Deutschen Bibliothek
Die Deutsche Bibliothek verzeichnet diese Publikation in der Deutschen Nationalbibliografie;
detaillierte bibliografische Daten sind im Internet über <http://dnb.ddb.de> abrufbar.

1. Auflage Januar 2005

Alle Rechte vorbehalten
© Betriebswirtschaftlicher Verlag Dr. Th. Gabler/GWV Fachverlage GmbH, Wiesbaden 2005

Lektorat: Maria Akhavan-Hezavei

Der Gabler Verlag ist ein Unternehmen von Springer Science+Business Media.
www.gabler.de

Das Werk einschließlich aller seiner Teile ist urheberrechtlich geschützt. Jede Verwertung außerhalb der engen Grenzen des Urheberrechtsgesetzes ist ohne Zustimmung des Verlags unzulässig und strafbar. Das gilt insbesondere für Vervielfältigungen, Übersetzungen, Mikroverfilmungen und die Einspeicherung und Verarbeitung in elektronischen Systemen.

Die Wiedergabe von Gebrauchsnamen, Handelsnamen, Warenbezeichnungen usw. in diesem Werk berechtigt auch ohne besondere Kennzeichnung nicht zu der Annahme, dass solche Namen im Sinne der Warenzeichen- und Markenschutz-Gesetzgebung als frei zu betrachten wären und daher von jedermann benutzt werden dürften.

Umschlaggestaltung: Nina Faber de.sign, Wiesbaden
Satz: Fotosatz Huhn, Maintal

Gedruckt auf säurefreiem und chlorfrei gebleichtem Papier

ISBN-13: 978-3-322-84416-3   e-ISBN-13: 978-3-322-84415-6
DOI: 10.1007/978-3-322-84415-6

Vorwort

Unsere Wirtschaft ist in hohem Maße kommunikationsgetrieben. In einem Atemzug mit dem intellektuellen Kapital von Unternehmen werden Information und Kommunikation als die treibenden Faktoren genannt. Ihnen kommt die Bedeutung von strategischen Erfolgsfaktoren zu. Je stärker diese Überlegung in das Bewusstsein von Finanzvorständen und Controllern gelangt, entsteht bei diesen vermehrt der Wunsch, sowohl die zu Grunde liegenden Aufwendungen zu erfassen als auch einen Bewertungsmaßstab für den verbleibenden Nutzen zu finden. Weder die Kommunikationswissenschaft noch die Betriebswirtschaftslehre haben bisher geeignete Vorschläge unterbreitet. Bisherige Lösungsvorschläge beschränken sich in den meisten Fällen auf die Erfolgsmessung einzelner Maßnahmen und bleiben ohne Bezug zur strategischen Unternehmensausrichtung. Angesichts der nicht mehr überschaubaren Ausgaben für Information und Kommunikation und dem damit verbundenen Kontrollverlust im Management wächst die Forderung, beide Disziplinen in betriebswirtschaftliche Kategorien zu überführen und sie nach den gleichen Maßstäben – beispielsweise in der Investitionskostenrechnung – zu bewerten und letztendlich in das vorhandene Controlling einzubinden. Auf diesem Gebiet hat weder die Praxis noch die Wissenschaft bisher genügend gearbeitet – es besteht also Nachholbedarf.

Der vorliegende Sammelband über Kommunikations-Controlling befasst sich vor dem Hintergrund der aktuellen Diskussion und angesichts der weit über die eigene Branche hinausreichenden Bedeutung von Information und Kommunikation mit grundsätzlichen, in diesem Zusammenhang stehenden Fragestellungen. Ein „Rezept" im Sinne einer unmittelbaren Anwendung ist nicht beabsichtigt und im Moment auch nicht sinnvoll. Insoweit ist bei den Beiträgen zutreffend von einem qualitativen Ansatz auszugehen. Es geht darum, das hochkomplexe Thema zu strukturieren und für eine betriebswirtschaftliche und ökonomische Betrachtung zu öffnen. Im ersten Abschnitt werden grundsätzliche Fragen und Voraussetzungen eines Kommunikations-Controlling aus kommunikations- und betriebswirtschaftlicher Perspektive behandelt. Schon dabei wird deutlich, dass die uneinheitliche Begriffsauffassung von „Kommunikation" (jeder versteht darunter etwas anderes) anfangs das wohl größte Hindernis darstellt. Solange hierüber kein Einvernehmen herrscht – und sei es auf betrieblicher Ebene –, ist weder die Einführung einer Kostenrechnung noch ein darauf aufbauendes Controlling möglich. Es werden Lösungsmöglichkeiten aufgezeigt, wie in der Praxis trotz aller Unklarheiten und unterschiedlicher Auffassungen gehandelt werden kann.

Die folgenden Abschnitte vertiefen jeweils aus unterschiedlicher Perspektive das praxisnahe Konzept. Zunächst wird der Frage nachgegangen, über welche Möglichkeiten das betriebliche Rechnungswesen verfügt, um Information und Kommunikation zu erfassen und einzelnen Aktivitäten im Unternehmen zuzuordnen, wobei es sich zeigt, dass die Erfassung der anteiligen Aufwendungen ein geringeres Problem darstellt als deren Zuteilung. Zu finden ist hier auch der Hinweis, dass nicht alles und jedes erfasst zu werden braucht, besonders dann nicht, wenn die Kosten für die Erfassung und Berechnung den Nutzen übersteigen. Im nächsten Beitrag wird der Vorschlag für ein siebenstufiges Prozessmodell von Kommunikation erörtert und damit praktisch das Stichwort für den nachfolgenden Beitrag geliefert. Dieser stellt aus Sicht eines Controllers die Gretchenfrage: Woran liegt es, dass Information und Kommunikation bis dato nicht in das betriebswirtschaftliche Controlling einbezogen sind, und welche Voraussetzungen müssten geschaffen werden, um diese „normale" Anforderung zu erfüllen? Konsequent schließt sich daran das Thema der bilanziellen Behandlung und Bewertung von Informations- und Kommunikationsergebnissen in der Leistungsbilanz der Unternehmen an. Einen Schwerpunkt bilden dabei die immateriellen Vermögensgegenstände. Aufgezeigt wird daneben, welche künftigen Entwicklungen auf die Unternehmen zukommen werden. Value Based Communication als letzter Beitrag in dieser Reihe der vertiefenden Abhandlungen greift den auch in den vorherigen Teilen behandelten Aspekt der Wertschöpfung vertiefend auf. Aus methodischer und systematischer Sicht sind somit alle im Zusammenhang mit dem Thema Kommunikations-Controlling stehenden Themen z.T. umfassend dargestellt. Einige der Vorschläge und Thesen sind ganz neu und werden – so ist unsere Hoffnung – zu einer fruchtbaren Auseinandersetzung innerhalb und außerhalb der Branche führen. Welche Möglichkeiten zur Erfolgsmessung von Information und Kommunikation zur Zeit angewendet oder diskutiert werden, dem widmet sich der letzte Beitrag in diesem Sammelband in einer Übersichtsdarstellung.

Das vorliegende Buch soll einen Beitrag zur Entwicklung des Kommunikations-Controlling leisten. Darüber hinaus sollen Unternehmen sowie wissenschaftliche Institutionen aufgefordert werden, sich an diesen Überlegungen zu beteiligen und diese weiterzuentwickeln. Insgesamt bietet dieser Band eine fach- und disziplinenübergreifende Auseinandersetzung mit dem Thema „Kommunikations-Controlling" auf dem aktuellen Stand. Darin liegt auch sein besonderer Nutzen. Das Thema ist viel zu komplex, als dass es in einem ersten Schritt vollständig und umfassend abgehandelt werden kann. Der Weg aber wird gegangen werden müssen – allein schon deswegen, weil die Forderungen seitens der Unternehmen dies verlangen. Die Herausgeber erhoffen sich eine breite Diskussion über diesen Sachverhalt, nehmen Anregungen und Kritik gerne entgegen und freuen sich darauf.

Wuppertal/St. Gallen im Januar 2005 DIE HERAUSGEBER

Inhaltsverzeichnis

Vorwort 5

Manfred Piwinger/Victor Porák
Grundlagen und Voraussetzungen des Kommunikations-Controlling 11
1 Warum Kommunikation kontrollieren? 11
   1.1 Kommunikation als immaterieller Vermögenswert 11
   1.2 Kommunikations-Controlling als Teil des Kommunikations-Management 17
   1.3 Rahmenbedingungen des Kommunikations-Controlling 20
2 Erfassung von Kommunikation 26
   2.1 Abgrenzung von Information und Kommunikation 27
   2.2 Wirtschaftliche Folgen der Nichtunterscheidung 36
3 Investition in Kommunikation 37
   3.1 Kosten der Kommunikation 39
   3.2 Prozess der Kostenerfassung 40
   3.3 Nutzen und Risiken von Kommunikation 43
   3.4 Kommunikation im betrieblichen Rechnungswesen 45
4 Ansatz eines Kommunikations-Controlling 47
5 Fazit 49
Literatur 52

T. Flemming Ruud/Jan Pfister
Erfassung und Zuteilung der Informations- und Kommunikationskosten aus konzeptioneller Perspektive 57
1 Information und Kommunikation im weiteren Kontext 57
   1.1 Ausgangslage und Zielsetzung 57
   1.2 Begriffsdefinitionen und Kategorisierungen 59
2 Nutzen und Stellenwert von Information und Kommunikation im Unternehmen 61
   2.1 Informations- und Kommunikationswege des Unternehmens . . . 61
   2.2 Theoretische Bedeutung 63
   2.3 Praxisbezogene Anforderungen 65
3 Konzeptionelle Grundlagen einer Informations- und Kommunikationskostenerfassung 66
   3.1 Erfassung und Zuteilung der Kosten 66
   3.2 Bestimmungsansätze der Kosten 66

3.3 Kosten- und/oder Investitionsrechnung 67
 3.4 Voraussetzung der Fokussierung 68
4 Anwendung eines Kommunikations-Controlling 69
 4.1 Funktionale Aspekte 69
 4.2 Vorgehen 70
5 Schlussbetrachtung 73
Literatur 74

Manfred Piwinger
Vorschlag für ein Prozessmodell der Kommunikation 77
1 Ziel des Beitrages 77
2 Die sieben Phasen des Prozessmodells 81
 2.1 Phase 1: Analyse des Status 81
 2.2 Phase 2: Definition des Kommunikationsziels 83
 2.3 Phase 3: Gestaltung der Gelingensvoraussetzungen 84
 2.4 Phase 4: Vermittlung, Ausführungssystem 89
 2.5 Phase 5: Filter der Wahrnehmung 92
 2.6 Phase 6: Analyse der Wahrnehmung 95
 2.7 Phase 7: Reflexion, Nachprüfung 97
Literatur 100

Karl-Heinz Maul
Kommunikation und Information im Jahresabschluss 103
1 Problemstellung 103
2 Bilanzielle Rahmenbedingungen 105
3 Nationale und internationale Berichterstattungspflichten 107
 3.1 Die Regelung des HGB 107
 3.2 Die Regelung nach den US-GAAP 109
 3.3 Die Regelung nach den International Accounting Standards (IAS) 112
4 Tendenzen freiwilliger Berichterstattung 115
5 Folgerungen für die Berichterstattung über den Wert von Kommunikation
 und Information 117
6 Zusammenfassung 119

Ali Arnaout
Controlling auch für die Kommunikationspraxis? 121
1 Einleitung 121
2 Merkmale der Kommunikationspraxis und Anforderungen
 an ein Kommunikations-Controlling 123

3　Konzeptvorschlag zum Kommunikations-Controlling 125
　　3.1　Kommunikationsplanung und -kontrolle 128
　　3.2　Kommunikations-Informationsversorgung 129
4　Fazit 132
Literatur 132

Rudolf Volkart/Teodoro Cocca/Gabriele Moll
Kommunikation und Unternehmenswert 133
1　Information und Kommunikation im unternehmerischen Kontext 133
　　1.1　Notwendigkeit kontrollierter Informations- und Kommunikationsprozesse　133
　　1.2　Information und Kommunikation als Grundlage des Handelns
　　　　und Entscheidens 134
2　Kommunikation als Wertelement und Wertkommunikation als Werttreiber? . . 135
　　2.1　Qualität von Information und Kommunikation 135
　　2.2　Ausprägungen des Begriffs der Wertkommunikation 136
　　2.3　Segmentierung der Investorenbasis 138
　　2.4　Instrumente und Kanäle der Wertkommunikation 138
3　Interne und externe Kommunikation aus wertorientierter Sicht 140
　　3.1　Kosten und Nutzen von Information 140
　　3.2　Kosten und Nutzen von Kommunikation 140
　　3.3　Wertkommunikation und Kapitalkosten 141
　　3.4　Grenzen der Messbarkeit 141
4　Formen der Wertkommunikation 142
　　4.1　Kommunikation immaterieller Werte 142
　　4.2　Verbale Diskussion und Würdigung 142
　　4.3　Dialogorientierung und Vertrauen 142
　　4.4　Wissensaustausch mit Geschäftspartnern 143
5　Wertlücken und Timing von Informationen 143
　　5.1　Gefahren von Wertlücken 143
　　5.2　Timing von Informationen 144
6　SWOT-Analyse der Unternehmenskommunikation als Basis
　　eines Kommunikations-Controlling 145
　　6.1　Periodische Standortbestimmung 145
　　6.2　Chancenbeurteilung 146
　　6.3　Risikobeurteilung 146
7　Corporate Governance und phasenspezifische Wertkommunikation 147
　　7.1　Corporate Governance und „Empowerment" der Aktionäre 147
　　7.2　Transparenzkonzept der Corporate Governance 148
　　7.3　Neue Kommunikationswege 149

7.4 Wahrnehmungskonflikte und -divergenzen: Beispiel „Adecco" April, 2003 und Januar 2004 150
7.5 Reputation in schwierigen Zeiten: Vertrauensverlust und wieder gewonnenes Vertrauen bei ABB 151
7.6 Phasenspezifische Wertkommunikation im Sinne der Unternehmensentwicklung 152
7.7 Exkurs: Kommunikationskosten im Rahmen eines Börsenganges 154
8 Fazit 156
Literatur 157

Victor Porák
Methoden zur Erfolgs- und Wertbeitragsmessung von Kommunikation . . . 163
1 Kommunikation als immaterieller Vermögenswert 163
   1.1 Rolle innerhalb immaterieller Vermögenswerte 164
   1.2 Wertbestimmmung innerhalb immaterieller Vermögenswerte 166
2 Systematik der Erfolgs- und Wertbeitragsmessung von Kommunikation 168
3 Funktionsbezogene Methode 170
   3.1 Methoden der Public Relations 170
   3.2 Methoden der Investor Relations 173
   3.3 Methoden des Sponsoring 176
   3.4 Methoden der Image- bzw. Reputationsmessung 178
   3.5 Methoden der Markenstärke- und -wertbestimmung 181
4 Funktionsübergreifende Methoden 184
   4.1 Die Communications Scorecard 185
   4.2 Methoden der internen Kommunikation 186
   4.3 Die Cultural Due Diligence 188
   4.4 Die Plananalyse 189
3 Abschliessende Betrachtung 190
Literatur 191

Autoren 195

Manfred Piwinger/Victor Porák
Grundlagen und Voraussetzungen des Kommunikations-Controllings

1 Warum Kommunikation kontrollieren?

1.1 Kommunikation als immaterieller Vermögenswert

Steigende Bedeutung von Kommunikation

Information und Kommunikation[1] sind zentraler Bestandteil unserer Wirtschaft und Gesellschaft.

Im aktuellen globalen und wettbewerbsintensiven Wirtschaftsumfeld mit steigendem Wettbewerb müssen sich Unternehmen mehr denn je durch den Aufbau starker Unternehmensmarken (Corporate Brand), durch eine gute Reputation (z.B. im Kapitalmarkt) und durch ein unverwechselbares Image von ihren Konkurrenten abgrenzen. Bis vor wenigen Jahren konnten sich Unternehmen auf eine genügend starke Differenzierung durch ihre Produkte und Dienstleistungen verlassen. Durch die Optimierung der Produktion, die Reduktion der Variantenvielfalt, die Einführung von Qualitätsmanagement und neuer Produktionssysteme bis hin zur unternehmensübergreifenden Verwendung identischer Bauteile und ganzer Serien gleichen sich heute viele Produkte in Form und Funktionalität so sehr, dass eine Differenzierung darüber kaum noch möglich erscheint. Dies führt dazu, dass die Kommunikationskosten dramatisch und in vielen Fällen unkontrolliert ansteigen. Neben dem Markt für Waren und Dienstleistungen schauen vor allem mittlere und größere Unternehmen auf die weltweit agierenden Finanzmärkte, um ihren Finanzbedarf zu decken. Investoren, Finanzanalysten und kreditgebende Banken geben sich längst nicht mehr mit einfachen Erklärungen zufrieden. Sie wollen wissen, was „hinter den Zahlen steckt". Unternehmen sind gezwungen, sich darzustellen und ihre Darstellung wirkungsvoll zu inszenieren. Alle Bemühungen, die damit im Zusammenhang stehen, sind Aufwendungen, die als Kommunikationskosten im Unternehmen anfallen. Der Zwang zu kommunizieren kommt auch noch von einer dritten Seite:

---

[1] Während Kommunikation stark auf den Aufbau von Beziehungen zielt, dient Information eher der Übermittlung von Fakten. Im Folgenden werden unter dem Begriff „Kommunikation" beide Begriffe zusammengefasst, außer wenn eine explizite Unterscheidung notwendig ist (siehe eingehendere Diskussion der Unterschiede in Kap. 2.1).

Unternehmen stehen heute als quasi „öffentliche Institutionen" unter einem massiven Rechtsfertigungszwang gegenüber der Öffentlichkeit, die Handlungen und Entscheidungen der Unternehmensleitung kritisch verfolgt. Je mehr Unternehmen sich auf dem Meinungsmarkt tummeln, desto stärker steigen die finanziell bedeutsamen Grenzkosten. Von der rein äußerlichen, produkt- und leistungsorientierten Unterscheidung ist die Differenzierung zusehends in die Köpfe von Anspruchsgruppen (z.B. Kunden, Lieferanten, Mitarbeiter, Investoren etc.) verlagert worden und wird dort mit Emotionen, Gefühlen und Einstellungen verankert. Reputation, Image und Marke weisen in dieser Hinsicht kapitalähnliche Eigenschaften auf. Kommunikation ist so wichtig geworden, dass man ohne große Einschränkungen behaupten kann:

> Wenn Sie die Kommunikation verändern, verändern Sie das Unternehmen.

Parallel zu der Frage des Umgangs mit fortwährend ansteigenden Kommunikationsaufwendungen, hat sich im Zuge der Shareholder-Value-Diskussion und des Value Based Management der Unternehmenswert allmählich zu *der* zentralen betriebswirtschaftlichen Zielgröße entwickelt (RAPPAPORT 1998). Da die klassischen Unternehmensperformance-Kennzahlen – wie überhaupt alle gewinnbasierten Kennzahlen – den wahren Geschäftsverlauf nur ungenügend abbilden, wurde eine konsequente Ausrichtung auf den Aktionärsnutzen, den Shareholder Value, vorgeschlagen. Daraus sind die heute stark verbreiteten Wertbestimmungsmethoden wie u.a. die Discounted-Cashflow-Methode (DCF) und der Economic Value Added (EVA) entstanden (COPELAND/KOLLER/MURRIN 2002).

Das Value Based Management basierte in seinen Anfängen ausschließlich auf der Nutzung finanzieller Kennzahlen. Erst seit Anfang der 90er Jahre ist die Erkenntnis gewachsen, dass finanzielle Kennzahlen alleine – ob vergangenheits- oder zukunftsorientiert – nur ein ungenügendes Bild der Unternehmensentwicklung zeichnen und wichtige Performance-Maße gar völlig unberücksichtigt bleiben. Die Entwicklung der Einbeziehung immaterieller Vermögenswerte in der Unternehmensbewertung geht auf *Eccles* zurück, der feststellte, dass die klassischen, finanzorientierten Systeme des Controllings aus Sicht der strategischen Steuerung allein keinen Sinn mehr ergeben (1991). Darauf aufbauend haben *Kaplan* und *Norton* die Balanced Scorecard (BSC) als pragmatischen Ansatz vorgestellt, der alle Probleme des klassischen Rechnungswesens – Vergangenheitsorientierung, mangelnder Bezug zur Unternehmensstrategie, etc. – zu lösen schien (KAPLAN/NORTON 1992). Durch sie sollen strategische Ziele mit Messgrößen, Zielvorgaben und konkreten Maßnahmen hinterlegt und damit kontrolliert werden. Mit der

BSC wurde es erstmals möglich, nur schwer quantitativ erfassbare immaterielle Vermögensbestandteile (sogenannte „weiche" Faktoren, „Intangible Assets") als Erfolgsfaktoren des Unternehmens in die strategische Planung aufzunehmen. Immaterielle Vermögenswerte entscheiden nach Meinung von Ökonomen heute immer stärker über den wirtschaftlichen Erfolg von Unternehmen und die Zukunftsfähigkeit von Standorten. Der OECD zufolge lagen die Investitionen in immaterielle Werte in 18 OECD-Staaten im Jahre 2000 bereits zwischen zwei und sieben Prozent des Bruttoinlandsprodukts (BIP).[2]

Insgesamt basiert die Intangible-Asset-Diskussion auf der Annahme, dass die beobachtete Lücke zwischen Buch- und Marktwert von Unternehmen (Goodwill) eine systematische geworden ist (EDVINSSON, MALONE 1997). Seit langem stößt die herkömmliche Unternehmensbewertung vor allem bei dienstleistungs- und wissensintensiven Unternehmen an ihre Grenzen. Diese Wertdifferenz wird nach aktueller Auffassung durch immaterielle Vermögenswerten wie u.a. dem intellektuellen Kapital (z.B. Patente, Verträge), den nicht separat identifizierbaren immateriellen Vermögenswerten (z.B. Managementerfahrung) sowie den separat identifizierbaren immateriellen Vermögenswerten (z.B. Markenwerte) bedingt. Gemäss einer Studie von *PricewaterhouseCoopers* liegt z.B. der geschätzte Anteil der Markenwerte am Unternehmenswert in Deutschland durchschnittlich bei 56 Prozent und bei Markenartikelunternehmen sogar über 90 Prozent (SATTLER/PRICEWATERHOUSECOOPERS 2001). Und genau hier liegt die Herausforderung und auch die Motivation für das Verfassen des vorliegenden Buches: Alle diese Werte – die beobachtete Wertlücke im Kapitalmarkt – hängen unseres Erachtens fast gänzlich von Kommunikation ab. Daher liegt es nahe, Wertbeitrag und Risiken der Kommunikation in ihrem weiteren Sinne für das Unternehmen transparent und lenkbar zu machen. Zudem geraten immaterielle Vermögenswerte immer stärker in das Blickfeld und das Bewusstsein von Analysten, Banken und Ratingagenturen. Diese belohnen die Einsicht in die immateriellen Vermögenswerte mit günstigeren Krediten und einer besseren Bonitätsbewertung, verlangen von den Unternehmen allerdings profunde und methodisch zuverlässige Informationen jenseits der traditionellen Zahlen.

Wenn nun mehr als die Hälfte des Unternehmenswerts den immateriellen Vermögenswerten zugerechnet werden kann, kommt damit nach den geltenden Rechnungslegungsvorschriften der „wahre Unternehmenswert" – also einschließlich des größten Teils der immateriellen Werte – in der Bilanz gar nicht zum Ausdruck. Somit stellen sich Unternehmen öffentlich schlechter dar, als ihr innerer Wert rechtfertigen würde. Da die von

---

2   Lt. Leif Edvinsson, Prof. für Intellectual Capital an der Universität Lund, basieren die Zahlen „auf einer engen Definition intellektuellen Kapitals, die Ausgaben für Forschung und Entwicklung, Bildung und Software umfasst." (FTD v. 7.9.2004, S. 29). Bei einer breiteren Definition läge die Zahl in massenintensiven Volkswirtschaften bei über 10 Prozent des Bruttoinlandsprodukts.

Unternehmen als hochrelevant eingestuften – zumeist immateriellen – Erfolgsfaktoren, wie z.B. Erfahrung des Managements, Weiterbildungsmaßnahmen, Management-Informations-Systeme (MIS), Wissen der Mitarbeiter, Kundenbindung, Qualität der Kommunikation etc., in der Berichterstattung nur ungenügend abgebildet werden, liefern Unternehmen faktisch ein falsches Bild vom Erfolgspotenzial des Unternehmens (vgl. Maul in diesem Band). Mussten bisher Umsatz, Ergebnis und Cash-Flow als Information zur Bewertung von Unternehmen reichen, so hat als erstes der Kapitalmarkt erkannt, dass die rein zahlenbasierte Kommunikation keine ausreichenden Indizien für eine faire Bewertung mehr liefert und verlangt zusehends nach weiteren, aussagekräftigen Erfolgsfaktoren für die Unternehmensbewertung. Maul schlägt deshalb in seinem Beitrag eine ergänzende Berichterstattung innerhalb des Finanz- und Geschäftsberichts entsprechend den derzeit diskutierten Vorschlägen zur Bilanzierung immaterieller Vermögenswerte vor.

Das Verständnis über die Wirkung von Kommunikation ist sowohl in der wissenschaftlichen Forschung wie auch in der unternehmerischen Praxis defizitär, bisherige Sichtweisen stellen zum Teil sogar ein Hindernis für die Kosten- und Erfolgsrechnung dar.

Grundlegend muss Kommunikation gemäß ihrer Kosten- und Ertragsseite sowie Wirtschaftlichkeit neu überdacht werden. In Anbetracht steigender Anteile der Ausgaben für Kommunikation am Gesamtbudget von Unternehmen fordern Unternehmensvorstände zu Recht den Nachweis von Effizienz und Effektivität der eingesetzten Mittel. Dies bedingt

- die Messung des Aufwands für Kommunikation, also die Kostenseite (vgl. dazu RUUD und PFISTER in diesem Band),
- die Möglichkeit, den Erfolg von Kommunikation messen und ausweisen zu können (vgl. dazu Porák in diesem Band), sowie
- die Forderung nach Wirtschaftlichkeit und damit dem Ergebnisbeitrag der eingesetzten Kommunikationsinstrumente (vgl. dazu VOLKART et al. in diesem Band).

Kommunikation als Sozialkapital

Kommunikation hat sich zu einer zentralen Größe des Wirtschaftens entwickelt. Unternehmen sind stärker denn je gefordert, sich über Aufbau und Pflege von Marken, Image und Reputation von ihren Wettbewerbern zu differenzieren. Die Unternehmenswahrnehmung verlagert sich somit von äußeren Produkt- und Unternehmenseigenschaften in die Köpfe der Anspruchsgruppen und wird dort verankert.

Grundlagen und Voraussetzungen des Kommunikations-Controllings

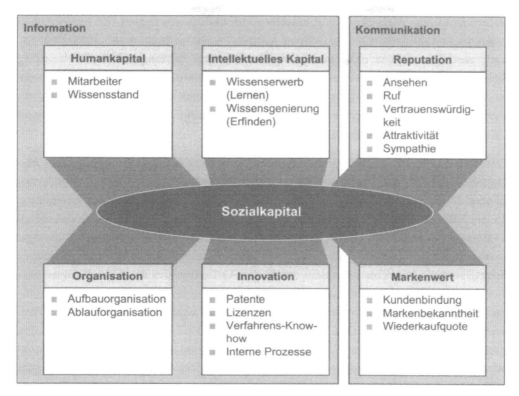

Abbildung 1: Sozialkapital als zentraler immaterieller Vermögenswert (eigene Darstellung)

In der Summe kann man den Status eines Unternehmens, seinen Ansehens- und Vertrauenswert als „Sozialkapital" bezeichnen. Unter Sozialkapital verstehen wir den durch Information und Kommunikation maßgeblich generierten Anteil des immateriellen Unternehmenswerts. Damit umfasst das Sozialkapital die bereits einschlägigen immateriellen Vermögenswerte „Intellektuelles Kapital", „Humankapital", „Innovation" und „Organisation" (Europäische Kommission 2003). Da Kommunikation direkt oder indirekt einen Großteil des gesamten Wirtschaftens ausmacht, kann das Sozialkapital als Bindeglied zwischen den übrigen immateriellen Vermögenswerten angesehen werden (siehe Abbildung 1).

Ein zu klärendes Thema aller bekannten Vorschläge der Bilanzierung immaterieller Vermögenswerte – z.B. in Form einer Wissensbilanz[3] – ist die Form der Bewertung der ein-

---
3 Auf Initiative des Bundeswirtschaftsministeriums arbeitet ein internationales Gremium mit Experten aus Deutschland, den Niederlanden, Österreich und Skandinavien derzeit an einem Modell für eine aussagefähige Wissensbilanz (Financial Times Deutschland v. 28.9.2004).

zelnen Faktoren. Herkömmliche Kennzahlen und Indikatoren eignen sich nur begrenzt, wie es schon die Bezeichnung „schwer fassbare" Unternehmenswerte (Intangible Assets) ausdrückt. Unklar ist weiterhin, welche Faktoren überhaupt in die Bilanzierung immaterieller Vermögenswerte einfließen sollen. Erstaunlicherweise wird in der weltweit geführten Diskussion über intellektuelles Kapital das Thema Kommunikation, der Schwerpunkt dieses Buches, nur am Rande berücksichtigt. Insofern könnte der Begriff „Sozialkapital" eine neue Richtung weisen.

Vor dem geschilderten Hintergrund der aktuellen Diskussion des Intangible Asset Management ist die Frage nach den Voraussetzungen, Ansatzpunkten und Komponenten eines Controlling-Systems für effiziente und effektive Kommunikation zwingend nötig. In den Führungsetagen der deutschen Industrie wächst die Bereitschaft, sich mit diesen Fragen zu befassen. Die Schwierigkeit, Kommunikation im betrieblichen Rechnungswesen sachgerecht zu bewerten, besteht vor allem in einem mangelnden gemeinsamen Begriffsverständnis. Eine allgemein anerkannte Definition des Begriffes Kommunikation lässt sich in der Literatur nämlich nicht finden. Das erschwert zum einen ihre Zurechnung, und zum anderen den Ausweis der tatsächlichen Höhe der erbrachten Aufwendungen. Der Erfolg selbst erscheint daher nur schwer objektivier- und erfassbar (vgl. dazu PORÁK in diesem Band). Im Allgemeinen gibt es in den meisten Unternehmen so gut wie keine Kenntnisse über die Höhe ihrer Kommunikationsaufwendungen. Üblicherweise werden traditionelle Budgetansätze zugrunde gelegt, was natürlich nicht hinreichend ist. Daneben fehlt es oft an einer präzisen Formulierung der unternehmensspezifischen Kommunikationsziele, die Bestandteil einer Unternehmensstrategie sein sollten. Daran scheitert die gesamte Wirtschaftlichkeitsberechnung, denn was nicht definiert wird, kann nicht bewertet werden. Ein erfolgsorientiertes Kommunikations-Management erfordert eine vorangehende Zieldefinition auf inhaltlicher, formaler und zeitlicher Ebene (siehe Abbildung 2).

Während auf inhaltlicher Ebene die zu vermittelnden Botschaften festgelegt werden, werden auf der zeitlichen Ebene Zeitpunkte, Dauer und Wiederholungen der Vermittlung und schließlich auf der formalen Ebene die Form der Vermittlung (z.B. Kanäle/Medien, Organisation und Ressourcenaufwand) festgelegt.

Kommunikation findet im betrieblichen Rechnungswesen bis heute keine hinreichende Berücksichtigung. Gleichzeitig fehlt ein geeignetes Prozessmodell für das Controlling, um Kommunikation in die Unternehmensstrategie und die sie steuernden Prozesse einbinden zu können (vgl. dazu PIWINGER in diesem Band). Als positiver Nebeneffekt würde Kommunikation zum Bestandteil der Unternehmensplanung werden und gleichgewichtig mit anderen Zielen und Aufgaben der Unternehmensentwicklung einer regel-

Grundlagen und Voraussetzungen des Kommunikations-Controllings

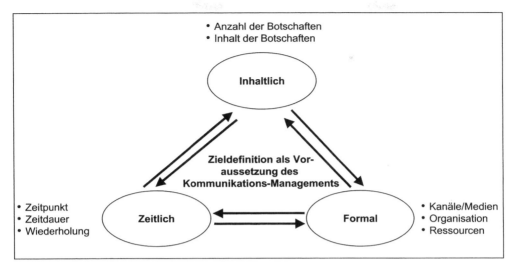

Abbildung 2: Zieldimensionen der Kommunikation (eigene Darstellung)

mäßigen periodischen Betrachtung und Kontrolle unterliegen. So weit sind wir heute noch nicht, doch der Weg führt unweigerlich in diese Richtung.

1.2 Kommunikations-Controlling als Teil des Kommunikations-Management

Das Kommunikations-Management befindet sich im Aufschwung (BENTELE/PIWINGER/ SCHÖNBORN 2001 ff.). Mit ihm rückt Kommunikation in die Position einer Führungsaufgabe auf, wobei sich Unternehmen in der Problematik wiederfinden, ihren Kommunikationserfolg bzw. die Effekte von Kommunikation auf Zielgruppen und indirekt auf den Unternehmenswert messen zu müssen, denn ohne Planung, Steuerung und Kontrolle kann kein Management stattfinden. Der klassische Managementkreislauf stellt die Vorgänge (1) Planung, (2) Umsetzung und (3) Kontrolle in einen inhaltlichen und zeitlichen Zusammenhang (WÖHE 2002). Ohne Feedback durch ein entsprechendes Controlling ist keine weitere Planung, keine Korrektur im Sinne eines Regelkreislaufs oder eines Qualitätsmanagement möglich (siehe Abbildung 3).

Obwohl teils beträchtliche Mittel in die Kommunikation fließen, gibt es bis jetzt kein geeignetes Instrumentarium zur integrierten Messung und Lenkung von Kommunikation und damit keine Integration in das betriebliche Controlling, was zum Teil daran liegt, dass unklar ist, was überhaupt gemessen werden soll. Das Controlling von Kom-

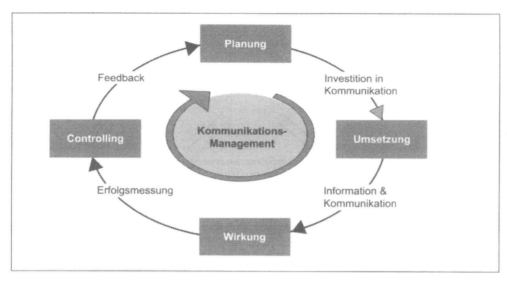

Abbildung 3: Führungskreislauf des Kommunikations-Management (PORÁK 2004, S. 1)

munikation ist aber Grundvoraussetzung, um Kommunikation erfolgsorientiert planen und budgetieren zu können. Genau daran scheitert bislang das Kommunikations-Managment. Daher muss als Voraussetzung für ein funktionierendes Kommunikations-Management analog zu den übrigen Funktionalbereichen in Unternehmen ein Controlling aufgebaut werden, das (1) die entstandenen Kosten und (2) den dadurch entstehenden Nutzen sowie die entsprechenden Risiken erfasst. Investitionen in Kommunikation haben ja nur dann Sinn, wenn sie einen positiven Kapitalwert unter Einbezug von risikoadäquaten Kapitalkosten (Opportunitätskosten) erwirtschaften (vgl. dazu ARNAOUT in diesem Band). Der neue Trend im Controlling zeigt sich besonders deutlich in der Unternehmensplanung, wo sich das Advanced Budgeting, durch welches die Finanz- und Ergebnisrechnung um nichtmonetäre Größen – zum Beispiel Qualität der Kundenzufriedenheit – erweitert wird, immer mehr durchsetzt (GAISER 2004, FAZ v. 31.8.2004).

Die Wirtschaft ist heute kommunikationsgetrieben. Kommunikation ist eng mit der Führungsfunktion im Unternehmen verknüpft. Damit wird das Kommunikations-Management zu einer strategischen Aufgabe mit steigendem Stellenwert. Kommunikation ist aber stets ein zweischneidiges Schwert:

- Sie kann Wert schaffen: Dies wird besonders im Konsumgütermarketing sichtbar, welches Milliarden in den Aufbau von Marken und deren Positionierung investiert. Eine Marke kann ohne Kommunikation weder entstehen noch ihren aktuellen

- Marktwert behalten. An dieser Stelle ist – wie in vielen weiteren Fällen – „Kommunikation" lebensnotwendig.

  Sie kann Wert vernichten: Dies wird durch kommunikative Fehlschläge, Gerüchte und Krisen im Dunstkreis von *Adecco*, *Swissair*, *Parmalat* und *Enron* nur zu deutlich.

Auch im Kapitalmarkt kann Kommunikation Wert schaffen oder vernichten. Die fundamentale Unternehmensbewertung bewertet neben den klassischen Assets vermehrt Intangible Values. Die Werteinschätzung von Finanztiteln verläuft zudem nicht rein rational, sondern wird stark von der jeweiligen Darstellung der Unternehmensgeschichte und deren Inszenierung beeinflusst (PIWINGER 2005).

Allein am kausalen (und zahlenbasierten) Nachweis des Nutzens bzw. des Erfolgs der Investitionen in Kommunikation fehlt es heute immer noch – eine der Grundvoraussetzungen für ein Kommunikations-Controlling und damit einer der Grundpfeiler eines funktionierenden Kommunikations-Managements. Wichtigste Funktion des Kommunikations-Controlling ist diejenige als Führungs- und Entscheidungsinstrument (vgl. ARNAOUT in diesem Band). Als Vorteile eines Kommunikations-Controlling sind eine erhöhte Kosten- und. Nutzen-Transparenz für das Management zu nennen, eine Legitimation für Ausgaben bzw. Investitionen im Kommunikationsbereich, eine erfolgsorientierte strategische Ausrichtung der Gesamtkommunikation, sowie eine erhöhte Transparenz des Kommunikationswerts z.B. für den Kapitalmarkt. Allerdings birgt ein Kommunikations-Controlling auch gewisse Risiken in sich: Mindestens am Anfang ist seine Umsetzung aufwendig und setzt zudem ein Umdenken, ein Erkennen von Kommunikation als Wertschöpfungs-Faktor, voraus. Dabei sollten die Kosten der Umsetzung den Nutzen dieses neuen Führungsinstruments nicht übersteigen (vgl. dazu RUUD/PFISTER in diesem Band). Darüber hinaus existieren in diesem Feld bislang bestenfalls erste methodische Ansätze. Dies wird z.B. dadurch deutlich, dass allein die derzeit verfügbaren Modelle zur Markenbewertung allesamt nicht wirklich geeignet sind, den monetären Wert einer Marke zu ermitteln (BENTELE et al. 2003).

> **Fazit:** Dem Kommunikations-Management kommt definitiv eine strategische Aufgabe zu. Um diese Rolle wahrnehmen zu können, bedarf es zunächst sowohl für das betriebliche Rechnungswesen als auch für das betriebswirtschaftliche Controlling geeigneter Grundlagen. Diese sind Voraussetzung für die Berücksichtigung von Information und Kommunikation in der strategischen Unternehmensentwicklung und damit die Basis dafür, ihren Beitrag zur Wertschöpfung ausweisen zu können.

1.3 Rahmenbedingungen des Kommunikations-Controlling

Kosten der Kommunikation

Kommunikation ist eine der Grundvoraussetzungen zwischenmenschlicher Zusammenarbeit und damit wichtig für das Funktionieren und den Erfolg von Unternehmen und der gesamten Wirtschaft. Laut *Prusak* funktionieren Organisationen vornehmlich durch Beziehungen und Kommunikation: „Organisations work primarily through conversations and relationship. And the quality of those interactions has a direct impact on business results." (COHEN/PRUSAK 2001). Deshalb muss Kommunikation heute als Werttreiber betrachtet werden: Die aktuelle Corporate-Governance-Diskussion vertritt z.B. den Standpunkt, dass ein Mehr an Transparenz und Kontrolle die Koordinationskosten (Agency-Costs) und die Kapitalkosten senkt und sich damit positiv auf den Unternehmenserfolg auswirkt. Unternehmen mit vorbildlicher Unternehmensführung werden vom Kapitalmarkt deutlich höher bewertet, als Unternehmen, die sich weniger auf ihre externe Wahrnehmung konzentrieren (GOMPERS et al. 2003). Der Kapitalmarkt bemisst also den Dialog zwischen Unternehmen und Anteilseignern mit einem hohen Stellenwert. Aber auch in der Produktion spielt Kommunikation eine bedeutende Rolle: Produkte transportieren Nachrichten und beeinflussen Image und Reputation eines Unternehmens. Bei der Neuentwicklung eines Produkts entfallen z.B. bis zu 10 Prozent der Kosten allein auf die Gestaltung des Kommunikationsdesign. Neben der Optimierung des Aussehens und der Bedienung des Produkts transportiert das Produkt vor allem das Image bzw. die Marke des Herstellers. Darüber hinaus soll das Design die Marke in den Köpfen von Konsumenten und weiteren Anspruchsgruppen verankern. JORMA OLLILA, der Vorstandsvorsitzende von Nokia, sieht das Design z.B. als bedeutenden Wettbewerbsfaktor an, da es bereits heute stärker zu Buche schlägt als die technischen Eigenschaften der Mobilfunkgeräte (FAZ v. 5.2.2000, S. 19).

Kommunikation hat also über seinen eigentlichen Nutzungszweck hinaus einen belegbaren Anteil an Image, Reputation und Unternehmensmarke (z.B. in Form von Anlagen, Geschäftspapieren, Kleidung; überhaupt das gesamte Corporate Design). Das innovative Pharmaunternehmen *ALTANA* definiert z.B. seinen neuen Firmensitz im Herbert-Quandt-Haus in Bad Homburg als architektonische Metapher für seine Unternehmensphilosophie „außen bescheiden, innen offen." (Deutsche Börse 2003, S. 60). In den exemplarisch dargestellten Fällen handelt es sich im Grunde genommen um eine Investition in Kommunikation mit dem Ziel eines wirtschaftlichen Ertrages (Return). Ein repräsentatives Bankgebäude mit großzügig eingerichteten Beratungszimmern suggeriert z.B. Sicherheit und Seriosität. Ein Notebook im edlen Titangehäuse verspricht u.a. einen höheren Produktwert und unterstützt so auch die Unternehmensmarke und eröffnet Preisspielräume. Selbst eine neue Verpackung kann manchmal wahre Wunder im

Verkauf bewirken, wie das Beispiel der „Choco Crossies" aus der Schweiz zeigt, für die Nestlé ein Umsatzwachstum von rund 40 Prozet innerhalb eines Jahres ohne jede zusätzliche Werbe- oder Verkaufsaktivitäten registrieren konnte (FAZ v. 21.7.2004).

Jedoch wird schon hier deutlich, dass der Kommunikationsanteil an Unternehmen und Produkten aus Sicht des Rechnungswesens viele buchhalterische Konten beeinflusst und daher die Kommunikations-Aufwendungen zum heutigen Zeitpunkt nur beschränkt quantitativ erhoben werden können. Wenn Kommunikation klar als Werttreiber identifizierbar ist, können die Entwicklungs- und die Herstellungskosten eines Produkts oder einer Dienstleistung von den den Absatz positiv beeinflussenden Ausstattungen getrennt berechnet werden.

Sämtliche Aufwendungen, die über die reine Zweckerfüllung hinausgehen und Repräsentativfunktion haben, sind den investiven Kommunikationskosten zuzurechnen. Ihre Funktion besteht darin, eine dem Unternehmen zum Vorteil gereichende und als Ziel beschreibbare Wirkung zu erzielen. Dieser Betrachtungsweise folgend, kommt man einer wirtschaftlichen Betrachtung von Kommunikation und Information schon sehr nahe.

> **Fazit:** Alle Aufwendungen, die über eine reine Zweckerfüllung von Kommunikation hinausgehen und Repräsentativfunktion haben, sind den Kommunikations-Kosten zuzurechnen. Bis heute können sowohl die dafür anfallenden Kosten zum größten Teil nicht ausgewiesen als auch der entsprechende Nutzen nur begrenzt bestimmt werden. Ziel eines integrierten Kommunikations-Controlling ist damit die sachliche und funktionale Trennung, um die anfallenden Aufwendungen, deren Wertbeitrag, aber auch die Aufgabenverteilung und deren Priorisierung im Unternehmen zuweisen zu können.

Nutzen der Kommunikation

Angesichts des steigenden Wettbewerbs auf den internationalen Waren- und Finanzmärkten stellt Kommunikation ein immer bedeutenderes Mittel der Differenzierung im Marktauftritt von Unternehmen dar. Reputation, Marken- und Firmenimage sind heute bereits Erfolgsfaktoren und werden damit zu wettbewerbsbestimmenden Größen. Aspekte der Koordination durch Kommunikation finden steigendes Interesse, insbesondere angesichts der hohen Abhängigkeit des Marktwerts von Kommunikation (PRICE-WATERHOUSECOOPERS 2003).

So verfolgt z.B. der DAIMLERCHRYSLER Konzern eine konsequent wertorientierte Unternehmensführung (Value Based Management – VBM), die einen optimalen Einsatz aller Ressourcen durch eine zielgerichtete Identifikation von Werttreibern ermöglichen soll. Zu diesem Zweck wurde gemeinsam von Controlling und Kommunikations-Management ein Prozess zur Identifikation und Steuerung von Werttreibern erarbeitet (SPLITTGERBER 2003) (vgl. Abbildung 4).

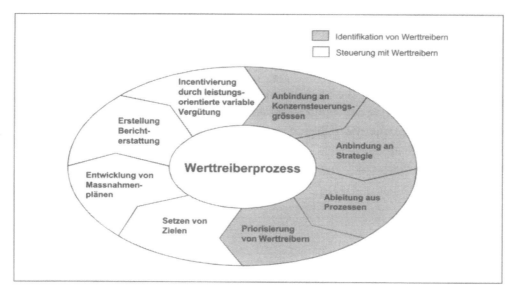

Abbildung 4: Werttreiberprozess der DaimlerChrysler AG (SPLITTGERBER 2003, S. 2)

Zeitliche Schnelllebigkeit und Angebotsvielfalt in immer kürzeren Produktlebenszyklen erfordert, dass Unternehmen um die Aufmerksamkeit und Wahrnehmung von Konsumenten und Anlegern („Economy of Attention") buhlen. Unternehmen müssen dafür heute beträchtliche Mittel aufwenden. Dadurch wächst die Notwendigkeit, Kommunikation innerhalb des Unternehmenskonzeptes strategisch neu zu positionieren, sodass Kommunikation vor diesem Hintergrund zu einem Kernbereich des Management avanciert.

Bestimmender Gedanke ist dabei der Nutzen von Kommunikation, denn die „Anbieter müssen die Information und Kommunikation aus Sicht des Nachfragers nach ihrer Relevanz und Zuverlässigkeit beurteilen. Kommt die Mitteilung bzw. Übermittlung nicht an, da sie dem Nachfrager unnötig oder unglaubwürdig erscheint, sind Information und Kommunikation wertlos." (RUUD/JENAL 2003, S. 9).

Da Aufwendungen für Kommunikation auf vielen Kostenstellen und Kostenarten verteilt sind, fehlt es dem betrieblichen Rechnungswesen an Schlüsselzahlen und Kennziffern für ein aussagefähiges Berichtswesen von Aufwand und Wirkung von Kommunikation. Eine untragbare Situation für ein renditeorientiertes Unternehmen. RUUD et al. suchen deshalb nach Kriterien zur Kategorisierung, Abgrenzung und Bewertung der Kostentreiber Information und Kommunikation (RUUD/PFISTER 2004, S. 3).

Die Einführung eines Kommunikations-Controlling ermöglicht Unternehmen neben einer erhöhten Kostentransparenz auch handfeste Vorteile auf dem Meinungsmarkt. Eine positive Kommunikation kann Unternehmen Preisspielräume für ihre Produkte eröffnen, kann potentielle neue Arbeitnehmer durch eine gestärkte Wahrnehmung als „erste Adresse" anziehen oder kann die Kapitalaufnahme durch ein „outperformed" Rating an der Börse erleichtern. Ein Kommunikations-Controlling stellt Aufwand und Ertrag einander gegenüber und ermöglicht die Ermittlung des Return on Communication Investment (ROCI).

Ein Problem bei der Einführung von Kommunikation in das betriebliche Rechnungswesen stellt jedoch weniger die Erfassung als die Zuteilung der tatsächlich erbrachten Aufwendungen dar. Oft belässt man es in der Finanzbuchhaltung zur Vereinfachung bei den budgetierten Beträgen der einschlägigen Fachbereiche wie z.B. Unternehmenskommunikation, Investor Relations, Marketing, Werbung. Aber selbst hierbei sind die damit in Verbindung stehenden, bis jetzt aber unberücksichtigten personellen Leistungserbringungen, von Interesse, deren reale Aufwendungen häufig die Höhe der Sachkosten übertreffen. Wendet beispielsweise ein Vorstandsvorsitzender drei oder mehr Monate pro Jahr für Gespräche mit Analysten, Investoren, Ratingagenturen und Journalisten sowie für Vorbereitung und Durchführung der Hauptversammlung auf, sollten nach unserem Vorschlag sein Einkommen zeitanteilig (pro rata temporis) zuzüglich der Reisekosten berücksichtigt werden. Dies führt zu einer differenzierten Betrachtung der personellen Aufwendungen im Unternehmen.

Da der Vorstand im Allgemeinen über einen ganzen Stab von Mitarbeitern verfügt, die ihm zuarbeiten und seine Reden und Präsentationen vorbereiten (neben zusätzlicher Beauftragung externer Agenturen), entstehen weitere Kosten. Ähnliches wie für den Vorstandsvorsitzenden gilt auch im eingeschränktem Maße für den Personalvorstand und dessen Mitarbeiter. Große Teile ihrer Arbeit beziehen sich auf die Herstellung eines guten, leistungsfördernden Betriebsklimas, auf die Kommunikation der Arbeitsbeziehungen (z.B. regelmäßige Gespräche mit dem Betriebsrat, den Arbeitgeberverbänden etc.) und die Information bezüglich betrieblicher und sozialer Regelungen und Vorschriften. Ein Klima des Vertrauens hilft z.B. Fehlzeiten auf Grund krankheitsbedingter Abwesenheiten zu reduzieren (FAZ v. 21.5.2004, S. 13). Außerdem verantwortet der Personalbereich die Personalwerbung (Recruiting Days, Texte der Personalanzeigen, Korrespondenz mit Bewerbern u.v.a.m.). Alles, was hier gesagt und getan wird, ist unstreitig Kommunikation. Dabei wird zudem oft vergessen, dass das große Feld der Interessenwahrnehmung gegenüber der Politik, Behörden, Handelsorganisationen und Gewerkschaften (Lobbying) ebenfalls als kommunikative Leistung des Unternehmens zu betrachten ist. Ziel von Lobbying sind u.a. solche Gesetze, Verordnungen und Regelungen zu verhindern, die den eigenen wirtschaftlichen Handlungsrahmen einschränken würden. Gelingt eine solche Beeinflussung der unternehmerischen Rahmenbedingungen, ist der Erfolg in Abhängigkeit des Erreichungsgrads bezifferbar – unter Umständen als negative Abgrenzung durch Ausweis der Opportunitätskosten. Die Erfassung und Zuteilung der entstandenen Lobbying-Aufwendungen (i.d.R. Personal, Reisen, Rechtsberatung, Repräsentation) ist verhältnismäßig einfach zu bewerkstelligen, dennoch wird es selten gemacht. Einen Sonderfall stellt das Sponsoring dar. Das Steuerrecht geht hier weiter als das Bilanzrecht. Es erkennt Aufwendungen des Sponsors als Betriebsausgaben an, wenn der Sponsor wirtschaftliche Vorteile ausweist, die insbesondere in der „*Sicherung und Erhöhung des unternehmerischen Ansehens*" liegen können (vgl. BFH v. 3.2.2004, BStBl. II S. 441, 445). Somit wird im Steuerrecht das „Ansehen" eines Unternehmens als wirtschaftlicher Vorteil ausdrücklich anerkannt – ein weithin noch unbekannter Tatbestand. In den Grundsätzen der ertragssteuerlichen Behandlung des Sponsoring sind die Aufwendungen, die als Betriebsausgaben geltend gemacht werden können, detailliert aufgeführt.[4] Somit können Sie im betrieblichen Rechnungswesen erfasst und zugeordnet werden.

Ergebnisbeitrag der Kommunikation

Kommunikation schafft Vertrauen. Um Aufmerksamkeit in einem hoch kompetitiven Umfeld zu erzielen, sind umfangreiche und steigende Aufwendungen in der Unternehmenskommunikation notwendig. Diesen Ausgaben für Kommunikation sollte eine Wertschöpfungsrechnung gegenübergestellt werden. Und genau hier liegt die nächste Herausforderung: Bis heute existieren keine verbindliche und den Anforderungen der Praxis gerecht werdende Modelle zur Berechnung von Kommunikationsleistungen. Zwar liefert die Einbeziehung immaterieller Erfolgsfaktoren (Intangible Assets) Ansatzpunkte, die auch Kommunikation und Information einbeziehen, diese enthalten jedoch keine spezifischen Aussagen zur Bewertung von Kommunikation.

---

[4] U. a. heißt es dort: „Die Berichterstattung in Zeitungen, Rundfunk oder Fernsehen kann einen wirtschaftlichen Vorteil, den der Sponsor für sich anstrebt, begründen, insbesondere wenn sie in seine Öffentlichkeitsarbeit eingebunden ist oder der Sponsor an Pressekonferenzen oder anderen öffentlichen Veranstaltungen des Empfängers mitwirken und eigene Erklärungen über sein Unternehmen oder seine Produkte abgeben kann." (BFH v. 3.2.2004, BStBl. II S. 441, 445)

> **Fazit:** Kommunikation stellt sowohl einen Kosten- als auch einen Werttreiber dar. Mehr denn je dient die Kommunikation der Differenzierung von Unternehmen gegenüber Anspruchsgruppen. Als Teil des wirtschaftlichen Umgangs mit Kommunikation müssen die Kommunikations-Aufwendungen den entsprechenden Erträgen gegenübergestellt werden. Dies ist heute nicht möglich, da sie über verschiedene Kostenarten und -stellen verteilt sind. Es fehlt also zur Zeit an einem geeigneten Instrumentarium, um Kosten und Nutzen von Kommunikation auszuweisen.

Voraussetzungen für ein Kommunikations-Controlling

Information und Kommunikation sind unterschiedliche Positionen mit wertschöpfendem Charakter. Ein systematisches Controlling von Information und Kommunikation erfordert eine klare Definition und damit Trennung der Begriffe Information und Kommunikation sowie eine Zuweisung von Kosten und Erträgen zu den jeweiligen Vorgängen.

Derartige Versuche scheitern häufig schon bei der Identifikation von Kommunikationsprozessen sowie verursachergerechten Erfassung und Zuordnung der erbrachten Leistung. Dies ist aber wichtig, damit Steuerungsinstrumente überhaupt greifen können. Da es sich bei Information in erster Linie um eine Leistung bzw. ein Gut und bei Kommunikation um Transaktionsvorgänge handelt, schlagen wir die Erhebung von Leistungs- und Transaktionskosten als Prozesskostenrechnung vor. Einen möglichen Ausgangspunkt, Kommunikationsaufwendungen in das betriebliche Rechnungswesen einzugliedern, liefert die Transaktionskostentheorie (COASE 1988), mittels derer informativen und kommunikativen Vorgängen (Prozessen) entsprechende Kosten zugeordnet werden können. Dies bedingt:

(a) eine Erfassung sowohl der Prozesse der Information als auch der Kommunikation und umfasst bei der Informationsverarbeitung u.a. die Identifikation, Sammlung, Verarbeitung sowie Speicherung von Information.
(b) die Erfassung der zugehörigen Kosten für Ressourcen personeller und materieller Art pro Prozess. Erst dadurch kann Kommunikation in das betriebliche Rechnungswesen eingebettet werden.

Die systematische Erfassung der Kommunikationskosten fällt in den Bereich des Rechnungswesens, das die nötigen Voraussetzungen dafür schaffen muss (vgl. dazu

RUUD/PFISTER in diesem Band). Zudem muss überlegt werden, ob die anfallenden Kosten aktiviert oder den laufenden Erträgen gegenübergestellt werden sollen. Kosten müssen von Investitionen unter Hilfe bestehender Rechnungslegungsstandards abgegrenzt werden, da sie unterschiedliche zeitliche Wirkungen aufweisen.

Schließlich soll neben dem Kommunikations-Aufwand der entsprechende Ertrag bzw. Wert ausgewiesen werden. Eine systematische und kausal nachvollziehbare Erfassung des Werts von Kommunikation setzt eine funktionierende Wert- und Erfolgsmessung voraus. Während hier das Marketing bereits durch den Einsatz moderner Instrumente (u.a. multivariate Methoden) fortgeschritten ist, befinden sich entsprechende Instrumente in den Bereichen Corporate Communication, Public Relations und Investor Relations noch in Entwicklung oder werden schlicht nicht angewandt (vgl. PORÁK in diesem Band). Die Erfassung der durch Kommunikation geschaffenen Werte sowie von Risiken und Opportunitätskosten – beide werden nach Auffassung der Autoren sträflich vernachlässigt – spielt in letzter Konsequenz in das Gebiet der Rechnungslegung hinein. Hier muss die Möglichkeit erwogen werden, den Wert von Kommunikation in der Bilanz und der Erfolgsrechnung (Gewinn- und Verlustrechnung) im Sinne der Wertkommunikation (Value Reporting) gesondert auszuweisen (vgl. dazu VOLKART ET AL. in diesem Band). Nutzen und Risiken von Kommunikation können bislang jedoch, wenn überhaupt, lediglich als jahresberichtsergänzende Angaben ausgewiesen werden, was im Übrigen tatsächlich seit kurzem bei einigen Unternehmen in Ansätzen zu beobachten ist.

Das Ziel ist damit der Aufbau eines Kommunikations-Controlling, welches den Weg zu einer ergebnisbasierten Ressourcenallokation und Kostenkontrolle im Kommunikationsbereich weist.

Bevor wir jedoch auf mögliche Mittel zur Identifikation und Berechnung von Kommunikationskosten zu sprechen kommen, muss unser Verständnis der Begriffe Information und Kommunikation dargelegt werden.

2 Erfassung von Kommunikation

Konzeption und Einsatz finanzieller Steuerungs- und Controllinginstrumente für die Kommunikation erfordern im Vorfeld eine genaue Klärung dessen, *was* gesteuert und kontrolliert werden soll. Aus betriebswirtschaftlicher Sicht war dies bei Kommunikation aufgrund der mangelnden definitorischen Abgrenzung nicht möglich. Dem betrieblichen Rechnungswesen fehlen Mengen- und Wirkungsangaben, die Thematik Kommunikation ist ihm fremd, und schließlich werden die entsprechenden Anforderungen einer notwendigen Erfassung von Kommunikation in der Praxis nicht gestellt. Zudem müssen die jeweiligen Kommunikationskosten im Sinne einer Ursache-Wirkungsbeziehung genau definiert werden, bevor sie erfasst und zugeteilt werden können. Steuerungsinstrumente können nur greifen, wenn eine begrifflich klare Trennung von Information und Kommunikation vorliegt. Deshalb werden im Folgenden die Fragen geklärt, (1) wie sich Information und Kommunikation voneinander abgrenzen lassen und (2) welches die Voraussetzungen für die Quantifizierung von Information und Kommunikation sind.

2.1 Abgrenzung von Information und Kommunikation

Die Erforschung von Information und Kommunikation erfolgt i.d.R. multidisziplinär. Sprach- und Kommunikationswissenschaft, Philosophie, Semiotik, Medienwissenschaft, Sozialwissenschaften, Publizistik und Journalistik, Theaterwissenschaften und viele andere Disziplinen haben sich mit beiden Begriffen befasst. Eine übergreifende, alles umfassende Kommunikationstheorie scheint schon auf Grund des unterschiedlichen Erkenntnisinteresses unmöglich (BURKART 2003). In den wirtschaftswissenschaftlich orientierten Disziplinen werden zudem die Begriffe in der fachlich geprägten Umgangssprache vielfach synonym gebraucht, wodurch sie austauschbar werden und der Kommunikationsbegriff auf den Informationsbegriff reduziert wird (WAHREN 1987). In der Betriebswirtschaftslehre dominierte z.B. lange Zeit die Auseinandersetzung mit technischen Aspekten der Kommunikation im Sinne der Informationsverarbeitung. So basierte das Verständnis von Kommunikationskonzepten auf der mathematischen Informationstheorie von SHANNON und WEAVER (1969) mit ihrem wohlbekannten Sender-Empfänger-Modell.

Angesichts der Schwierigkeiten bei der definitorischen Bestimmung von Information und Kommunikation – bereits 1977 listete MERTEN über 160 Definitionen auf – wird zunächst die alltagssprachliche Unterscheidung beider Begriffe erarbeitet, um sich in der Folge einer Unterscheidung in Form eines Kriterienkatalogs aus ökonomischer Sicht zu nähern. Als Dimensionen unterscheidet die Medien- und Kommunikationswissenschaft zwischen Funktion und Zielsetzung (MCQUAIL 2000; MCQUAIL, WINDAHL 1993). Während BURKART die „zweckorientierte („funktionale") Dimension nach dem Kommunikationsinteresse" (2003, S. 171) als nur eine von drei kommunikationstheoretischen Ansätzen aufzählt, berücksichtigen die Kommunikationsmodelle von BRADDOCK, NOWAK und WÄRNERYD sowie ROGERS und STOREY nur die funktionale zweckorientierte Dimension von Kommunikation (MCQUAIL, WINDAHL 1993). Damit unterstützen diese Modelle nicht die in diesem Beitrag beabsichtigte Unterscheidung von Information und Kommunikation. Im Folgenden geht es daher vornehmlich um eine pragmatische Unterscheidungsmöglichkeit von Information und Kommunikation.

Alltagssprachliche Unterscheidung von Information und Kommunikation

Zur Klärung der alltagssprachlichen Unterscheidung wird die Lexikonbedeutung von „Information" und „Kommunikation" gegenübergestellt. Das „Deutsche Universalwörterbuch" (Duden) unterscheidet folgende Bedeutungen mit ihren Beschreibungen (vgl. Abbildung 5):

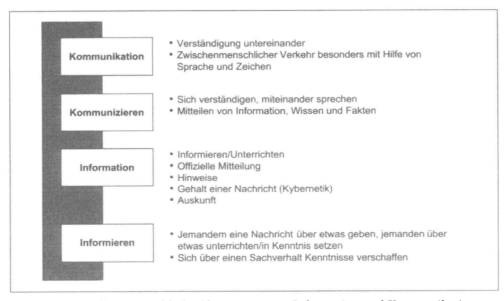

Abbildung 5: Alltagssprachliche Abgrenzung von Information und Kommunikation (PIWINGER 2003, S. 5)

„Information" bezeichnet im vorliegenden Kontext:

a) den Gehalt einer Nachricht,
b) einen Zustand („Ich bin gut informiert") sowie
c) eine einseitige Handlung (z.B. „Meier informiert Müller" bzw. „Müller informiert sich (aus Büchern)").

„Kommunikation" hingegen bezieht sich:

a) nie auf den Gehalt einer Nachricht („Ich fühle mich gut kommuniziert"), auch

b) nicht auf eine einseitig gerichtete Handlung („Meier kommuniziert Müller"), sondern

c) immer auf eine Gemeinschaftshandlung („Meier und Müller kommunizieren miteinander"). Zur Kommunikation gehört also offenbar die Übermittlung von Informationen. Kommunikation kann dabei aber nicht auf das reine Übermitteln von Informationen reduziert werden.

DELHEES unterscheidet sechs Kommunikationsfunktionen nach Information, Appell, Erläuterung, Beziehung, Ausdruck und Stil (siehe Abbildung 6). Er betont, dass die Frage nach der Rolle von Kommunikation in Handlungsplänen noch nicht hinreichend beantwortet worden ist aufgrund der gegenseitigen Beeinflussung unterschiedlicher Aktivitäten: „Jeder kommunikative Akt hat nämlich auch eine bestimmte Funktion innerhalb einer Hierarchie von Ereignissen. Ein kommunikativer Akt ist eine Größe, die von einer anderen Größe abhängt, und eine andere Größe hängt wiederum von ihm ab. Er tut etwas, bewirkt etwas, er übt einen Einfluss auf etwas aus. Ein kommunikativer Akt hat, kurz gesagt, einen Platz im Verhaltensstrom. Für diese Art von Funktionalität ist es bisher noch nicht gelungen, eine umfassende und exklusive Liste von Funktionen aufzustellen." (1994, S. 34).

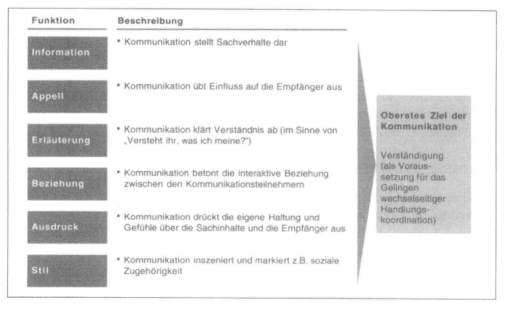

Abbildung 6: Kommunikationsfunktionen (DELHEES, *1994, S. 32*)

Neben der Erfassung kommunikativer Funktionen ist es erforderlich, Kommunikationsarten zu unterscheiden, und zwar nach Medien, Tätigkeitsfeldern und Beteiligten (vgl. Abbildung 7).

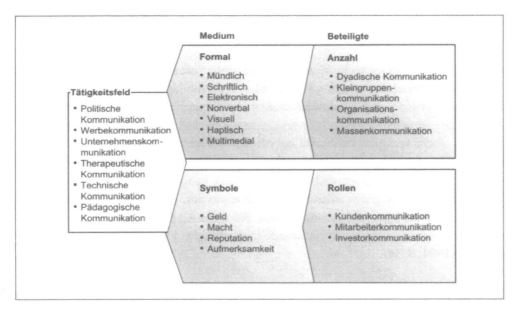

Abbildung 7: Kommunikationsarten (PIWINGER *2003, S. 8*)

Für unsere Zielsetzung einer anwendungsbezogenen betriebswirtschaftlichen Trennung von Information und Kommunikation zur Einrichtung eines Kommunikations-Controlling, reicht die alltagssprachliche Unterscheidung nicht aus, da sie keine Trennung zwischen Funktion und Zielsetzung erkennen lässt.

Wirtschaftliche und funktionale Unterscheidung

Zur Unterscheidung der wirtschaftlichen von der funktionalen Bedeutung von Information und Kommunikation wird in der Folge ein Kriterienkatalog entwickelt. Diese heuristischen Annäherung soll eine neue Sicht auf Kommunikation und Information aus der Perspektive des Kommunikations-Controlling anregen.

> Information und Kommunikation sind nicht dasselbe. Während Information auf das Inhaltliche fokussiert, konzentriert sich Kommunikation auf die zwischenmenschliche Beziehung.

Information

Ein Grundproblem wirtschaftlicher Aktivitäten liegt in der ungleichen Informationsverteilung (Asymmetrie) zwischen den wirtschaflichen Akteuren. Die Koordination wirtschaftlicher Märkte erfordert den Einsatz von Ressourcen und verursacht Kosten, die gemäß COASE als Koordinations- oder Transaktionskosten bezeichnet werden. Zudem geht die steigende Arbeitsteilung und Spezialisierung mit einem steigenden Aufwand hinsichtlich der Informationsbeschaffung einher. Nach unserer Auffassung kommt Informationen, neben ihrer Rolle als Koordinationsmittel, die Bedeutung eines Produktionsfaktors zu. Einerseits weisen Elementarfaktoren wie Arbeit und Kapital einen Informationsanteil auf, andererseits ist Information selber Werkstoff bei der „Produktion", der im Laufe des Produktionsprozesses in das hergestellte Gut als Leistungskosten eingeht. Somit hat Information nicht nur die Rolle als (1) Koordinationsmittel und (2) Produktionsfaktor sondern agiert auch (3) als ein eigenständiges, immaterielles, ökonomischen Gut. In dieser dritten Rolle stiftet Information einen Nutzen oder wird als Gut gehandelt (z.B. in Form einer Marktstudie). Allein schon die hier vorgenommene grobe Funktionszuteilung eröffnet einen systematischen Zugang und ein besseres Verständnis der ökonomischen Funktion von Information. Sie ist somit ein weiteres Merkmal auf dem Weg, Nutzenstiftung und Berechenbarkeit von Informationsleistungen herzustellen.

Im Unterschied zur Kommunikation ist Information ein handelbares Gut. Information hat einen Wert, für den, der darüber verfügt. Der Preis wird am Markt ausgehandelt wie für jedes andere beliebige Gut. Ist die „Ware" Information begehrt (z.B. auf dem Kapitalmarkt), lässt sich für sie ein hoher Preis erzielen. Andere „latente" Informationen sind grundsätzlich weniger wertvoll, können aber in bestimmten Situationen oder sich ändernden Umständen plötzlich einen Wert bekommen, (z.B. Konkurrenzinformationen beim Eintritt in ein neues Marktsegment). Allerdings muss dabei der zeitliche Verfall von Information berücksichtigt werden. Schutzrechte, Patente, Lizenzen bzw. Datenschutz sind rechtliche Mittel, um Schaden für Unternehmen als orginären Eigentümer von Information abzuwehren.

Neben dem dargestellen Charakter von Information als Gut (in Form von Patenten, Lizenzen etc.) kann Information auch den Charakter einer Ressource (Verfahrens-Knowhow, Erfahrung, Marktkenntnis etc.) annehmen. Als Ressource entsteht Information nicht aus dem Nichts, sondern wird in einer kontinuierlichen Wissensgenierung kreiert – jede Information schafft weitere Information. Information dient der Koordination von Menschen (und Maschinen) und wird mittels Kommunikation ausgetauscht. So bauen u.a. Mitarbeiter durch gegenseitigen Austausch von Informationen Wissen und Knowhow auf.

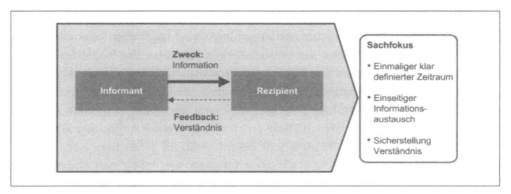

Abbildung 8: Fokus der Information auf die Sache (eigene Darstellung)

Information zielt demnach auf die *Sache* und ist prototypisch mit statischer Schriftlichkeit verbunden. Information kann als „gefrorener" Zustand der Kommunikation bezeichnet werden, da ihr Austausch zeitlich verteilt und damit nicht unmittelbar und wechselseitig erfolgt. „Gefroren" bedeutet zudem, dass nur noch wenige Stimmungs- und Beziehungssignale zwischen Sprecher (Informant) und Hörer (Rezipient) ausgetauscht werden, die in der unmittelbaren mündlichen Kommunikation zwar wirksam, aber auch flüchtig sind. Die institutionelle Festlegung von Kommunikationskanälen bedeutet im Ergebnis ebenfalls ein „Einfrieren" oder Festlegen von üblicherweise dynamischen Prozessen der wechselseitigen Steuerung von Sprecher und Hörer.

Der instrumentelle Zweck des Informierens ist die Übermittlung bzw. Verarbeitung von Informationen (Wissen, Fakten, Daten etc.). Information spielt sich überwiegend auf einer rationalen Ebene ab, deshalb werden Informationen bevorzugt auf der Inhaltsebene bewertet und „verarbeitet". Zudem ist Information tendenziell kurzfristig ausgerichtet und besitzt ein Verfallsdatum.

Kommunikation
Kommunikation übermittelt Information und Bedeutungsinhalte zum Zweck der Steuerung von Kenntnissen, Einstellungen und Verhaltensweisen der Marktteilnehmer gegenüber den Unternehmensleistungen (MEFFERT 1986, BRUHN 1990). „Der Inhaltsaspekt vermittelt die Daten, der Beziehungsaspekt weist aus, wie die „Daten" aufzufassen sind." (BELLEBAUM 1992, S. 17).

Kommunikation ist nicht marktfähig. Anders als Information hat Kommunikation keinen marktgängigen Preis, ist weder käuflich, noch verkäuflich. Ihr „Wert" kann also nicht wie eine Ware frei zwischen verschiedenen Partnern ausgehandelt werden.

Grundlagen und Voraussetzungen des Kommunikations-Controllings

Kommunikation für sich genommen ist kein Wert!

Dies wird meist übersehen und führt zu Fehlbetrachtungen. Kommunikation ist bestenfalls Aufwand (um dessen Berechenbarkeit es natürlich auch geht). Gleichwohl kann Kommunikation Ursache z.B. eines Preis-Premiums sein. Kommunikation ist kein Wert, Kommunikation schafft Werte. Das macht den Unterschied aus. Auf dessen bilanzielle Verankerung werden wir an anderer Stelle noch näher eingehen.

Im Gegensatz zur prototypisch statischen Information beinhaltet die Kommunikation eine Beziehungsfunktion (Herstellung von Gemeinschaft, Handlungsermöglichung) und eine Repräsentationsfunktion (Selbstdarstellung). Kommunikation vermittelt, baut Beziehungen auf und erschließt Bedeutungen, die der Empfänger in seinen Erfahrungshintergrund einordnen kann. Einerseits muss der Sender Aufmerksamkeit bei den Anspruchsgruppen erzeugen, andererseits durch Kenntnis des Wissensstands seiner entsprechenden Anspruchsgruppe diese weder unter- noch überfordern. Erst dann übt Kommunikation einen Einfluss aus und stiftet zu Handlungen an.

Kommunikation zielt primär auf *Beziehungen* und ist prototypisch mit dynamischer Mündlichkeit verbunden. Die interpersonale Seite der Kommunikation wird erst allmählich entdeckt und gewürdigt. Selbst Massenkommunikation hat eine personale Seite. Wir kommunizieren eben nicht nur Sachverhalte, sondern gleichzeitig auch unsere Bewertung dieser Sachverhalte und unsere gefühlsmäßigen Einstellungen dazu. Insofern dient Kommunikation der direkten Bildung und Regulation sozialer Beziehungen. Menschen kommunizieren grundsätzlich nicht miteinander, um Informationen auszutauschen, sondern um soziale Beziehungen aufzubauen.

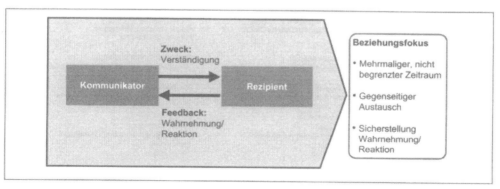

Abbildung 9: Fokus der Kommunikation auf die Beziehung (eigene Darstellung)

Kommunikation erschließt Bedeutungen, stiftet Sinn, und baut Beziehungen auf. Sie ist stets verständigungsorientiert, langfristig angelegt, und enthält Stilelemente und Symbole. Sie braucht aber – wie eine Erhaltungsinvestition – ständige Erneuerung durch Treffen oder Erinnerungen. Information spielt sich dagegen überwiegend auf einer rationalen Ebene ab. Erfolgreiche Kommunikation ohne Emotion ist jedoch nicht denkbar. Dies führt uns zur folgenden Aufstellung der Unterschiede von Information und Kommunikation (vgl. Abbildung 10).

Die hier getroffene Unterscheidung von Information und Kommunikation enthält eine hohe Relevanz für das Kommunikationsverhalten und die Organisation von Kommunikation in und von Unternehmen. Allerdings wird oft darüber gedankenlos als Wortspalterei hinweggesehen und darüber die praktische Relevanz der Differenzierung verkannt. Erfolgreiches Informieren (in Form von u.a. Arbeitsanweisungen, Gebrauchsanweisungen, Mitteilungen über neue arbeitsrechtliche Regelungen, personelle Veränderungen) folgt anderen Regeln als Kommunizieren. Deshalb sollten diese Funktionen auf unterschiedliche Personen übertragen werden, während Kommunikation dagegen auf Verständigung und Sinnvermittlung ausgerichtet ist (in den Medien gibt es z.B. den klassischen Nachrichtenredakteur, der die Nachrichten zusammenstellt, diese aber nicht vorliest).

Charakteristik	Information	Kommunikation
Fokus	• Sache und Produkt • Sachbezogen (rational) • Arbeitssituation (empraktisch): Verwertung/Zählung	• Beziehung und Prozess • Gefühlsbezogen (emotional) • Beziehungskonstituierend (sozial): Schätzung/Achtung
Intention	• Einseitiges Umsetzen/Bewirken • Nur Informant-Intention	• Zweiseitiges Ermöglichen • Kommunikator- und Rezipient-Intention
Art	• Zeitraum: einmalig, klar definiert • Zweck: Information, Wissen • Feedback: Verständnis	• Zeitraum: mehrmalig, nicht begrenzt • Zweck: Verständigung, Sinn • Feedback: Wahrnehmung, Reaktion
Sprache	• Quantifizierend • Informations-Bedarf, Informations-Überlastung, Informations-Defizit	• Bewertend • Kommunikations-Kultur, Kommunikations-Strategie, Kommunikations-Stil
Präferiertes Medium	• Schriftlich • Technische Medien • Absender erkennbar	• Mündlich • Personenmedien (Vorbild) • Absender nicht unbedingt identifizierbar
Wirkung	• Instrumentell • Nutzen: Schaffung materielle Werte • Risiko: Verlust von Handlungssicherheit („Sachschaden")	• Integrativ • Nutzen: Schaffung immaterielle Werte • Risiko: Verlust von Vertrauen („Imageschaden")
Kostenerfassung	• Fallbezogen • Aufwand & Ertrag relativ exakt kalkulierbar • Algorithmisch	• Prozessbezogen • Prozesskosten nur als Näherungswert kalkulierbar • Heuristisch

Abbildung 10: Wirtschaftliche und funktionale Abgrenzung von Information und Kommunikation (PIWINGER *2003, S. 10*)

Grundlagen und Voraussetzungen des Kommunikations-Controllings

Informationsaufwendungen sind einfacher zu berechnen als Kommunikationsaufwendungen, denn Kommunikation besteht aus multifunktionalen Teilprozessen, von denen der Prozess der Informationsverarbeitung nur einer unter vielen ist. Die Informationsverarbeitung folgt einem einfachen logistischen Prinzip: dem Verfügbarmachen von Informationen

- zur rechten Zeit
- am rechten Ort

wo sie entscheidungsrelevant sind. Wenn der Vorgang des Informierens abgeschlossen ist, können anhand der zugehörigen Prozesskosten relativ einfach personelle und Sachaufwendungen erhoben werden. Ein Ergebnisnachweis der erfolgreichen Wirkung von Information kann durch Nachfrage erbracht werden: Ist die Mitteilung von allen, für die sie gedacht war, richtig und vollständig verstanden worden? Ist dies vollständig der Fall, wurde ein 100-prozentiges Ergebnis erzielt. Prozentuale Abstufungen sind beim teilweisen Verständnis vorzunehmen. Neben der positiven Wirkung kann jedoch auch eine negative Wirkung möglich sein. Information kann u.a. zu einem Missverständnis führen, Unruhe in der Belegschaft auslösen, einen Verfall des Aktienkurses bewirken bzw. Rechtsstreitigkeiten und Schadensersatzforderungen auslösen. Dies verweist erneut auf die Tatsache, dass Information in einem höherem Maße als Kommunikation risikobehaftet ist und nicht kommunikativen Laien überlassen werden sollte.

> Zur Unterscheidung von Information und Kommunikation muss der verfolgte Zweck analysiert werden. Der Austausch ist Information wenn informiert, Kommunikation wenn eine dialogfähige Beziehung aufgebaut werden soll.

Vor jeder Informations- oder Kommunikationsaktion muss deshalb die Frage nach der Zielerreichung stehen: reine Übermittlung von Informationen (zur Koordination, Kooperation, etc.) oder Kommunikation zum Aufbau einer längerfristigen Beziehung (Vertrauen, Image, Reputation, Formen der Zusammenarbeit etc.). Erst wenn Zweck und Ziel definiert sind, kann Zeitraum und Qualität festgelegt und somit die Wirkung von Kommunikation im Rahmen des Kommunikations-Controlling gemessen werden. Erst nach Zieldefinition und Festlegung des Zeitraums der Wirkungsmessung kann der damit einhergehende Kostenaufwand überprüft werden.

Der Ruf nach Trennung von Information und Kommunikation geschieht aus rein praktischen Gründen zur Berücksichtigung von betriebswirtschaftlichen Grundlagen. Information ist eher Bestandteil der Leistungskosten und Kommunikation eher Bestandteil der Transaktionskosten. Die Trennung ermöglicht den pauschalen Begriff „Kommunikationskosten" nach Verursacherkriterien und der Art der Zweckbestimmung kostenmäßig erfassen, kontrollieren und nach Effizienzkriterien steuern zu können. Die Begriffe Information und Kommunikation sind deshalb praxisnah definiert worden und nicht anhand von einschlägigen Kommunikationsmodellen.

2.2   Wirtschaftliche Folgen der Nichtunterscheidung

Die wirtschaftlichen Folgen der Nichtunterscheidung von Information und Kommunikation wurden bisher wenig beachtet, da lange Zeit unternehmensintern eine Trennung von Information und Kommunikation als wenig sinnvoll bzw. nicht möglich angesehen wurde. Information ist stets auch Bestandteil von Kommunikation wie auch Kommunikation nicht ohne gleichzeitige Information auskommt, wie bereits vorher dargelegt wurde. In der Vergangenheit wirkte dieses Argument der gegenseitigen Verzahnung einer klaren Zuordnung und Berechnung von Information und Kommunikation im Einzelfall entgegen. Zur Einführung eines Kommunikations-Controlling ist jedoch ausschließlich die Zweckbestimmung von Information und Kommunikation entscheidend, weniger die scheinbare oder tatsächliche Nichtunterscheidbarkeit. Die Entscheidung, ob informiert oder kommuniziert werden soll, legt auch die Mittel des *wie* über Art und Weise (Stil, Form, Zeitpunkt etc.), und *wen* der Akteure fest. Darüber hinaus können „Windfalleffekte" einen zusätzlichen Nutzen darstellen. Wenn z.B. ein Unternehmen in der Finanzkommunikation das gesetzlich vorgeschriebene Minimum an Inhalt und Form realisiert, informiert es. Alles, was darüber hinausgeht, fällt in den Bereich der Kommunikation.

Die Nichtunterscheidung zwischen Information und Kommunikation verhindert letztlich die Reflexion über den Wertschöpfungsbeitrag von Kommunikation. Die unterschiedliche Funktionalität von informations- und verständigungsorientierter Kommunikation kann nur um den Preis hoher Fehlinvestitionen langfristig geleugnet werden. Diese Gefahr eines Blinden Flecks für den anstehenden Paradigmenwechsel ist immer dann groß, wenn in Zeiten knapper Kassen oft auf technisch schnelle Realisierbarkeit fokussiert wird. Während z.B. Investitionen in die technische Informationsverarbeitungskapazität in vielen Fällen als probate Problemlösung angesehen wird, wird die Förderung der kommunikativen und sozialen Kompetenz einer Organisation bis jetzt oft nicht einmal als anstehende Aufgabe wahrgenommen.[5]

---

5   Ein Beispiel ist die von der Versicherungswirtschaft mitentwickelte Riester-Rente. Obwohl man die hohe Fehlerquote beim Ausfüllen der Anträge beklagt, fokussieren Investitionen nicht auf die verbesserte Verständlichkeit der Formulare selber, sondern auf eine positive Positionierung im Markt durch Werbung. Die kontinuierliche Nachfrage nach Riester-Produkten wird mit seiner Produktqualität erklärt, nicht durch den von der Politik erzeugten Misstrauenskontext.

Ein anderes Beispiel des falschen Wirkungsfokus betrifft die Wichtigkeit von informeller Kommunikation. Gemäß einer Untersuchung des *Center for Workforce Development* im amerikanischen Massachusetts betonen 70 Prozent der Mitarbeiter die informelle Kommunikation als äußerst wichtig, während nur 30 Prozent der Unternehmen der befragten Mitarbeiter diese informelle Kommunikation aktiv unterstützen. Informell von Kollegen gesammelte Information als Wissen über das Arbeitsumfeld und das Unternehmen wirkt nicht nur informierend, sondern auch motivierend und konfliktvermeidend, und trägt damit zu einer gelebten Unternehmenskultur bei. Oft funktioniert sogar die Informationsbeschaffung über Projekte und Vorgänge im Unternehmen informell besser als auf formellem Wege. Dieses Beispiel zeigt die Grenzen der offiziell festgelegten „Kanäle" der Kommunikation auf (FAZ v. 22.3.1999).

Fazit: Gemäß einer alltagssprachlichen Betrachtung bezieht sich Information auf sachliche Inhalte, während Kommunikation auf die Beziehung abzielt. Da sich Information in abgeschlossenen Zeiträumen abspielt, sind Informationskosten leichter berechenbar als Kommunikationskosten. Ist der Informationsvorgang abgeschlossen, kann der Aufwand direkt dem Nutzen (z.B. Grad des Informationsverständnis oder der erfolgreichen Informationsübertragung) gegenübergestellt werden. Information kann Produktionsfaktor, Koordinationsmittel und Gut darstellen – in vielen Fällen besitzt sie einen Marktpreis. Kommunikation zielt dagegen primär auf den Aufbau und die Pflege von Beziehungen. Sie findet kontinuierlich statt. Kommunikation hat deshalb selbst keinen Wert – sie schafft Werte.

3 Investition in Kommunikation

Bereits heute sieht die Wirtschaft Kommunikation als „strategischen Erfolgsfaktor" (ZERFASS 2004). Kommunikation ist eine Investition in den Unternehmenswert (BUSS/PIWINGER 1998) und muss sich daher denselben Regeln unterwerfen wie jede andere Investition im Unternehmen. Deren Aufwendungen – die Kosten – sollen zum einen im betrieblichen Rechnungswesen abgebildet werden, zum anderen soll der Beitrag zur Wertsteigerung des Unternehmens durch eine entsprechende Erfolgsmessung berechnet werden. Neben der Betrachtung des Wertbeitrags müssen ebenso die Risiken der Kommunikation wie u.a. Kredit-, Ausfall-, sowie Währungsrisiken berücksichtigt und ausgewiesen werden.

WATZLAWICKS Aussage, dass man nicht „nicht kommunizieren" kann, trifft nämlich auch auf Unternehmen zu. Das eiserne Schweigen eines Unternehmens in der kommunikativen Krise wie z.B. einem Unternehmensunfall oder einer Produktrückrufaktion ist ebenfalls eine kommunikative Handlung, die von den Anspruchsgruppen entsprechend bewertet wird. Wenn Kommunikation eine Investition in den Unternehmenswert ist, gelten für die Kommunikation die gleichen Maßstäbe wie für jede andere Investition. Ziele der Kommunikation fließen in die normalen Planungsprozesse des Unternehmens ein und werden periodisch bewertet. Kommunikation muss damit einen Return on Investment erbringen sowie einen in Finanzzahlen ausdrückbaren Mehrwert für das Unternehmen schaffen.

Somit ist ein Umdenken insbesonders bei den Kommunikationsverantwortlichen notwendig, die ihre „Investitionsvorschläge" systematisch begründen müssen:

- Worin besteht der strategische Wert von Kommunikation im jeweiligen Unternehmen?
- Auf welche Weise wird hierdurch die Unternehmensentwicklung gefördert?
- Welche alternativen Handlungsmöglichkeiten zur Zielerreichung bestehen?
- Wie und an welchen Stellen verbinden sich die in der Kommunikation gesetzten Ziele mit anderen wichtigen Zielen der Unternehmensentwicklung?
- Wo bildet Kommunikation einen im Risikobericht aufzuführenden eigenen Risikofaktor?

Der Begründungszwang für Investitionen in Kommunikation wächst, genauso wie andere Funktionsbereiche in Unternehmen Aufwand und Ertrag bezüglich anderer Ausgaben seit langem bewerten und differenziert ausweisen. Deshalb setzt sich das Kommunikations-Management in letzter Zeit mit der Suche und Einführung von Methoden und Instrumenten zur Effizienz- und Wertschöpfungsmessung von Kommunikationsleistungen in Unternehmen und Verwaltungen auseinander (PORÁK 2004).

Professionelle Kommunikation muss sich künftig an den dargestellten Rahmenbedingungen orientieren. Doch gute Kommunikation gibt es nicht zum Nulltarif, sie erfordert umfangreiche Investitionen. Grundsätzlich werden alle immateriellen Leistungsprozesse eines Unternehmens unterschätzt.

Eine Investition in Kommunikation schafft immaterielle Vermögenswerte, insbesondere Image und Markenwert. Beide bauen auf Bekanntheit und Ansehen auf, wie u.a. Reputation, Wertschätzung, guter Ruf, Vertrauen und Sympathie. Diese immateriellen Vermögenswerte (so genannte Intangible Assets) als Ergebnis einer kommunikationsgesteuerten Differenzierungsstrategie können strategische Wettbewerbsvorteile gegenüber den wichtigsten Konkurrenten in definierten Märkten schaffen und sind folglich ergebnisrelevant.

3.1 Kosten der Kommunikation

Unter den Kosten der Kommunikation summieren sich u.a. Ausgaben für Unternehmenskommunikation, Public Relations (PR), Investors Relations (IR) sowie Marketing. Diese Kosten werden nicht nur kontinuierlich hinsichtlich ihrer Notwendigkeit diskutiert, sondern oft nicht bereitgestellt. Zu teuer, Erfolg nicht messbar, zerronnen im Strudel der allgemeinen Markt- und Unternehmensentwicklung – so lauten gerne bemühte Argumente als willkommene Ausrede für unterbliebene Aktivitäten. Besonders kostenintensiv zeigt sich die Kapitalmarkt-Kommunikation: So beansprucht z.B. ein Börsengang etwa 8 Prozent des Emissionsvolumens, wovon etwa die Hälfte Kommunikationskosten sind, während der Rest auf Provisionen und Honorare für die emissionsbegleitenden Banken und Juristen sowie Kosten der Börse entfallen.

Wegen seines hohen Aufwands stößt engagierte Kommunikationsarbeit rasch auf die Frage nach Prioritäten im Unternehmen. So widmen amerikanische Vorstände durchschnittlich ein Vielfaches ihrer Zeit der Finanzkommunikation im Vergleich zu deutschen Unternehmen. Auch in Europa gibt es Anzeichen, dass das Management der Kommunikation mit Finanzmärkten eine zunehmende Bedeutung beimisst und damit dieser ein größeres Zeit- und Ressourcenbudget zuteilt. Jedes Unternehmen muss zumindest einen Mindestbetrag zur Erfüllung gesetzlicher und satzungsgemäßer Informationspflichten gegenüber den Aktionären einer Gesellschaft aufwenden. Im Falle eines börsennotierten Unternehmens sind Kommunikationausgaben für unterschiedliche Ansprechsgruppen zu unterscheiden:

- Aktionäre: Roadshows, Hauptversammlung, Aktionärsmessen
- Analysten: Analystenkonferenzen, Vorträge
- Allgemeine Öffentlichkeit: Pressekonferenzen, Ad-hoc-Publizität durch Pressemeldungen, Quartals- und Jahresgeschäftsberichte in Deutsch und Englisch (im Prime Standard), Internetauftritt

Darüber hinaus haben börsennotierte Gesellschaften zusätzliche Aufwendungen, um sich vom Wettbewerb abzusetzen. Trotz steigender Investor-Relations-Budgets werden diese umfangreichen Kosten der Informationsbereitstellung und Dokumentation unseres Wissens nicht separat im Detail ausgewiesen und hinsichtlich ihrer Notwendigkeit und Wirkung überprüft. So verdoppelte sich nahezu das Budget für Investor Relations deutscher Unternehmen zwischen 2000 und 2002 von durchschnittlich 509.000 auf 917.000 Euro wie eine Studie des *Instituts für Kommunikationsforschung IRES* feststellte (FRANKE 2005). Die DAX-30-Unternehmen gaben ihre Investor-Relations-Budgets sogar mit durchschnittlich 1,96 Millionen Euro an.

Neben den beschriebenen Kosten für die Finanzkommunikation, sind weitere Posten als Kommunikationskosten zu nennen: u.a. Kosten der Kundengewinnung und Kundenbindung, weitere Marketingkosten und Werbeausgaben, Repräsentationsaufwendungen, insbesondere Design und Verpackungen, PR/Öffentlichkeitsarbeit sowie Opportunitätskosten. Diese genannten Kosten sind heute über diverse Konten verstreut, falls sie überhaupt erfasst werden. So führt z.B. der Industriekontenrahmen (IKR) unter dem Konto „08 Andere Anlagen, Betriebs- und Geschäftsausstattung" Kosten für Kommunikationsanlagen auf, während unter dem Kostenrahmen „68 Aufwendungen für Kommunikation (Dokumentation, Information, Reisen, Werbung)" u.a. Büromaterial und Drucksachen, sonstige Kommunikationsmittel, Gästebewirtung und Repräsentation, Werbung und sonstige Aufwendungen für Kommunikation subsummiert wird (SCHMOLKE/ DEITERMANN 2000). Erst die prozesshafte Betrachtung von Kommunikation eröffnet uns die benötigten Möglichkeiten der transparenten Kostenerfassung anhand der Prozesskosten (vgl. PIWINGER in diesem Band).

3.2 Prozess der Kostenerfassung

Analog der Auffassung des Informierens innerhalb eines begrenzten Zeitraums, kann der Vorgang der Information abgeschlossen und damit hinsichtlich seiner Informationsaufwendungen „abgerechnet" werden. Personeller und Sachaufwand (Erstellung, Beschaffung, Lagerung etc.) sind im Sinne einer abschließenden Prozessbeschreibung eindeutig identifizierbar. Der Zweck ist erfüllt, wenn das primäre Informationsziel erreicht und das Mitgeteilte von den Betroffenen verstanden wurde. Betriebswirtschaftliche Fragen sind hinsichtlich der Werthaltigkeit und Exklusivität (je exklusiver, desto werthaltiger) sowie der Risiken (Missverständnisse etc.) zusätzlich in die Wertschöpfungsrechnung von Information einzubeziehen.

Anders verhält es sich mit der Kommunikation. Hier ist die betriebswirtschaftliche Bewertung weitaus schwieriger, da Kommunikation kein unmittelbares Informationsziel hat, sondern – gemäß unserer Auffassung – primär Sinn und Bedeutung vermitteln will. Da an der betrieblichen Kommunikation eine Vielzahl von Personen aus unterschiedlichen Funktionen und Hierarchien beteiligt sind, sind insbesondere Aufwendungen für Kommunikation über eine unübersichtliche Zahl von Kostenarten und Kostenstellen verteilt bzw. werden bisher nicht anteilig erfasst. Neben dieser Zuteilungsproblematik fällt es besonders schwer, den „Zweck" einer kommunikativen Maßnahme präzise zu formulieren – eine Grundvoraussetzung für ihre Messung. Ein praktischer Zweck von Kommunikation könnte z.B. sein, das Vertrauen relevanter Zielgruppen zu erhöhen. Jedoch ist der Grad dieser Zielerreichung deutlich schwieriger zu messen als bei Information. Außerdem gibt es keine allgemeinen Maßstäbe für Kommunikationszwecke, sodass man entweder selbst geschaffene Ziele definiert, oder wie so häufig, sich mit den Besten im Wettbewerb vergleicht.

Zudem bleibt die Frage unbeantwortet, mit welchem Aufwand man in welcher Zeit ein Kommunikationsziel erreichen kann und inwiefern Information und Kommunikation sich gegenseitig ergänzen. Eine wirkliche Prozessbegleitung der Kommunikation durch das betriebliche Controlling wird erst möglich durch Einführung eines Prozessmodells der Kommunikation, durch Entwicklung und Einführung einer entsprechenden Investitionskostenrechnung, durch Entwicklung und Einführung entsprechender Steuerungs- und Kontrollinstrumente sowie durch eine entsprechende Definition von Personal- und Kostenverantwortung, um nur einige der Voraussetzungen zu nennen. Erstaunlicherweise werden diese in der Betriebswirtschaft geläufigen Instrumentarien für Informations- und Kommunikationsprozesse bisher kaum eingesetzt. Die in Kapitel 2 vorgeschlagene Trennung von Information und Kommunikation im betrieblichen Rechnungswesen ist ein erster Meilenstein bei der Einführung eines funktionierenden Kommunikations-Controlling.

Die Kostenzuordnung von Information als Leistungskosten und Kommunikation als Teil der Transaktionskosten fördert die Berechenbarkeit von Kommunikationsleistungen. Selbst wenn sich Information und Kommunikation nicht immer sauber voneinander trennen lassen, können jedoch konservative Näherungsschätzungen bereits weiterhelfen.

Die Auffassung von Kommunikation als Beziehungs- und Repräsentationsfunktion hat Konsequenzen bzgl. der Art des Aufwands:

- Bei der radikalen Betrachtung von Kommunikation als Beziehungsfunktion, müssten konsequent alle Arbeitsgespräche, Sitzungen in und außerhalb von Gremien, Anbahnungs-, Kontakt- und Kundengespräche, Lobbying sowie alle Maßnahmen der internen Kommunikation einschließlich Mitarbeitergesprächen, Mitarbeiterbefragungen etc. als Aufwand erfasst werden. Der Einwand hoher Kosten und mangelnde Erfahrung mit Erhebungsmethoden berechtigt jedoch, sich mit Schätzgrößen zu behelfen.

- Eine Erfassung des Aufwands für die Repräsentationsfunktion scheint auf den ersten Blick leichter zu sein. Als „Hilfsgröße" für Repräsentationskosten kann alles gelten, was über die eigentliche Zweckbestimmung hinausgeht.[6] Beispiele für Repräsenationsausgaben sind das Corporate Design, die Architektur von Gebäuden oder Verpackungen jeglicher Art. So repräsentieren Staats- und Gerichtsgebäude „Macht", die Hochhäuser der Banken „Größe", die im Grünen versteckte Villa einer reichen Familie „Bescheidenheit". Auch Verpackungen wie z.B. für Pralinen oder Parfüm sind gemessen am Gebrauchszweck nicht in dem Umfang notwendig, repräsentieren aber den Inhalt und generieren damit zusätzlich Wert.

Bisher erhebt nach unserem Wissen kein einziges Unternehmen die entsprechenden Aufwendungen umfassend. So sind heute eine Großzahl der Kommunikationsaufwendungen „versteckte" Kosten (sogenannte hidden expenses), die ohne gesonderten Ausweis bzw. Zurechnung auf diverse Kostenarten und Kostenstellen wie Werbe-, Personal- Reise- und IT-Kosten verbucht werden. Ein Blick in einen beliebigen Jahresabschluss verdeutlicht diese Vermischung von Kontenebene und Kostenartenebene. Insbesondere in Dienstleistungsunternehmen ist ein großer Teil der Kosten den Kommunikationskosten zuzurechnen. Oft wird nur der bloße Aufwand für die Kommunikation als Erfolgsmaßstab herangezogen, ein detaillierter Nachweis fehlt bisher. Ein Bewusstwerden der tatsächlichen Höhe der Kommunikationskosten würde nicht nur dem bestinformierten Controller die Augen öffnen, sondern auch in den Führungsetagen der Industrie zu neue Erkenntnissen und radikalem Umdenken führen.

Schließlich sollte in der Aufwandsrechnung all jenes als Kommunikationskosten erfasst werden, wozu Kommunikation weitgehend alternativlos ist. Hierbei wird es keine für jedes Unternehmen gleiche Auffassung geben können. Es sei den Unternehmen überlassen, die für sie stimmige Definition von Kommunikationskosten – zwischen der hier bevorzugten breiten und stärker eingegrenzten Varianten – auszuwählen. Zudem muss die Erfassung und Bewertung von Informationskosten nach „Pflichtinformation" und „freiwilliger Information" unterschieden werden. Hintergrund dafür bildet die Tatsache, dass ein Großteil der Unternehmenskommunikation, insbesondere bei börsennotierten Gesellschaften, durch Gesetze und Verodnungen geregelt ist und nur wenig Wahlfreiheit besteht.

> Fazit: Steigende Kommunikationskosten verlangen einen gezielten Ressourceneinsatz. Dieser kann aber nur optimiert werden, wenn alle Kosten im Zusammenhang mit Kommunikation erfasst werden. Heute jedoch handelt es sich dabei grundsätzlich um bisher nicht bekannte Kostenblöcke. Damit das Rechnungswesen Information und Kommunikation getrennt und standardisiert erfassen, im Kontenrahmen ausweisen sowie in das strategische Controlling einbinden kann, braucht es eine Prozessbetrachtung aller Kommunikationsvorgänge.

---

6   Ein Elektrorasierer hat den Zweck zu rasieren. Das Design ist Beiwerk, unterscheidet das Produkt und „repräsentiert" es somit.

3.3 Nutzen und Risiken von Kommunikation

Im Kommunikationsbereich ist ein schrittweises Zusammenwachsen der verschiedenen Kommunikationsdisziplinen zu beobachten. Dies ermöglicht die Bildung einer noch jungen Disziplin „Kommunikations-Management". Kommunikation schafft Wert, denn kein Mensch gibt Geld für etwas aus, wovon er sich nichts erwartet. Den Ausgaben, also die Kommunikation selber, wird ein erwarteter Nutzen, also etwas, was durch Kommunikation bewirkt werden soll, gegenübergestellt. Selbst in den Bereichen wo Kommunikation gesetzlich vorgeschrieben ist, wie im Kapitalmarkt und der Finanzkommunikation muss zwischen gesetzlichem Mindestmaß und zusätzlicher „Kür" in der Kommunikation mit Anteilseignern unterschieden werden. Je nach Kommunikationspolitik einzelner Unternehmen wird dieser Freiraum unterschiedlich ausgefüllt. Schließlich steckt hinter jeder Kommunikation eine Absicht, die entweder offensichtlich oder verdeckt als Handlungsziel das verfolgt, was durch den Aufwand an Kommunikation erreichen werden soll. Steht der Zweck fest, ist auch das Ergebnis messbar.

Wertschaffung durch Kommunikation

Zusammen mit anderen Investitionen im Unternehmen trägt Kommunikation zur Erhöhung des Unternehmenswertes bei, indem sie Reputation, Ansehen und Vertrauen schafft, sowie für ein positives Image und die Zustimmung von Adressaten sorgt. Der gesamte Unternehmensauftritt wird von Kommunikation unterstützt. In manchen Fällen wird Kommunikation auch eingesetzt, um kurzfristig oder sogar ad hoc den Status des Unternehmens zu sichern und Unsicherheiten im Markt zu reduzieren. So ist es in ökologischen Krisenfällen oder bei Gerüchten einer möglichen feindlichen Übernahme entscheidend, Kommunikation bewusst vorbereitet und strukturiert umzusetzen. Neben der bekannten Funktion als Werttreiber ist also auch die Funktion der „Wertsicherung" zu nennen, welcher in der Diskussion über die Rolle von Kommunikation meist vernachlässigt wird. Damit erhält die Unternehmenskommunikation eine strategische Position innerhalb von Führung und Unternehmensentwicklung mit einer Orientierung an Strategie, Zielen und Wertvorstellungen des Unternehmens.

So ist die Beschaffung finanzieller Mittel am Kapitalmarkt unter möglichst günstigen Konditionen das eigentliche Ziel der Investor Relations. Eine Möglichkeit, den Wert von Investor Relations konkret zu bestimmen, wäre, den Kapitalmarktzins der günstigsten alternativen Beschaffungsmöglichkeit von Kapital (z.B. eines Kredits) gegenüberzustellen.

Kommunikation macht in diesem Hinblick nur Sinn, wenn sie einen werterhöhenden Beitrag für das Unternehmen leistet. Bisher ist jedoch nicht einmal bekannt, ob und wenn ja, welche Bestandteile von Kommunikation einen Einfluss auf den Unternehmenswert haben. Auf die Frage nach den Erfolgsfaktoren oder Werttreibern von Kommunikation fokussiert sich die aktuelle Kommunikations-Forschung. Integrierte Ansätze der Messung des Kommunikationswerts existieren allerdings bis jetzt noch nicht. Die Kommunikationsbranche hat sich bislang auf die Messung einzelner Werte fokussiert. Markenwert, Reputation, Bekanntheit von Produkten, Kundenbeziehung und Kundenbindung sowie Image und Goodwill bilden u.a. zentrale Messgrößen für das Kommunikations-Management. Mit der Bedeutung der Kommunikation als Werttreiber erfährt die Kommunikationsbranche eine neue Gewichtung

Risiken der Kommunikation

Auch in die Risikobetrachtung wird Kommunikation bisher nicht einbezogen. Statt auf Sachrisiken, so die Forderung vom Vorstandsmitglied der ThyssenKrupp AG, STEFAN KIRSTEN, müssen Unternehmen ihr Augenmerk künftig zunehmend auf Reputationsrisiken richten.[7] Wie bereits dargestellt wurde, kann neben einem positiven Nutzeneffekt Kommunikation als Risiko im Einzelfall beispielsweise zu einem Vertrauensverlust oder zu beträchtlichen Schadensersatzansprüchen führen. Ein falsches Wort oder Zeichen am falschen Platz zur falschen Zeit wie ACKERMANNS Siegeszeichen im Mannesmann-Prozess kann ein Unternehmen in eine Krise mit unabsehbaren wirtschaftlichen Folgen führen. In Minuten zerstört, ist der Rückgewinn eines Ansehens- oder Vertrauensverlustes äußerst langwierig und kostspielig. Um so verwunderlicher ist es, dass in dem nach dem deutschen Gesetz zur Kontrolle und Transparenz im Unternehmensbereich (KonTraG) vorgeschriebenen Risikobericht der DAX 30-Unternehmen kommunikative Risiken überhaupt nicht erwähnt werden. Denn allein falsche, nicht rechtzeitige oder unvollständige oder unterbliebene Informationen (ob beabsichtigt oder unbeabsichtigt) stellen ein eigenes Risiko dar. Das höchste Risiko der Kommunikation ist die gezielte Desinformation (BAECKER 1999). Anders als Information führt risikobehaftete Kommunikation schnell zu rechtlichen Folgen neben finanziellen Verlusten durch Ruf- und Imagebeschädigung.

Unternehmen berichten in der Regel zu wenig über ihre potenziellen Risiken. Bis jetzt wird Kommunikation vom Management weder als Risikofaktor identifiziert noch dem breiten Aktionärspublikum erläutert. So hat keiner der Risikoberichte der DAX-30-Unternehmen der Geschäftsjahre 2000–2003 unterbliebene, missverständliche oder falsche Kommunikation als mögliche Risikofaktoren erwähnt, wie die Autoren in einer Untersuchung festgestellt haben.

Dabei hat Kommunikation per se ein hohes Risiko. Insbesondere auf den Finanzmärkten wirken eine negative Berichterstattung, das Fehlverhalten von Managern oder auch Ge-

---

7 Siehe seine Rede auf der Jahrestagung der Schmalenbach-Gesellschaft 2003.

rüchte negativ auf die Börsenkapitalisierung (ZERFASS 2004), neben indirekten Auswirkungen wie die Senkung des Reputationswert eines Unternehmens oder Vertrauensschädigung des Rufes. Insbesondere in den letzten Jahren haben Investoren kommunikative Probleme bei Unternehmen sofort und scharf bestraft. Kommunikative Fehlleistungen führten nicht selten zu Kurseinbrüchen von über 50 Prozent innerhalb weniger Tage. Ein gezieltes Kommunikations-Management muss deshalb den möglichen Interpretationsspielraum von Information und Kommunikation bei seinen Anspruchsgruppen als auch mögliche Desinformation seitens der Unternehmen verringern.

Das gerade in Kraft getretene Vierte Finanzmarktförderungsgesetz wird diese Situation sogar noch verschärfen: Nach derzeitigem Stand sollen Aktionäre künftig Schadensersatz fordern können, wenn Unternehmen potenziell kursbeeinflussende Tatsachen falsch, verspätet oder gar nicht veröffentlichen und Anleger dadurch geschädigt werden. Die geplante Neuregelung der allgemeinen Erklärungshaftung von Kapitalgesellschaften erhöht zweifellos das Haftungsrisiko.

Noch ist das „Risiko" von Kommunikation nicht überall fest im Bewusstsein der Unternehmen verankert, jedoch steigt die Aufmerksamkeit auf beiden Seiten. So begegnete die Deutsche Post AG dem Vorwurf, gegen geltendes Umsatzsteuerrecht zu verstoßen, indem sie ihre 800.000 Aktionäre in einem offenen Brief über ihre Zahlung „nach Recht und Gesetz" informierte. Zudem kündigte sie juristische Schritte gegen jeden an, der weiterhin „den Aktienkurs schädigende, unwahre Behauptungen" verbreite. Bereits eine Studie der BOSTON CONSULTING GROUP (BCG) aus dem Jahr 1999 stellte den Wert der Investor-Relations-Arbeit für ein Unternehmen fest. Laut BCG empfehlen 51 Prozent – 56 Prozent der Analysten eine Aktie nicht, wenn die IR-Arbeit starke Mängel aufweist.

3.4 Kommunikation im betrieblichen Rechnungswesen

Kommunikation muss heute als Investition in den Unternehmenswert verstanden werden. Als Strategiebestandteil ist sie gleichrangig zu anderen Faktoren, wie u.a. Bereitstellung von Finanzmitteln für Markterschließungen, Forschung und Entwicklung, Produktentwicklung, Personalplanung und Marketingaufwendungen, in den Planungsrhythmus der Unternehmen mit einzubeziehen. Gleichwohl fehlt zurzeit noch ein geeignetes Instrumentarium zur Berechnung

- der Kommunikationsaufwendungen,
- des Kommunikationserfolgs,
- des Kommunikationswerts

sowie deren Eingliederung in das betriebliche Rechnungswesen.

Die Berechnung des Kommunikationserfolgs (so genannter „Return on Communication Investment" (ROCI)) weist den betriebswirtschaftlichen Beitrag der Kommunikation zum Unternehmenserfolg aus. Weder die Betriebswirtschaft noch die Kommunikationswissenschaft haben dazu bisher geeignete integrierte Vorschläge gemacht – bestenfalls existieren erste Ansätze. Das herkömmliche Kontrollinstrumentarium für betriebswirtschaftliche Prozesse erfasst nur einen Teilausschnitt aus den Prozessen der realen Wertschöpfung durch Kommunikation. Kommunikation beeinflusst entscheidend Umsatzrendite und Marktstellung über Image- und Markenmanagement. Der Erfolg, besonders der bilanzielle Erfolg, ist in hohem Maße abhängig von der öffentlichen Positionierung eines Unternehmens.

In jedem Unternehmen wird täglich eine Fülle von unterschiedlichsten Informationen produziert. Da es jedoch bis heute nirgendwo ein Management der Informationssteuerung gibt, wird nicht systematisch geprüft, inwieweit die benötigten Informationen an den richtigen Kreis (intern sowie extern) verteilt werden, und ob die Adressaten die vermittelten Informationen auch tatsächlich verstehen. Dadurch werden in den Unternehmen regelmäßig Transaktionsgewinne verschenkt (BUSS/PIWINGER 1998). Zudem erlaubt die begrenzte Einsicht in die tatsächliche Höhe der Informations- und Kommunikationsaufwendungen, weder deren Planung, noch deren Steuerung des Mitteleinsatzes. Nur wenn Prozessbeschreibungen von kommunikativen Systemen getrennt von Informationssystemen entwickelt werden, lassen sich kommunikative Prozesse im Sinne von Unternehmensentwicklung und Unternehmens-Controlling steuern und deren Auswirkungen in einer Investitionsrechnung nachvollziehen.

Wie bereits dargestellt, werden Kommunikationskosten heute auf verschiedensten Konten verbucht und können daher nicht separat ausgewiesen werden. Zum Aufbau eines Kommunikations-Controlling muss zuerst eine bereichsübergreifende Erfassung der Informations- und Kommunikationskosten erfolgen. Information soll betriebswirtschaftlich als Anschaffungskosten eines immateriellen Vermögenswertes gesehen werden. Da Information sowohl einen eingeschränkt „temporären" Wert als auch einen „Bestandswert" haben können, ist die monetäre Bewertung in der Bilanz entsprechend als „Umlaufvermögen" oder als „Wissenswert" darzustellen. Überwiegend sind Kosten der Informationsvermittlung den Leistungskosten einer einfachen Aufwandsrechnung zuzurechnen. Der Informationsvorgang als solcher ist abgrenzbar von anderen Leistungen und somit kostenseitig einfach zu belegen, weil er in einem festgelegten Zeitraster verläuft. Unter dem Gesichtspunkt einer monetären Bewertung, ist zudem zu bedenken, dass Information oft einen schnellen Wertverlust erfährt, der abzuschreiben ist. Andererseits kann ein Wissens- und Know-how-Zuwachs auf Grund erworbener Informationen und erworbenen Wissens als Vermögenszugang bilanziell aktiviert werden.

Grundlagen und Voraussetzungen des Kommunikations-Controllings

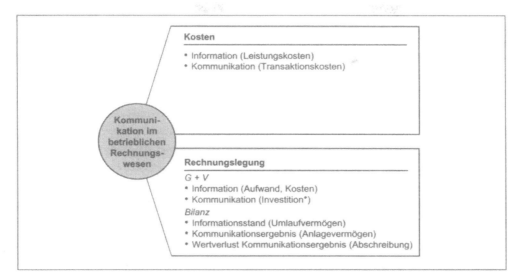

Abbildung 11: Zuordnungen von Kommunikation in das betriebliche Rechnungswesen (eigene Darstellung)

Die übrigen Beiträge des vorliegenden Buches gehen auf die konkrete Erfassung der Kosten, die Identifikation von Informations- und Kommunikationsprozessen, die Einrichtung eines Kommunikations-Controlling, sowie die Berechnung des Wertbeitrags von Information und Kommunikation ein. Außerdem erörtern sie Möglichkeiten, diese Werte in die Bilanz und Gewinn- und Verlustrechnung einzuführen oder zu aktivieren.

4 Ansatz eines Kommunikations-Controllings

Die heute praktizierten Methoden der Erfolgsmessung von Kommunikation sind insgesamt stark einzeldisziplinär geprägt und weisen damit lediglich Teilaspekte der Gesamtkommunikation eines Unternehmens aus.[8] Ähnlich verhält es sich mit den weiter oben aufgezeigten und ebenfalls im Methodenbeitrag vertieften Methoden der Wertbestimmung immaterieller Vermögenswerte, die Kommunikation nur ungenügend berücksichtigt. Bislang existiert kein Ansatz zur Erfassung und Berechnung des Wertbeitrags der Unternehmenskommunikation im weiteren Sinne. Deshalb ist die Bildung eines zentralen Wertes notwendig, der diesen Wertbeitrag der Gesamtkommunikation erfasst. Die-

---

[8] Siehe dazu auch den Methoden-Beitrag von Porák im letzten Teil des vorliegenden Bandes.

ser muss alle Bereiche eines Unternehmens, in denen Kommunikation einen maßgeblichen Einfluss auf die Wertentwicklung des Unternehmens hat, umfassen: Dazu gehören u.a. Public Relations, interne Kommunikation, Investor Relations, Sponsoring, Lobbyismus, Produktmarketing, bis hin zum Recruiting. Die Wahrnehmungen (sogenannte Perceptions) in den jeweiligen Teilmärkten sind das Ergebnis einer Verhaltens- und Kommunikationsstrategie des gesamten Unternehmens. Unterschiedliche Rollen eines Unternehmens, z.B. als Arbeitgeber, Produzent, Kunde oder Lieferant sowie Investitionsobjekt etc. bestimmen wiederum Wahrnehmung, Ruf und Ansehen. Deshalb muss der Einfluss einzelner Unternehmensbereiche auf diesen zentralen kumulierten Wert, der bereits in der Einleitung mit Sozialkapital bezeichnet wurde, transparent gemacht werden. Gleichzeitig müssen die jeweiligen Kosten und Investitionen in Kommunikation in diesen Bereichen bzw. Funktionen erfasst werden. Alle betrieblichen Stellen mit Einfluss auf den Kommunikationswert werden durch diese Betrachtung sichtbar, können mit Kennziffern versehen werden, die den Wirkungs- und Einflussgrad ausdrücken. Somit werden durch das Kommunikations-Controlling die Kommunikationsleistungen im Unternehmen transparent und damit bewirtschaftbar.

Neben der beschriebenen zweckmäßigen Trennung von Information und Kommunikation durch Erfassung der Informations- und Kommunikationskosten, muss der Kommunikationswert selbst quantitativ ausgewiesen werden. Da zur Berechnung des Kommunikationswerts bislang keine Methoden, Modelle und Instrumente aus dem Kommunikationsbereich vorliegen, wird eine Übertragung der von SVEIBY aufgezeigten finanziellen bzw. monetären Bewertungsmethoden immaterieller Vermögenswerte, wie Marktkapitalisierungsmethoden, Anlagerendite-Methoden, Direct-Intellectual-Capital-Methoden sowie Scorecard-Methoden (SVEIBY 1998, 2004) vorgeschlagen. Dies setzt die Überprüfung des jeweiligen Einflusses aller Unternehmenssektoren auf den Kommunikationswert voraus (vgl. PORÁK in diesem Band).

Daraufhin können Erfolgsfaktoren und Teilwerte – ähnlich zur Systematik von FOMBRUN – aus jedem Bereich bestimmt werden, um sie den dort entstehenden Kosten gegenüberzustellen Somit sind alle betrieblichen Stellen hinsichtlich ihres Einfluss auf den Kommunikationswert sichtbar, die sich in Kennziffern und Quotienten (Wirkung, Einfluss) niederschlagen. Erst dann lässt sich der Wert der Gesamtkommunikation eines Unternehmens beziffern und ausweisen und Kommunikation kontrollieren. Damit verfügen Kommunikationsmanager über ein Kommunikations-Controlling, welches ein eigentliches Kommunikations-Management überhaupt erst ermöglicht.

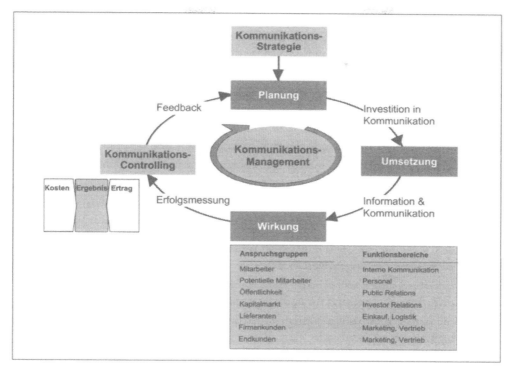

Abbildung 12: Kommunikations-Controlling als Teil des Kommunikations-Managements (eigene Darstellung)

5 Fazit und Aufbau des Buchs

Kommunikation erschließt strategische Wettbewerbsvorteile. Der Kampf um Aufmerksamkeit in den Märkten durch Informationsüberflutung, eine erhöhte Forderung nach Transparenz (u.a. durch die Corporate-Governance-Debatte) sowie steigende Kosten erhöhen die Ansprüche im Kommunikationsbereich. Kommunikationsmanager stehen heute vor einem erhöhten Kosten- und Erfolgsdruck, insbesondere da fehlende Instrumente zur Erfolgsmessung zu einem Legitimationsproblem der Kommunikationsaufwendungen gegenüber dem Top-Management führen. Im Rahmen des Kommunikations-Managements muss Kommunikation im Sinne des Managementkreislaufs rechenbar werden. Informations- und Kommunikationskosten müssen getrennt erhoben werden und standardisiert in das betriebliche Rechnungswesen einfließen. Dies scheitert aber bereits oft an der Erfassung der Kosten, die eng mit der Trennbarkeit von Information und Kommunikation zusammenhängen. Die vorgeschlagene pragmatische Trennung von Information und Kommunikation soll sich am Ziel und damit an der Funktion der Informations- bzw. Kommunikationsaktivität orientieren. Erst durch die Trennung wird eine klare Zurechenbarkeit der entsprechenden Kosten ermöglicht (Transaktionskostenansatz). Diese Prozessbetrachtung von Kommunikation ist eine originäre Voraussetzung für ein Kommunikations-Controlling. Die Festlegung eines Ziels ermöglicht zudem die Überprüfbarkeit der Zielerreichung. Um den eigentlichen Erfolg zu messen, muss jedoch auch der Einfluss kommunikativer Maßnahmen auf den Unternehmenserfolg ermittelt werden. Erst dann kann – unter Berücksichtigung alternativer Investitionen (Opportunitätskosten) – ein Return on Investment (ROI) bestimmt werden, zu dem bisher jedoch die geeigneten Ansätze, Messgrößen, Methoden, Modelle und Instrumente fehlen.

In der gegenwärtigen Unternehmenspraxis werden Information und Kommunikation in der vorgeschlagenen umfassenden Weise vom betrieblichen Rechnungswesen jedoch noch nicht erfasst. Den Unternehmen ist heute gar nicht bekannt, wie hoch ihre Investitionen in Kommunikation sind. Erste Zielsetzung muss daher die Erfassung von Informations- und Kommunikationskosten sein. Da Informationskosten leichter als Kommunikationskosten zu berechnen sind, liegt es nahe, für deren Erfassung getrennte Kostenarten einzurichten. Information ist eher dem Umlaufvermögen und Kommunikation eher dem Anlagevermögen zuzurechnen. Somit können Informationen mit den Anschaffungskosten bewertet werden und können Kommunikationsleistungen, wie Anlageinvestitionen, in die Investitionskostenrechnung einfließen. Diese Zuordnungen haben Konsequenzen für die Berechnung und Bewertung der Informations- und Kommunikationsvorgänge.

Da dies noch nicht Gegenstand der Unternehmenspraxis ist, ist es notwendig, die wichtigsten Gedanken zuerst in die öffentliche Diskussion zu bringen. Dann können Prozessbeschreibungen von kommunikativen Systemen getrennt von Informationssystemen entwickelt werden. Dadurch lassen sich kommunikative Prozesse im Sinne von Unternehmensentwicklung und Unternehmens-Controlling beherrschen, steuern und im Rahmen einer Investitionsrechnung im Ergebnis nachvollziehen. Ähnlich dem Wert anderer Bestandteile des intellektuellen Vermögens kann auch der Wert von Kommunikation und Information nicht in die traditionelle Rechnungslegung einfließen, sondern muss als Ergänzung dargestellt werden.

Das vorliegende Buch teilt sich in sieben Teile: Während im Grundlagenteil die Voraussetzungen für ein Kommunikations-Controlling beleuchtet wurden, vertiefen die folgenden Beiträge die einzelnen bereits dargelegten Aspekte:

Grundlagen und Voraussetzungen des Kommunikations-Controllings

- Teil zwei setzt sich mit den Kosten von Kommunikation und deren Eingliederung in das betriebliche Rechnungswesen auseinander. Damit wird der Weg in Richtung einer systematischen Erfassung der Gesamtkosten von Information und Kommunikation geebnet. Dies baut auf den Vorschlag der alternativen Definition von Information und Kommunikation im Grundlagenteil auf.

- Teil drei führt die Gedankengänge aus Kapitel zwei weiter und verfolgt die Möglichkeit der Kostenerfassung anhand einer Erhebung der Transaktionskosten. Dazu wird ein generisches Kommunikationsmodell entwickelt, welches die separate Identifikation einzelner Kommunikationsprozesse ermöglicht.

- Teil vier vertieft dargestellten Möglichkeiten und bezieht sie in den Rahmen der heutigen Rechnungslegungs-Standards. Dazu werden die aktuellen Möglichkeiten der Umsetzung der Wertkommunikation und die Aktivierung von Kommunikationswerten diskutiert.

- Teil fünf vertieft die Voraussetzungen für ein Kommunikations-Controlling aus Sicht des betrieblichen Controlling und führt damit die allgemeine Einführung in der Einleitung weiter. Durch den veränderten Fokus zeigt es mögliche Unterschiede in der Sichtweise zwischen Überlegungen des Kommunikations-Managements und der Controlling-Realität auf.

- Teil sechs setzt sich mit der Wertkommunikation auseinander und erörtert deren Stand und Möglichkeiten, die sich aus der hier dargestellten erweiterten Betrachtung von Kommunikationsleistungen ergeben.

- Teil sieben schließlich bietet eine umfassende Übersicht aktueller Methoden und Instrumente zur Erfassung und Berechnung des Erfolgs von und der Wertschöpfung durch Information und Kommunikation.

Das vorliegende Buch soll einen substantiellen praxisnahen Beitrag zur Entwicklung eines Kommunikations-Controlling leisten. Darüber hinaus möchte es Denkanstöße in Richtung einer faktenbasierten Wertschätzung von Kommunikation als Werttreiber und Erfolgsfaktor geben. Des weiteren sollen Unternehmen sowie wissenschaftliche Institutionen aufgefordert werden, sich an diesen Überlegungen zu beteiligen und diese fortzuentwickeln.

Literatur

BAECKER, D. (1999): Organisation als System. Frankfurt a.M.

BELLEBAUM, A. (1992): Schweigen und Verschweigen: Bedeutungen und Erscheinungsvielfalt einer Kommunikationsform. Opladen.

BENTELE, G./BUCHELE, M./HOEPFNER, J./LIEBERT, T. (2003): Markenwert und Markenwertermittlung. Wiesbaden.

BENTELE, G./PIWINGER, M./SCHÖNBORN, G. (Hrsg.) (2001 ff.): Kommunikationsmanagement: Strategien, Wissen, Lösungen. Neuwied/Kriftel.

BLACK, A./WRIGHT, P./DAVIES, J. (2001): In: Search of Shareholder Value. Managing the Drivers of Performance. London.

BONFADELLI, H. (2000): Medienwirkungsforschung. Konstanz.

BRUHN, M. (1990): Marketing. Wiesbaden.

BURKART, R. (2003): Kommunikationstheorien. In: Bentele, G./Brosius, H.-B./Jarren,O. (Hrsg.): Öffentliche Kommunikation. Wiesbaden.

BURKART, R. (2002): Kommunikationswissenschaft. Grundlagen und Problemfelder. Wien.

BUSS, E./PIWINGER, M. (1998) Dem Image einen Wert geben. In: Blick durch die Wirtschaft. Frankfurt a.M. 5.5.1998

COASE, R. (1988): The Firm, the Market, and the Law. Chicago.

COPELAND, T./KOLLER, T./MURRIN, J./MCKINSEY & COMPANY (2002): Unternehmenswert. Methoden und Strategien für eine wertorientierte Unternehmensführung. Frankfurt.

COHEN, J. D./PRUSAK, L. (2001): In Good Company: How Social Capital makes Companies work. Boston.

DELHEES, K. H. (1994): Soziale Kommunikation. Opladen.

DEUTSCHE BÖRSE (Hrsg.) (2003): vision + money. 06/2003. Gefunden am 5.9.2004 unter www.deutsche-boerse.com.

EBERT, H./PIWINGER, M. (2001): Bausteine für ein Kommunikations- und Image-Controlling. In: Bentele, G./Piwinger, M./Schönborn, G. (Hrsg.): Kommunikationsmanagement. Neuwied/Kriftel. (Losebl.) Art.–Nr. 4.12, S. 1–24.

ECCLES, R. (1991): The Performance Measurement Manifesto. In: Harvard Business Review, Vol. 69 (1), S. 131–138.

ECCLES, R./HERZ, R./KEEGAN, M./PHILLIPS, D. (2001): The Value Reporting Revolution. Moving Beyond the Earnings Game. New York.

ECO, U. (1972): Einführung in die Semiotik. München.

EDVINSSON, L./MALONE, M. (1997): Intellectual Capital: Realizing your Company's True Value by finding its Hidden Brainpower. New York.

Esch, F.-R. (2002): Methoden zur Markenbewertung taugen nichts. In: FAZ, 3.3.2002, S. 24.

Franke, D. (2005): Investor Relations aus der Sicht von Akteuren und Adressaten. In: Kirchhoff, R./Piwinger, M. (Hrsg.): Praxishandbuch Investor Relations. Wiesbaden.

Gompers, P./Ishii, J./Metrick, A. (2003): Corporate Governance and Equity Prices. In: Quarterly Journal of Economics, Harvard University, The Wharton School.

IRES, Handelsblatt (2003): Investor Relations Monitor. Düsseldorf.

Kaplan, R./Norton, D. (1992): The Balanced Scorecard – Measures that drive Performance. Harvard Business Review (January-February): S. 71–79.

Köck, W. (1987): Kognition – Semantik – Kommunikation. In: Schmidt, S. J. (Hrsg.): Der Diskurs des radikalen Konstruktivismus. Frankfurt/Main, S. 340–374.

Kirchhoff, R./Piwinger, M. (Hrsg.) (2005): Praxishandbuch Investor Relations. Wiesbaden.

Kriegbaum, C. (2000): Markencontrolling. Bewertung und Steuerung von Marken als immaterielle Vermögenswerte im Rahmen eines unternehmenswertorientierten Controlling. München.

Labhart, P.A. (1999): Value Reporting: Informationsbedürfnisse des Kapitalmarktes und Wertsteigerung durch Reporting. Zürich.

Lenke, N./Lutz, H.-D./Sprenger, M. (1993): Grundlagen sprachlicher Kommunikation. München.

Maletzke, G. (1998): Kommunikationswissenschaft im Überblick. Opladen.

McQuail, D. (2000): McQuail's Mass Communication Theory. 4th ed. London.

McQuail, D./Windahl, S. (1993): Communication Models for the Study of Mass Communication. 2nd ed. New York.

Meffert, H. (1986): Marketing. Grundlagen der Absatzpolitik. 7., überarb. und erw. Aufl. Wiesbaden.

Merten, K. (1993): Die Entbehrlichkeit des Kommunikationsbegriffs. In: Bentele, G./Rühl, M. (Hrsg.): Theorien öffentlicher Kommunikation. München, S. 188–201.

Merten, K. (1977): Kommunikation. Eine Begriffs- und Prozessanalyse. Opladen.

Mertens, P. (2001): Information – die Ressource der Zukunft. In: FAZ, 20.8.2001, S. 25.

Moll, G. (2002): Wertkommunikation im unternehmerischen Kontext: ein handlungsorientierter Ansatz. Zürich.

Münch, R. (1995): Dynamik der Kommunikationsgesellschaft. Frankfurt a.M.

Naundorf, P. (2001): Messen und Bewerten in der PR – Grundlagen der Erfolgs- und Wirkungskontrolle. In: Bentele, G./Piwinger, M./Schönborn, G. (Hrsg.): Kommunikationsmanagement. Neuwied/Kriftel, Art.-Nr. 4.06.

Piwinger, M./Ebert, H. (2002): Vorfeldkommunikation. Ein Plädoyer für einen Paradigmenwechsel. (Teil 2: Theorie-Bausteine und Anwendungen.) In: Bentele, G./Piwinger, M./Schönborn, G. (Hrsg.): Kommunikationsmanagement. Neuwied/Kriftel, (Losebl.), Art.-Nr.. 1.15.S. 1 – 42.

PIWINGER, M. (2004): Der Umgang mit Gerüchten im Unternehmensumfeld – ausgewählte Praxiserfahrungen. In: Bruhn, M./Wunderlich, W. (Hrsg.): Medium Gerücht. Studien zur Theorie und Praxis einer kollektiven Kommunikationsform. Facetten der Medienkultur. Band 5. Bern/Stuttgart/Wien, S. 220 – 245.

PIWINGER, M. (2001): Information und Kommunikation sind nicht dasselbe. In: Bentele, G./Piwinger, M./Schönborn, G. (Hrsg.): Kommunikationsmanagement. Strategien, Wissen. Lösungen. Neuwied/Kriftel, (Losebl.) Art.–Nr. 4.12, S. 1 – 24.

PIWINGER, M./EBERT, H. (2001): Impression Management. Wie aus Niemand Jemand wird. In: Bentele, G./Piwinger, M./Schönborn, G. (Hrsg.): Kommunikationsmanagement. Strategien, Wissen. Lösungen. Neuwied/Kriftel, (Losebl.): Art. Nr. 1.06, S. 1 – 34.

PIWINGER, M. (1996): Die Rolle von Dialogkonzepten bei der Entwicklung von Unternehmensgrundsätzen. In: Bentele, G./Steinmann, H./Zerfass, A. (Hrsg.): Dialogorientierte Unternehmenskommunikation. Grundlagen, Praxiserfahrung, Perspektiven. Berlin, KS. 147 – 166.

PIWINGER, M. (2003): Rechnet sich PR? Gedanken über den Wert von Kommunikation. In: PR-Forum 2/2003, S. 67 – 68.

PIWINGER, M. (2000): Kommunikation wird jetzt zum Invest. In: Corporate Publishing 05/2000, S. 27.

PORÁK, V. (2004): Grundlagen des Kommunikationsmanagements. Working paper. Center for Financial Communication, Universität St. Gallen.

PORÁK, V. (2002): Kapitalmarktkommunikation. Lohmar.

POWER, M. (1997): The Audit Society. Rituals of Verification. Oxford.

PRICEWATERHOUSECOOPERS (Hrsg.) (2003): Immaterielle Werte und andere weiche Faktoren in der Unternehmensberichterstattung – eine Bestandsaufnahme. Frankfurt a.M.

PRICWATERHOUSECOOPERS/ABSATZWIRTSCHAFT (2204): Markenbewertung. Sieben monetäre Bewertungsansätze im Vergleich. Düsseldorf.

RAPPAPORT, A. (1998): Creating Shareholder Value. A Guide for Managers and Investors. revised and updated. 2. Aufl. New York.

RUUD, F./JENAL, L. (2003): Das Interne Audit als wertvoller Wissens-Intermediär: Mehrwert schaffen für Unternehmen. In: Der Schweizer Treuhänder, Nr. 1 – 2, 2003, S. 7 – 16.

SATTLER, H. (2002): Grundlagen und praktische Umsetzung der Bewertung von Marken aus Sicht des Marketing. In: Gesamtverband Werbeagenturen GWA (Hrsg.): Der Geldwert der Marke: Erfolgsfaktor für Marketing und Kommunikation. Edition Erfolgsbeiträge der Werbung, Nr. 7, Frankfurt a.M., S. 19 – 33.

SATTLER, H./PRICEWATERHOUSECOOPERS (Hrsg.) (2001): Praxis von Markenbewertung und Markenmanagement in deutschen Unternehmen. 2. Aufl. Frankfurt a.M.

SCHEUCH, F. (1989): Marketing. 3. Aufl. München.

SCHRANK, R. (2003): Die Balanced Scorecard hat ihren Zenit überschritten. In: FAZ, 24.3.2003, S. 28.

SCHMIDT, W./FRIEDAG, H. (2002): Zukunftsorientierung: Management und Controlling des Intellektuellen Kapitals. In: Klein, A./Vikas, K./Zehetner, K. (Hrsg.): Der Controlling-Berater. Freiburg, (Losebl.), Heft 3, 7., S. 41–68.

SCHMOLKE, S./DEITERMANN, M. (2000): Industrielles Rechnungswesen IKR.. 28. überarb. Aufl. Darmstadt.

SCHULTZ, D. E./WALTERS, J.S. (1997): Measuring Brand Communication ROI. New York.

SHANNON, C./WEAVER, W. (1969): The Mathematical Theory of Communication. Urbana, Ill.

SVEIBY, K.E. (2004): Methods for Measuring Intangible Assets. Gefunden am 14.6.2004, http://www.sveiby.com/articles/IntangibleMethods.htm

SVEIBY, K.-E. (1998): Wissenskapital. Das unentdeckte Vermögen. Immaterielle Vermögenswerte aufspüren, messen und steigern. Landsberg a.L.

ULRICH, H. (1970): Die Unternehmung als produktives soziales System: Grundlagen der allgemeinen Unternehmungslehre, 2., überarb. Aufl. Bern.

VOLKART, R. (1998): Shareholder Value und Corporate Valuation: finanzielle Wertorientierung im Wandel. Zürich.

WAHREN, H.-K. (1987): Zwischenmenschliche Kommunikation und Interaktion in Unternehmen. Berlin.

WARTBURG, W. (2003): Das Ansehen verbessern – den Ruf schützen. In: FAZ, 7.4.2003, S. 24.

WÖHE, G. (2002): Einführung in die allgemeine Betriebswirtschaftslehre. 21., neubearb. Aufl. München.

ZERFASS, A. (2004): Unternehmensführung und Öffentlichkeitsarbeit. 2. erg. Aufl. Wiesbaden.

T. Flemming Ruud und Jan Pfister

Erfassung und Zuteilung der Informations- und Kommunikationskosten aus konzeptioneller Perspektive

1 Information und Kommunikation im weiteren Kontext

1.1 Ausgangslage und Zielsetzung

Das Erfolgspotenzial von Unternehmen hängt weitestgehend von deren Fähigkeit ab, sich neuen Marktgegebenheiten anzupassen. Diese Konfrontation mit den sich verändernden Rahmenbedingungen ist Chance und Gefahr des Unternehmens zugleich.[1] Mit Entwicklungen wie der Globalisierung der Märkte und des Wettbewerbs, der zunehmenden Dynamik durch technologischen Fortschritt[2] oder den steigenden Anforderungen für eine effektivere Corporate Governance unterzieht sich auch die Rolle der Information und Kommunikation des Unternehmens einem starken Wandel.

Information und Kommunikation werden als Erfolgsfaktoren des Unternehmens immer entscheidender.[3] Damit sich Ausgaben für Information und Kommunikation lohnen, müssen diese mit einem höheren Nutzen verbunden sein. Der Wert von Information und Kommunikation hängt also letztlich davon ab, ob sie bestimmten Qualitätskriterien genügen. Es stellt sich die Frage, welches die grundlegenden Werttreiber der Information und Kommunikation sind. Zwei Schlüsselkriterien stehen dabei im Mittelpunkt, nämlich einerseits die Relevanz und andererseits die Zuverlässigkeit der Information und Kommunikation.[4]

---

[1] Vgl. Beyhs, O./Hirsch, B. (Vertrauen in Netzwerken – eine Herausforderung für das Rechnungswesen, 1999): S. 171 f.
[2] Vgl. Schöne, K. (Controlling der Informationsinfrastruktur: Entwicklungsstand – Gestaltungskonzeption, Perspektiven, 1997): S. 1.
[3] Vgl. Bruhn, M. (Integrierte Unternehmens- und Markenkommunikation: Strategische Planung und operative Umsetzung, 2003): S. 1.
[4] Vgl. Kinney, W. (Information Quality Assurance and Internal Control, 2000): S. 1.

Die Anbieter müssen die Information und Kommunikation aus Sicht des Nachfragers nach ihrer Relevanz und Zuverlässigkeit beurteilen. Kommt die Mitteilung bzw. Übermittlung nicht an, da sie dem Nachfrager unnötig oder unglaubwürdig erscheint, sind Information und Kommunikation wertlos.[5] In diesem Bereich liegt das Potenzial eines Kommunikations-Controlling, indem Wege gesucht werden, Kosten und Nutzen zu erfassen und einander gegenüberzustellen. Damit können Entscheidungsgrundlagen zur Verbesserung der Effizienz und Effektivität geschaffen werden.

Die Notwendigkeit eines Controlling der Information und Kommunikation liegt somit auf der Hand und wird von der Wirtschaft und Wissenschaft gleichermaßen gefordert.[6] Ist die Berechtigung eines Kommunikations-Controlling offensichtlich, so erstaunt dennoch das geringe Entwicklungsstadium wenig. Information und Kommunikation sind sehr weite Begriffe, deren Erfolg schwer objektivierbar und erfassbar erscheint. Voraussetzung zur Etablierung eines diesbezüglichen Controlling ist ein grundlegendes unternehmerisches Umdenken.

Ein Kommunikations-Controlling sollte sich an der Unternehmensstrategie ausrichten. Als funktionsübergreifendes System bietet es die Möglichkeit, die geeigneten Mittel zur optimalen Kommunikationspolitik zu bestimmen und einzusetzen. Der in diesem Beitrag gewählte prozessorientierte Ansatz kann als Teilaspekt eines solchen ganzheitlichen Kommunikations-Controlling verstanden werden, indem hauptsächlich die optimale Ressourcenverteilung fokussiert, die strategische Wirkung der eingesetzten Kommunikationsmittel aber vernachlässigt wird.

Ziel dieses Beitrags ist es, einerseits Möglichkeiten zur Erfassung und Zuteilung von Informations- und Kommunikationskosten aufzuzeigen und auf diesen aufbauend ein grobes Anwendungskonzept eines Kommunikations-Controlling zu entwickeln. Der Beitrag soll konstruktive Vorschläge zur Diskussion eines Kommunikations-Controlling liefern.

Nach den allgemeinen Begriffsdefinitionen und -kategorisierungen, werden in Kapitel 2 Nutzen und Stellenwert der Information und Kommunikation im Unternehmen sowohl aus theoretischer wie praktischer Sicht beschrieben. Kapitel 3 erarbeitet konzeptionelle Grundlagen für eine Erfassung und Zuteilung von Informations- und Kommunikationskosten, worauf in Kapitel 4 ein Anwendungsvorschlag für ein Kommunikations-Controlling folgt. Kapitel 5 schließt mit zusammenfassenden Bemerkungen.

---

5 Vgl. Ruud, F./Jenal, L. (Das Interne Audit als wertvoller Wissens-Intermediär: Mehrwert schaffen für Unternehmen, 2003): S. 9, 12.
6 Siehe dazu ausführlicher Fuchs, H. (Welchen Wert schafft Kommunikation?, 2003).

1.2 Begriffsdefinitionen und Kategorisierungen

Voraussetzung der Kostenzuweisung von Information und Kommunikation sind klare und einheitliche Begriffsauffassungen. Es werden Kriterien benötigt, welche es ermöglichen, die beiden Kostentreiber Information und Kommunikation zu kategorisieren, abzugrenzen und zu bewerten. An dieser Stelle werden die Begriffe vorerst grob unterschieden.

Controlling

In der Literatur bestehen unterschiedliche Auffassungen des Controlling.[7] KÜPPER (1995) und WEBER (2002) verstehen das Controlling im weiten Sinn als Führungsgesamtsystem, dass sämtliche Unternehmensziele einbezieht. Dagegen betrachten HORVATH (2003) und REICHMANN (2001) das Controlling in einem engeren Sinn, nämlich ergebnisorientiert, ausgerichtet auf ausgewählte Unternehmensziele.[8]

Gemäß WEBER (2002) bezeichnet Controlling „... eine bestimmte Funktion innerhalb des Führungssystems von solchen Unternehmen, deren Leistungssystem primär durch Pläne koordiniert wird. Die vom Controlling wahrgenommene Funktion ist Koordination. Sie umfasst die Strukturgestaltung aller Führungsteilsysteme, die zwischen diesen bestehenden Abstimmungen sowie die führungsteilsysteminterne Koordination. [...] Das Ziel des Controlling besteht darin, Effizienz und Effektivität der Führung zu erhöhen und die Anpassungsfähigkeit an Veränderungen in der Um- und Innenwelt des Unternehmens zu steigern."[9]

REICHMANN (2001) definiert Controlling als „... zielbezogene Unterstützung von Führungsaufgaben, die der systemgestützten Informationsbeschaffung und Informationsverarbeitung zur Planerstellung, Koordination und Kontrolle dient; es ist eine rechnungswesen- und vorsystemgestützte Systematik zur Verbesserung der Entscheidungsqualität auf allen Führungsstufen der Unternehmung."[10] Im nachfolgenden wird von dieser engen Definition des Controlling ausgegangen.

Information

Information kann unter anderem in Form von Nachrichten, Mitteilungen, Hinweisen, Auskünften, Aufklärungen oder Belehrungen auftreten. Bei all diesen Informationsfor-

---

7 Vgl. Schöne, K. (Controlling der Informationsinfrastruktur: Entwicklungsstand – Gestaltungskonzeption, Perspektiven, 1997): S. 31.
8 Eine Übersicht verschiedener Controlling-Definitionen findet sich in Friedl, B. (Controlling, 2003): S. 1 f.
9 Weber, J. (Einführung in das Controlling, 2002): S. 47 f.
10 Reichmann, T. (Controlling mit Kennzahlen und Managementberichten, 2001): S. 13.

men geht es letztlich um eine sachbezogene Bereitstellung von Informationen. Dieses Informieren verändert den Informationsstand der Adressaten und übt Einfluss auf deren Entscheidung bezüglich verschiedener Handlungsalternativen aus.

Zur Führung von Unternehmen (bzw. Organisationen) ist das Identifizieren und Erfassen der relevanten Informationen grundlegend um die Unternehmensziele zu erreichen. Informationen werden auf allen Stufen von Unternehmen benötigt. Aus betriebswirtschaftlicher Sicht sind Informationen ein wichtiger Bestandteil, Risiken zu erkennen und einzuschätzen, um geeignete Maßnahmen mit deren Umgang treffen zu können.[11]

Kommunikation

Da die Information der Kommunikation inhärent ist, sind Information und Kommunikation eng miteinander verbunden. Bei der Kommunikation geht es nicht um die Information an sich, sondern um die Verständigung untereinander, also die Art der Informationsübertragung und -vermittlung. Während bei der Information die Mitteilung im Zentrum steht, geht es bei der Kommunikation um die Übermittlung.[12] Kommunikation kann sowohl einseitig wie auch zweiseitig ablaufen.[13]

Kategorisierungen von Information und Kommunikation

Information und Kommunikation lassen sich vielfältig kategorisieren. Zum Beispiel kann nach der Art der Aufbereitung in quantitative oder qualitative, nach ihrem Inhalt in finanzielle oder nicht-finanzielle oder nach ihrem Sender bzw. Empfänger in externe oder interne Information und Kommunikation eingeteilt werden. Hinzu kommt die unterschiedliche Auffassung von Information und Kommunikation aus Sicht des Senders und des Empfängers, die sich auf divergente Interessen zurückführen lässt. Das „informieren" oder das „sich informieren" ist anders motiviert und setzt andere Schwerpunkte.

Kommunikations-Controlling

In Anlehnung an die Definition von *Reichmann (2001)* definiert sich Kommunikations-Controlling als zielbezogene Unterstützung der Führungsaufgaben, indem die Informations- und Kommunikationsprozesse systematisch erfasst und bewertet und damit dem

---

[11] Die Begriffe Information und Kommunikation werden hier auf COSO (Enterprise Risk Management – Integrated Framework, 2004) abgestützt.
[12] Siehe dazu COSO (Enterprise Risk Management – Integrated Framework, 2004).
[13] Vgl. Bruhn, M. (Integrierte Unternehmens- und Markenkommunikation: Strategische Planung und operative Umsetzung, 2003): S. 9 und Ruud, F./Jenal, L. (Das Interne Audit als wertvoller Wissens-Intermediär: Mehrwert schaffen für Unternehmen, 2003): S. 9.

Erfassung und Zuteilung der Informations- und Kommunikationskosten

Management die Entscheidungsgrundlagen zu einer effizienten und effektiven Ressourcenzuteilung der Kommunikationspolitik bereitgestellt werden. Das Kommunikations-Controlling ist funktionsübergreifend und unterstützt auch andere Bereiche, wie die Strategieumsetzung, die Governance, die Berichterstattung oder das Marketing.

Mit der starken Entwicklung der neuen Informations- und Kommunikationsmedien wurden Begriffe wie IT-Controlling, Informationsinfrastruktur-Controlling oder Informations-Controlling geprägt. Diese beziehen sich schwerpunktmäßig auf ein Controlling der technischen Informationsinfrastruktur,[14] das Kommunikations-Controlling hingegen auf die inhaltlichen Möglichkeiten.

2 Nutzen und Stellenwert von Information und Kommunikation im Unternehmen

2.1 Informations- und Kommunikationswege des Unternehmens

Information und Kommunikation findet sowohl innerhalb des Unternehmens wie auch nach außen statt. Abbildung 1 veranschaulicht die verschiedenen Informations- und Kommunikationswege des Unternehmens. Es zeigt auch die verschiedenen Steuerungs- und Kontrollstellen auf und setzt das Unternehmen in Bezug zu seinem Umfeld.

Unternehmensintern

Im Unternehmen sind die Informationswege sowohl horizontal als auch vertikal einzuordnen. Von besonderer Bedeutung ist die vertikale Informations- und Kommunikationsversorgung. Indem das Management gezielt informiert wird, kann es die geeigneten Entscheidungen treffen. Die Information und Kommunikation von den höheren auf die unteren Hierarchiestufen des Unternehmens ist für die Umsetzung einer einheitlichen und klaren Unternehmenspolitik notwendig. Die Unternehmensführung auf der obersten Stufe des Unternehmens setzt die Vision, Ziele und Strategien des Unternehmens fest und vermittelt diese auf die unteren Hierarchieebenen. Diese Unternehmenspositionierung wird im Wertschöpfungsprozess umgesetzt.

---

14 Vgl. Schöne, K. (Controlling der Informationsinfrastruktur: Entwicklungsstand – Gestaltungskonzeption, Perspektiven, 1997): S. 3.

Im Steuerungs- und Überwachungssystem des Unternehmens bildet der Aufsichtsrat die oberste Instanz. Das Audit Committee, Remuneration Committee und das Nomination Committee sind zusätzlich spezialisierte Ausschüsse des Aufsichtsrates. Weitere die Unternehmensführung und -überwachung unterstützende Funktionen sind das Controlling, das Interne und Externe Audit, die Interne Steuerung und Kontrolle, die Compliance sowie das Risikomanagement. Das erfolgreiche Zusammenspiel all dieser internen Abläufe funktioniert nur durch relevante und zuverlässige Informations- und Kommunikationsprozesse.

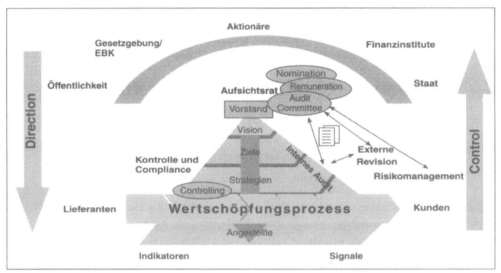

Abbildung 1: Information und Kommunikation im Unternehmen[15]

Unternehmensextern

Die Information und Kommunikation von und nach außen ist für die Stellung des Unternehmens bestimmend. Zu den bedeutendsten Außenstehenden Zielgruppen gehören die Kunden, Lieferanten, Kapitalgeber, Analysten, die Öffentlichkeit und der Staat. Das Unternehmen hat die Anforderung sich durch die geeigneten Kommunikationsinstrumente von den Konkurrenten zu differenzieren. Es geht nicht nur darum Kunden anzuziehen und zu binden, sondern auch um die Positionierung auf weiteren bedeutenden Märkten wie dem Kapital- oder dem Arbeitsmarkt. Die Investor und Public Relations bilden im externen Bereich die Hauptausgaben der Kommunikationspolitik. Die vielen

---

[15] Quelle: Ruud, F. (The Internal Audit Function: An Integral Part of Organizational Governance, 2003): S. 75.

externen Anspruchsgruppen und deren unterschiedliche Ansprüche macht die Kommunikationspolitik komplex.[16]

2.2 Theoretische Bedeutung

Informationsasymmetrie

Informationsasymmetrie entsteht durch den unterschiedlichen Informationsstand der Anspruchsgruppen von Unternehmen. Diese betrifft nicht nur den Wissensvorsprung der Manager gegenüber Investorengruppen, sondern bezieht sich auch auf sämtliche weiteren Beziehungskonstellationen innerhalb und außerhalb des Unternehmens. Beispiele unternehmensinterner Beziehungen sind der Umgang mit den Mitarbeitern, die Vernetzung zwischen einzelnen Hierarchiestufen oder im weiteren Sinne die Abstimmung zwischen Tochter- und Muttergesellschaften. Nach außen spielen unter anderem Beziehungen zu Kunden, Lieferanten, Investoren oder dem Staat entscheidende Rollen. Diese vielfältigen Informationsasymmetrien und Interessensgegensätze im komplexen Beziehungsnetz des Unternehmens schaffen das Bedürfnis von Information und Kommunikation.[17]

Prinzipal-Agent-Theorie

Beziehungsverhältnisse zwischen einem Auftraggeber und einem Auftragnehmer werden durch die Prinzipal-Agent-Theorie charakterisiert. Der Prinzipal (Auftraggeber) delegiert einen Auftrag mitsamt der Entscheidungskompetenz und Verantwortung an den Agenten (Auftragnehmer). Durch die Auftragsausführung hat der Agent einen Informationsvorsprung gegenüber dem Prinzipal. Der Agent kann diesen Informationsvorsprung zu seinen eigenen Gunsten und auf Kosten des Prinzipals ausnutzen. Die Problematik für den Prinzipal liegt darin, den Agenten zu überwachen. Prinzipal-Agenten-Beziehungen lassen sich beinahe auf alle oben genannten Beziehungen des Unternehmens übertragen. Die gezielte Information und Kommunikation trägt entscheidend zur Lösung dieser Fragen bei.[18]

---

16 Vgl. Ruud, F. (The Internal Audit Function: An Integral Part of Organizational Governance, 2003): S. 74 f.
17 Vgl. Jensen, M./Meckling, W. (Theory of the Firm: Managerial Behavior, Agency Costs and Ownership Structure, 1976): S. 311; Fama, E. (Agency Problems and the Theory of the Firm, 1980): S. 290 und Moll, G. (Wertkommunikation im unternehmerischen Kontext: Ein handlungsorientierter Ansatz, 2002): S. 71 f.
18 Vgl. Ross, S. (The Economic Theory of Agency: The Principal's Problem, 1973): S. 134; Jensen, M./Meckling, W. (Theory of the Firm: Managerial Behavior, Agency Costs and Ownership Structure, 1976): S. 308 und Wenger, E./Terberger, E. (Die Beziehung zwischen Agent und Prinzipal als Baustein einer ökonomischen Theorie der Organisation, 1988): S. 506.

„Theory of the Firm"

Die „Theory of the Firm" knüpft an diesem Beziehungsgeflecht der Unternehmen an. Eine unternehmensinterne Koordination funktioniert durch Anweisungen oder durch interne Marktmechanismen. Letztere verursachen so genannte Transaktionskosten. Sofern diese höher sind als die Kosten direkter interner Anweisungen, verzichtet das Unternehmen auf die betriebswirtschaftlich optimaler erscheinenden Marktmechanismen.[19] Die Theorie besagt weiter, dass ein Unternehmen nicht als ein eigenständiges Gebilde zu interpretieren ist, sondern lediglich als eine legale Fiktion, die auf den Verträgen der verschiedenen Anspruchsgruppen untereinander basiert. Das Unternehmen selbst hat weder individuelle Rechte noch gesellschaftliche Verpflichtungen. Vielmehr liegen diese bei den Individuen, welche hinter dem Unternehmen stehen. Diese Anweisungs- bzw. Vertragsbeziehungen verursachen Informations- und Kommunikationskosten.[20]

Hypothese der Markteffizienz

Die Effizienz der Märkte wird durch den Informationsstand der Marktteilnehmer bestimmt, indem letztlich die Preise das Abbild der zugrunde liegenden Informationen sind. Ein effizienter Markt setzt die Informationen vollständig in den Preisen um. Je nach Grad der Informationsumsetzung wird zwischen schwachen, mittelstarken und starken Effizienzformen unterschieden. Die stärkere Form schließt dabei die jeweils schwächeren Formen mit ein. Während die schwache Form der Markteffizienz einzig auf den historisch beobachteten Preisen aufbaut, schließt die mittelstarke Form zusätzlich alle öffentlich zugänglichen Daten mit ein. Die starke Form der Markteffizienz beruht auf vollkommener Information. Es wird also auch das Insider-Wissen in die Entscheidungsfindung miteinbezogen. Gemäß der Theorie kann demnach bei starker Markteffizienz keine Strategie gebildet werden, welche abnormale Gewinne erzielt. Beispielsweise können dagegen bei der mittelstarken Form durch Insider-Informationen Informationsvorsprünge gebildet und abnormale Gewinne erwirtschaftet werden. Auch wenn die praktische Relevanz der Theorie der Markteffizienz umstritten ist, veranschaulicht sie dennoch die offensichtliche Bedeutung der Information auf den Märkten.[21]

---

19 Vgl. Coase, R. (The Nature of the Firm, 1937): S. 386-405 und Alchian, A./Demsetz, H. (Production, Information Costs, and Economic Organization, 1972): S. 783 und Haase, M. (Institutionenökonomische Betriebswirtschaftslehre, 2000): S. 67.
20 Vgl. Jensen, M./Meckling, W. (Theory of the Firm: Managerial Behavior, Agency Costs and Ownership Structure, 1976): S. 311.
21 Vgl. Fama, E. (Efficient Capital Markets: A Review of Theory and Empirical Work, 1970): S. 388; Fama, E. (Efficient Capital Markets: II, 1991): 1575 und Moll, G. (Wertkommunikation im unternehmerischen Kontext: Ein handlungsorientierter Ansatz, 2002): S. 56 f.

2.3 Praxisbezogene Anforderungen

Mit der technologischen Entwicklung sind eine Vielzahl neuer bzw. verbesserter Möglichkeiten der Informationsverarbeitung und -übertragung entstanden. Diese führen dazu, dass die bereitgestellten Informationsmengen immer umfassender werden. Die sich ändernden Möglichkeiten des Angebots und der Nachfrage von Information und Kommunikation beinhalten großes Potenzial ineffizienter und ineffektiver Kommunikationspolitik sowie fehlerhafter Information und Kommunikation.[22]

Es besteht einerseits die erhöhte Gefahr der Auseinandersetzung mit irrelevanter Information, andererseits kann die Informationsflut dazu führen, dass relevante Informationen in der Masse untergehen. Da die menschliche Aufnahme- und Verarbeitungsfähigkeit begrenzt ist, spricht man in diesem Zusammenhang auch von einem „Information Overload".[23] Eine zusätzliche Schwierigkeit besteht darin, passende Informationen bei den Zielgruppen zu positionieren. Die Informationen müssen der jeweiligen Kompetenz des Adressaten angemessen entsprechen. Die Auswahl und Positionierung der relevanten Information wird deshalb immer entscheidender, um Ressourcenverschleiß zu vermeiden.[24]

Unzuverlässige Informationen führen zu Fehlentscheidungen. Wird die Unzuverlässigkeit aufgedeckt, können gravierende Vertrauens- und Glaubwürdigkeitsverluste entstehen. Prominentes Beispiel ist das ehemalige Wirtschaftsprüferunternehmen Arthur Andersen, dass unter anderem Bilanzfälschungen im Fall Enron nicht als solche deklarierte und sich dadurch seine Glaubwürdigkeit zerstörte. Der gezielte Einsatz relevanter und zuverlässiger Information und Kommunikation ist Grundvoraussetzung für eine erfolgreiche und rentable Kommunikationspolitik.[25]

---

[22] Vgl. Beyhs, O./Hirsch, B. (Vertrauen in Netzwerken – eine Herausforderung für das Rechnungswesen, 1999): S. 171.
[23] Vgl. Bruhn, M. (Integrierte Unternehmens- und Markenkommunikation: Strategische Planung und operative Umsetzung, 2003): S. 1.
[24] Vgl. Ariely, D. (Controlling the Information Flow: Effects on Consumer's Decision Making and Preferences, 2000): S. 233.
[25] Vgl. Kinney, W. (Information Quality Assurance and Internal Control, 2000): S. 25.

3 Konzeptionelle Grundlagen einer Informations- und Kommunikationskostenerfassung

3.1 Erfassung und Zuteilung der Kosten

Die bisherigen Ausführungen haben den Stellenwert von Information und Kommunikation dargelegt und gleichzeitig vermittelt, wie vielseitig diese im Unternehmen auftreten. Beinahe jede Aktivität im und um das Unternehmen hat im weitesten Sinne einen Informations- und Kommunikationsbestandteil.

Die Problematik der Bestimmung von Informations- und Kommunikationskosten liegt weniger in der Erfassung, als vielmehr in der Zuteilung. Ob es sich nämlich, um einige Beispiele zu nennen, um Marketing, die finanzielle Berichterstattung oder das interne Informationssystem handelt, werden die anteiligen Kosten der Information und Kommunikation in den entsprechenden Aufwand- bzw. Kostenkonten erfasst. Die Frage stellt sich, wie viel dieser erfassten Kosten der Information und Kommunikation zuzuteilen sind. Eine Zuteilung nach einem möglichst nachvollziehbaren und objektiven Schema ist gleichzeitig Grundlage und größtes Hindernis für die Implementierung eines Kommunikations-Controlling. Eine restriktive Begriffsauffassung erscheint hierbei unausweichlich. Werden nämlich die Begriffe unternehmensspezifisch eingeschränkt, wird eine sachliche Zuteilung der Kosten möglich.

3.2 Bestimmungsansätze der Kosten

Information und Kommunikation des Unternehmens können aus zwei Perspektiven gesehen werden. Dem Unternehmen entstehen sowohl Kosten als Informations- und Kommunikationsanbieter, wie auch als -nachfrager.[26] Eine dritte Unterteilung bilden Assurance-Kosten.[27]

Angebotsorientierte Kostenerfassung

Das Unternehmen informiert und kommuniziert im Sinne eines Informations- und Kommunikationsangebots. Die dazu benötigten Kosten lassen sich beispielsweise bestimmen durch den Unterhalt der zugrundeliegenden Informationssysteme, die Zeitauf-

---

[26] Vgl. Bruhn, M. (Integrierte Unternehmens- und Markenkommunikation: Strategische Planung und operative Umsetzung, 2003): S. 8.
[27] Vgl. Kinney, W. (Information Quality Assurance and Internal Control, 2000): S. 1 f.

wendungen des Personals oder weitere administrative Kosten der Informationsbereitstellung. Hinzu kommen Kosten der Kommunikation, also der Übertragung der Botschaft zum Adressaten.

Nachfrageorientierte Kostenerfassung

Benötigt hingegen das Unternehmen Information und Kommunikation, wird es diese nachfragen. Es stellt sich dem Unternehmen die Frage, wie viel Kosten es bereit ist, dafür zu bezahlen. Die Erfassung von Informations- und Kommunikationskosten setzt also ebenfalls voraus, wie viel Wert ihr als Nachfrager beigemessen wird. Kosten dieser Art können beispielsweise durch Beschaffung allgemeiner Marktdaten, Konkurrenz-, Kunden- oder Lieferantenanalysen oder durch externe Schulungen von Mitarbeitern entstehen.

Assurance-Kosten

Wie bereits bei den Qualitätskriterien behandelt, müssen Information und Kommunikation einerseits relevant und andererseits zuverlässig sein. Dem Unternehmen können sowohl auf Seite des Informations- und Kommunikationsanbieters wie auch auf Seite des Nachfragers Assurance-Kosten anfallen.[28] Hierbei spielen die Internen Auditoren und die Wirtschaftsprüfer[29] eine besondere Rolle. Beispielsweise wird die finanzielle Berichterstattung durch die Wirtschaftsprüfer beglaubigt. Andererseits können externe und interne Daten durch das Interne Audit abgesichert werden.[30]

3.3 Kosten- und/oder Investitionsrechnung

Eine weitere Erfassungs- und Zuteilungsproblematik liegt in der Abgrenzung zwischen Kosten und Investitionen. Die Wirkung von Informations- und Kommunikationsausgaben können kurz- oder langfristiger Natur sein. Vor Implementierung eines Kommunikations-Controlling sollte deshalb die Frage überprüft werden, ob eine kurz-, langfristige oder ganzheitliche Perspektive durch das Controlling ins Auge gefasst werden soll.

---

[28] Je nach Vertragskonstellation unterscheidet man bezüglich „assurance services" die Formen „information originator", „information investigator" und „information certifier". Als „information originator" wird ein unabhängiger Vertragspartner bezeichnet, der die Informationen für den Entscheidungsträger aufbereitet und analysiert (z.B. Beratertätigkeit). Ein „information investigator" prüft einen Untersuchungsgegenstand und berichtet an das Management (z.B. Interner Auditor berichtet an Verwaltungsrat). Ein „information certifier" ist ein unabhängiger Vertragspartner, beauftragt vom Management, mit dem Ziel die Informationen abzusichern und damit für außenstehende Gruppen glaubwürdige Entscheidungsgrundlagen zu liefern (z.B. Testat des Wirtschaftsprüfers) (vgl. Kinney, W. (Information Quality Assurance and Internal Control, 2000): S. 19).
[29] Siehe dazu Institute of Internal Auditors (IIA) und International Federation of Accountants (IFAC).
[30] Vgl. Kinney, W. (Information Quality Assurance and Internal Control, 2000): S. 19 f.

Wird durch Information und Kommunikation eine langfristige Steigerung des Unternehmenswertes erreicht oder können die Kosten aktiviert den laufenden Erlösen der Periode gegenübergestellt werden? Diese Frage der Abgrenzung zwischen Kosten und Investition lässt sich mit Hilfe bestehender Rechnungslegungsstandards angehen.

Eine kurzfristige Sicht stellt die Kosten einer laufenden Periode den Erlösen derselben gegenüber. Geht man hingegen davon aus, dass die Ausgaben zu langfristigen Ertragsrückflüssen führen, müssen die Ausgaben als Investition betrachtet und im Sinne einer Investitionsrechnung beurteilt werden. Diese immateriellen Informations- und Kommunikationswerte sollten dann im finanziellen Rechnungswesen als aktivierter Wert in der Bilanz eingebracht sein. Gemäß IAS (IFRS) 38 werden dazu die Kriterien der Identifizierbarkeit, die Verfügungsmacht durch das bilanzierende Unternehmen und das Vorhandensein eines zukünftigen wirtschaftlichen Nutzens benötigt.[31]

3.4 Voraussetzung der Fokussierung

Zur Etablierung eines Kommunikations-Controlling ist eine ausgiebige Analyse der Prozesse notwendig. Konkrete Lücken in der Beurteilung von Information und Kommunikation müssen erkannt und Möglichkeiten zu deren Behebung gesucht und beurteilt werden. Da Information und Kommunikation überall präsent sind, benötigt es Einschränkungen zur Vermeidung von Doppelspurigkeiten und Irrelevantem. Nachfolgend werden Ansätze zur Fokussierung der Informations- und Kommunikationsprozesse gemäß den unternehmensindividuellen Anforderungen beschrieben.

Kosten/Nutzen-Analyse

Ein Einsatz eines Kommunikations-Controlling macht nur Sinn, wenn dessen Kosten den Nutzen nicht übersteigen. Es sollten deshalb von vornherein diejenigen Informations- und Kommunikationsprozesse ausgeschlossen werden, bei denen absehbar die Kosten einer Erfassung den Nutzen bei weitem übersteigen. Zudem muss die Gefahr von Doppelspurigkeiten mit andern Abteilungen (z.B. Marketing, Informatik) vermieden werden.

---

31 Vgl. Bruns, H.-G./Thuy, M./Zeimes, M. (Die Bilanzierung von immateriellen Vermögenswerten des Anlagevermögens und Goodwill im Konzernabschluss: Gemeinsamkeiten und Unterschiede der deutschen, US-amerikanischen und internationalen Rechnungslegung, 2003): S. 138 f.

Risikoorientierte Beurteilung

Indem das Unternehmen die Bestandteile ihrer Information und Kommunikation analysiert, kann sie die Risiken von Fehlausgaben erkennen. In diese Analyse sollte die gesamte interne und externe Kommunikationspolitik des Unternehmens eingehen. Anhand einer Risikoanalyse kann das Kommunikations-Controlling gezielt die Schwachstellen fokussieren und dem Management die notwendigen quantitativen wie auch qualitativen Fakten zur optimalen Entscheidungsfindung liefern.

Die konsequente Anwendung dieser Einschränkungen sollte in der Praxis zu einer Positionierung des Kommunikations-Controlling führen, welches bestehende Lücken schließt und zu einer wertvollen Effizienz- und Effektivitätssteigerung im Unternehmen beiträgt.

4 Anwendung eines Kommunikations-Controlling

4.1 Funktionale Aspekte

Zuvor wurden der Stellenwert von Information und Kommunikation und die damit verbundene, zeitgemäße Notwendigkeit eines Kommunikations-Controllings aufgezeigt. Die bisherigen Ausführungen haben eine konkrete Festsetzung der Kostenerfassung bzw. -zuteilung vermieden. Dagegen wurde die grundlegende Problematik der Vielseitigkeit von Information und Kommunikation beschrieben und eine Systematik der Kostenerfassung vorgeschlagen.

Allein das Wissen der Notwendigkeit eines Kommunikations-Controlling bedingt noch nicht dessen Berechtigung. Es benötigt konkrete funktionale Aspekte, die dieses Controlling erfüllen kann. Nachfolgend werden zwei zentrale Funktionen aufgeführt.

Führungs- und Entscheidungsinstrument

Die wichtigste Funktion des Kommunikations-Controlling ist diejenige als Führungs- und Entscheidungsinstrument. Die Fokussierung auf die übergreifenden Informations- und Kommunikationsprozesse in und um das Unternehmen liefert dem Management eine andere Sichtweise der internen und externen Strukturen. Durch eine systematische Erfassung und Beurteilung können der Unternehmensführung die Entscheidungsgrundlagen für eine effiziente und effektive Kommunikationspolitik zur Verfügung gestellt werden.[32]

Instrument zum gezielten Einsatz von Assurance-Leistungen

Durch die Beurteilung der Information und Kommunikation kann ein gezielter Einsatz von Assurance-Leistungen unterstützt werden. Das Kommunikations-Controlling deckt Schwächen der Glaubwürdigkeit oder Mängel an angemessener Zusicherung der Informations- und Kommunikationsprozesse auf. Diese Schwächen und Mängel können durch geeignete Assurance-Leistungen behoben werden.

4.2 Vorgehen

Da die verschiedenen Unternehmenstypen (z.B. Dienstleistungs- vs. Produktionsbetrieb) unterschiedliche Schwerpunkte der Informations- und Kommunikationspolitik aufweisen, erscheint eine starre Auflistung der Kosten- bzw. Investitionsbestandteile die falsche Vorgehensweise zu sein. Vielmehr muss ein Rahmen gefunden werden, mit dessen Hilfe die Unternehmen ein maßgeschneidertes Kommunikations-Controlling implementieren können. Es wird deshalb an dieser Stelle das in Abbildung 2 veranschaulichte konzeptionelle Vorgehen für ein Kommunikations-Controlling vorgeschlagen. Es bietet den Vorteil einer Fokussierung auf ineffiziente Prozesse des Unternehmens. Nachfolgend werden die einzelnen Schritte beschrieben und zusätzlich an verschiedenen Beispielen verdeutlicht.

In einem **ersten Schritt** werden die Informations- und Kommunikationsprozesse des Unternehmens aufgenommen. Dabei sollen nicht nur die Flüsse erfasst, sondern auch die Zusammenhänge, Gewichtungen und Wirkungen veranschaulicht und eingeschätzt werden. Dieser Schritt soll es dem Unternehmen erleichtern, seine Informations- und Kommunikationsprozesse überhaupt als solche zu erkennen.

Beispiel Kommunikation mit der Gewerkschaft: Durch die Skizzierung der Kommunikationsflüsse wird ersichtlich, dass mehrere Stellen unterschiedlicher Hierarchiestufen im Unternehmen im direkten Informationsaustausch mit der Gewerkschaft involviert sind. Eine explizite Koordinationsstelle für die Kommunikation mit der Gewerkschaft ist nicht vorhanden.

---

[32] Vgl. Hering, E./Rieg (Prozessorientiertes Controlling, 2001): S. 12.

Erfassung und Zuteilung der Informations- und Kommunikationskosten

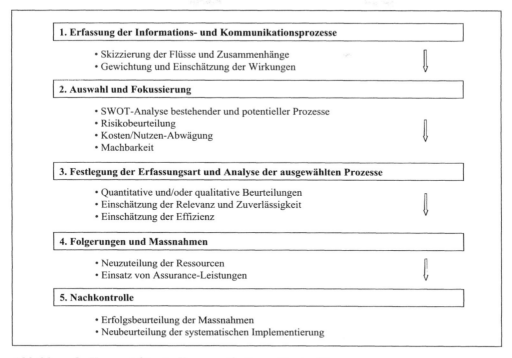

Abbildung 2: Konzept für ein Kommunikations-Controlling

Der **zweite Schritt** nimmt eine Auswahl und Fokussierung der Prozesse vor. Es werden zuerst die Stärken und Schwächen sowie Chancen und Gefahren vorhandener und potenzieller Prozesse aufgelistet und diese gewichtet. Anschließend werden deren Risiken beurteilt. Es geht einerseits darum diejenigen Prozesse mit der höchsten Wahrscheinlichkeit an Ineffizienz herauszufiltern und andererseits um das Erkennen fehlender Prozesse. Die ausgewählten vorhandenen und potenziellen Informations- und Kommunikationsprozesse werden dann auf ihre Beurteilbarkeit hin geprüft. Erscheint eine Einschätzung zu komplex bzw. nicht machbar, muss auf eine Analyse verzichtet werden. Hinzu kommt eine Kosten/Nutzen-Abwägung der verbliebenen Prozesse. Ist offensichtlich, dass die Kosten einer Beurteilung weitaus höher ausfallen, als der durch die Analyse des Prozesses erzielte Nutzen, kann von vornherein von einer fokussierten Beurteilung abgesehen werden.

Beispiel Verkaufsflächen von Filialen: Zur Steigerung der Mitarbeitermotivation haben die zwölf Filialen eines Möbelgeschäfts weitgehend eigene Kompetenzen betreffend der Ausgestaltung der Verkaufsfläche. Eine Analyse hat nun gezeigt, dass Kunden teilweise in verschiedenen Filialen dieses Möbelgeschäfts einkaufen, aber die unterschiedlichen Verkaufsflächen als befremdend empfinden. Eine weitergehende Prozessbeurteilung durch das Kommunikations-Controlling erscheint machbar und verspricht Kosteneinsparungen sowie Nutzensteigerungen.

Die aus den ersten beiden Schritten ausgewählten aktuellen und potenziellen Informations- und Kommunikationsprozesse, werden im **dritten Schritt** einer Analyse unterzogen. Während vorhandene Prozesse aufgrund der bestehenden Fakten geprüft werden können, basiert die Einschätzung potenzieller Prozesse auf Erwartungs- und Vergleichswerten. Es muss festgelegt werden, ob die Prozesse quantitativ anhand einer Kosten- oder Investitionsrechnung und/oder qualitativ anhand von Beurteilungen und Erfahrungswerten analysiert werden sollen und können. Die aufbereiteten Ergebnisse der Untersuchung sollen insbesondere Folgerungen über die Relevanz und Zuverlässigkeit der Informations- und Kommunikationsprozesse geben sowie eine damit verbundene Effizienzbeurteilung ermöglichen.

Beispiel Sponsoring eines Fußballklubs: Das Unternehmen sponsert einen Fußballklub, der gegen den Abstieg spielt. Die Kosten des Sponsorings sind einfach bestimmbar. Die Beurteilung inwieweit der Misserfolg des Klubs sich auf den Erfolg des Sponsorings bzw. das Image des Unternehmens überträgt, verlangt den Einbezug qualitativer Beurteilungen.

Im **vierten Schritt** werden Folgerungen und Maßnahmen abgeleitet, die dem Management als Entscheidungsgrundlage vorgelegt werden. Ineffiziente und ineffektive Prozesse sollen modifiziert oder abgeschafft, potenzielle, erfolgsversprechende Prozesse dagegen neu entwickelt und implementiert werden. Hinzu kommt der Einsatz von Assurance-Leistungen. Durch die Aufdeckung unzuverlässiger oder nicht angemessen zugesicherter Informations- und Kommunikationsprozesse können Assurance-Leistungen gezielt eingesetzt werden und wertsteigernd wirken. Ziel dieses Schrittes ist es, dem Management die Grundlagen für eine effiziente Neuzuteilung der vorhandenen Ressourcen zu liefern.

Beispiel Interne Informationen: Es hat sich herausgestellt, dass das unternehmensinterne Magazin von den Mitarbeitern nicht gelesen wird. Es erweisen sich drei Möglichkeiten als machbar: (1) Abschaffung ohne Ersatz, (2) Neukonzeptionierung des Magazins oder (3) Abschaffung des Magazins und Erweiterung des Intranets mit Beiträgen des Magazins. Das Management entscheidet sich für die dritte Variante.

Der **letzte Schritt** besteht in einer Nachkontrolle. Es werden einerseits die getroffenen Maßnahmen nachbeurteilt und andererseits Schwächen in der Vorgehensweise aufgedeckt, indem die Implementierung und Systematik des Kommunikations-Controlling im Unternehmen kritisch hinterfragt wird. Diese Beurteilung führt zu einer dynamischen Anpassung und ständigen Verbesserung des unternehmensindividuellen Kommunikations-Controlling.

Beispiel interne E-Mails: Da sich verschiedene Mitarbeiter der Finanzabteilung über die fast nicht zu bewältigende Flut von E-Mails beschwert haben, wurden im Unternehmen Richtlinien für die Versendung von E-Mails geschaffen. Die Anwendung hat jedoch gezeigt, dass diese Richtlinien die Mitarbeiter in ihrer Flexibilität stark einschränken. Es wird deshalb einerseits eine Neubeurteilung der Maßnahmen vorgenommen und andererseits müssen die vom Komunikations-Controlling vorgeschlagenen Maßnahmen vorgängig besser überprüft werden.

5 Schlussbetrachtung

Information und Kommunikation sind allgegenwärtig im Unternehmen. Obwohl beinahe jeder Prozess informative und kommunikative Komponenten aufweist, sind deren Ausgaben bisher nur in wenigen Unternehmen in einem System überwacht. Dies bietet Potenzial für ein Kommunikations-Controlling. Es kann die Prozesse, insbesondere deren Ausgaben und Nutzen, beurteilen und der Unternehmensführung Entscheidungsgrundlagen liefern, um die Effizienz und Effektivität der Kommunikationspolitik zu verbessern. Qualitätskriterien sind die Relevanz und Zuverlässigkeit der Information und Kommunikation. Es sollen zudem nicht nur angebotsorientierte Informations- und Kommunikationsausgaben einbezogen werden, sondern auch nachfrageorientierte Prozesse sowie Assurance-Kosten der Information und Kommunikation.

Der Aufbau und die Implementierung eines solchen Controlling bringen verschiedene Erfassungs- und Zuteilungsprobleme mit sich. Es wird hier deshalb vorgeschlagen, anhand eines standardisierten Grobkonzepts unternehmensindividuelle Lösungen zu bilden. Durch die Kriterien Kosten/Nutzen, Risiko und Machbarkeit kann das Controlling sinnvoll eingeschränkt werden. Es werden durch das Controlling nur vorhandene und potenzielle Prozesse beurteilt, deren Erfassung überhaupt machbar ist, deren Kosten der Erfassung den Nutzen nicht übersteigen und die mit angemessener Wahrscheinlichkeit ein gewisses Risiko der Ineffizienz aufweisen.

Voraussetzung zur Umsetzung eines Kommunikations-Controlling ist in erster Linie die Anerkennung der Notwendigkeit durch die beteiligten Gruppen. Können die Verantwortlichen den Wert einer systematischen Erfassung und Beurteilung dieser Prozesse erkennen, werden auch die nicht unerheblichen administrativen Ressourcen, die zu einer Implementierung notwendig sind, in Kauf genommen. Der Unternehmensführung wird mit dem Kommunikations-Controlling ein bedeutendes Instrument zur Entscheidungsfindung geliefert. Es bildet eine Grundlage zur erfolgreichen Umsetzung der Unternehmensstrategie und unterstützt die Zielerreichung des Unternehmens.

Literatur

ALCHIAN, A./DEMSETZ, H. (1972), Production, Information Costs, and Economic Organization, in: The American Economic Review, Vol. 62, 1972, S. 777–795.

ARIELY, D. (2000): Controlling the Information Flow: Effects on Consumer's Decision Making and Preferences, in: Journal of Consumer Research, Vol. 27, Sept. 2000, S. 233–248.

BEYHS, O./HIRSCH, B. (1999): Vertrauen in Netzwerken – eine Herausforderung für das Rechnungswesen, in: Liebl, F. (Hrsg.): e-conomy: Management und Ökonomie in digitalen Kontexten, Marburg 1999, S. 171–202.

BRUHN, M. (2003): Integrierte Unternehmens- und Markenkommunikation: Strategische Planung und operative Umsetzung, 3. Aufl., Stuttgart 2003.

BRUNS, H.-G./THUY, M./ZEIMES, M. (2003): Die Bilanzierung von immateriellen Vermögenswerten des Anlagevermögens und Goodwill im Konzernabschluss: Gemeinsamkeiten und Unterschiede der deutschen, US-amerikanischen und internationalen Rechnungslegung, in: Controlling, Heft 3/4, April 2003.

COASE, R. (1937): The Nature of the Firm, in: Economica, Vol. 4, 1937, S. 386–405.

COMMITTEE OF SPONSORING THE TREADWAY COMMISSION (2004): Enterprise Risk Management – Integrated Framework, JerseyCity (NJ) 2004.

FAMA, E. (1970): Efficient Capital Markets: A Review of Theory and Empirical Work, in: The Journal of Finance, Vol. 25, 1970, S. 383–417.

FAMA, E. (1980): Agency Problems and the Theory of the Firm, in: Journal of Political Economy, Vol. 88, No. 2, 1980, S. 288–307.

FAMA, E. (1991): Efficient Capital Markets: II, in: The Journal of Finance, Vol. 46, No. 5, 1991, S. 1575–1617.

FRIEDL, B. (2003): Controlling, Stuttgart 2003.

FUCHS, H. (2003): Welchen Wert schafft Kommunikation?, in: Harvard Business Manager, Nr. 6, 2003, S. 37 ff.

HAASE, M. (2000): Institutionenökonomische Betriebswirtschaftslehre: Allgemeine Betriebswirtschaftslehre aus sozial- und institutionentheoretischer Grundlage, Wiesbaden 2000.

HERING, E./RIEG, R. (2001): Prozessorientiertes Controlling-Management, München 2001.

HORVÁTH, P. (2003): Controlling, 9. Aufl., München 2003.

JENSEN, M/MECKLING, W. (1976): Theory of the Firm: Managerial Behavior, Agency Costs and Ownership Structure, in: Journal of Financial Economics, Vol. 3, 1976, S. 305–360.

KÜPPER, H.-U. (1995): Controlling, Konzeption, Aufgaben und Instrumente, Stuttgart 1995.

KINNEY, W. (2000): Information Quality Assurance and Internal Control, Toronto 2000.

MOLL, G. (2002): Wertkommunikation im unternehmerischen Kontext: Ein handlungsorientierter Ansatz, Zürich 2002.

REICHMANN, T. (2001): Controlling mit Kennzahlen und Managementberichten, 6. Auflage, München 2001.

ROSS, S. (1973): The Economic Theory of Agency: The Principal's Problem, in: The American Review, Vol. 63, No. 2, 1973, S. 134–139.

RUUD, F./JENAL, L. (2003): Das Interne Audit als wertvoller Wissens-Intermediär: Mehrwert schaffen für Unternehmen, in: Der Schweizer Treuhänder, Nr. 1–2, 2003, S. 7–16.

RUUD, F. (2003): The Internal Audit Function: An integral part of organizational governance, in: Bailey, A./Gramling, A./Ramamoorti, S.: Research Opportunities in Internal Auditing, Altamonte Springs, 2003, S. 73–96.

SCHÖNE, K. (1997): Controlling der Informationsinfrastruktur: Entwicklungsstand – Gestaltungskonzeption, Perspektiven, Wiesbaden 1997.

WEBER, J. (2002): Einführung in das Controlling, 9. Aufl., Stuttgart 2002.

WENGER, E./TERBERGER, E. (1988): Die Beziehung zwischen Agent und Prinzipal als Baustein einer ökonomischen Theorie der Organisation, in: SiSt, 1988, Heft 10, S. 506–514.

Manfred Piwinger
Vorschlag für ein Prozessmodell der Kommunikation

1 Ziel des Beitrages

Kommunikation erleichtert die Verständigung, ist aber auch zeitaufwändig und verursacht Kosten. Um den Einsatz der finanziellen Aufwendungen rechnen zu können und im Rahmen des Kommunikations-Controlling Lenkungs- und Steuerungsinstrumente zu schaffen, ist deshalb eine genaue Beschreibung und Analyse der Kommunikationsprozesse Grundvoraussetzung. Die gängigen Kommunikationsmodelle sind hierfür nicht geeignet. Sie sind unter anderen Voraussetzungen entstanden und nur begrenzt geeignet oder ungeeignet, um als betriebswirtschaftliches Steuerungselement im Unternehmen Ankerkennung zu finden. Die an diesem Thema arbeitenden Theoretiker unterschätzen die wirtschaftliche Seite von Kommunikation. Dies zeigt sich allein schon an den unzähligen Definitionen von Kommunikation, die aber allesamt für eine wirtschaftliche Betrachtung wenig ergiebig sind. In diesem Beitrag wird ein Prozessmodell vorgeschlagen, welches in sieben Schritten den gesamten Prozess der Kommunikation – von der Analyse der Ausgangssituation ex ante bis Evaluation ex post – abbildet. Eine solche prozesshafte Betrachtung bietet auch die Möglichkeit, in Kommunikationsprozesse steuernd einzugreifen und den Mitteleinsatz zu lenken.

Kommunikation ist immer ein Angebot. Ob es akzeptiert wird oder nicht, entscheidet der Markt. Wie auf den Warenmärkten haben wir es auf dem Markt der Unternehmenskommunikation mit einem Überangebot zu tun. Die Ereignis- und Mitteilungsmenge ist groß und mannigfaltig. Um wahrnehmbar zu kommunizieren, ist ein immer höherer Aufwand notwendig. Die Grenzkosten steigen sichtlich. Unternehmen unterliegen Darstellungs- und Mitteilungszwängen, die sich im wachsenden Umfang aus der Fülle gesetzlicher oder regulatorischer Vorschriften ergeben. Es ist nur allzu verständlich, dass die Unternehmen darauf drängen, ihre Kommunikation zu steuern und eine Ertragsverbesserung anstreben. Aufmerksamkeit und Beachtung sind knappe Ressourcen. Was nicht wahrgenommen wird, findet nicht statt. Um dynamische Prozesse, wie es Kommunikationsprozesse sind, besser in den Griff zu bekommen, benötigt man in der Praxis vorab ein Modell, welches es erlaubt, Einflussgrößen bereits im Vorfeld zu identifizieren und zielabhängig zu aktualisieren, sodass die Erfolgswahrscheinlichkeit im Hinblick auf Verstehen und Akzeptanz steigt. „Aktualisieren" soll heißen, dass die betreffenden Einflussgrößen in der jeweiligen Situation gewichtet und entsprechend ihrem Beitrag zur Zielerreichung „zugerichtet" werden. Es wird in Zukunft mehr denn je darauf ankommen, mehr in Kommunikationsplanung zu investieren und weniger in die Nachprüfung.

Kommunikation organisiert Sozialsysteme. Für die Planung und Umsetzung von kommunikativen Maßnahmen ist es notwendig, die Gesetzmäßigkeiten zu kennen, die hinter dem Sozialverhalten stehen. Kommunikation ist eng mit der Führungsaufgabe im Unternehmen verbunden. Ein Unternehmen, welches effizient und effektiv mit seiner Umwelt kommunizieren will, muss verstehen, dass Kommunikation ein Prozess ist, dessen Dynamik zum großen Teil auf Rückkopplungseffekten beruht.

Der Autor schlägt hierzu ein siebenstufiges Prozessmodell vor. Jede Prozessstufe ist eine Wertschöpfungsstufe und besteht aus jeweils mehreren Faktoren:

Stufe 1: Analyse des Status quo ante
Stufe 2: Festlegen des Kommunikationsziels
Stufe 3: Gestaltung der Gelingensvoraussetzungen
Stufe 4. Vermittlung, Ausführungssystem
Stufe 5: Filter der Wahrnehmung
Stufe 6: Analyse der Wahrnehmung
Stufe 7: Reflexion/Nachprüfung

Mit dem hier vorgestellten Modell wird ein Versuch unternommen, die komplexe Materie der Kommunikation zu strukturieren. Jede der sieben Phasen ist wichtig für das Gelingen von Kommunikation. Die Sichtweise ist aus Erfahrungen der Praxis gewählt und darum pragmatisch. Es geht uns bei diesem Verständnis von Kommunikation darum, Wirkungszusammenhänge aufzuzeigen, die es uns erlauben sollen, in einzelne Prozessstufen einzugreifen. Wirtschaftlich wird der Blick frei auf die Kostenseite, dann aber auch auf die Ertragsseite. Letztere wird in Kommunikationsprozessen auf der Einstellungs-/Verhaltensebene und auf der Wahrnehmungsebene gesehen. Nicht jede Kommunikationsmaßnahme eines Unternehmens rechnet sich wirtschaftlich. Das ist immer dann der Fall, wenn der Ertrag mit einem zu hohen Aufwand erkauft worden ist. Soweit Kommunikation im Einzelfall keine Wertschöpfung erbringt, ist sie als überflüssig anzusehen und kann unterbleiben. Auch dies könnte ein Ergebnis der neuen Betrachtung werden.

Vorschlag für ein Prozessmodell der Kommunikation

Prozessmodell: Wertschöpfungsstufen der Kommunikation

Phase 1	Phase 2	Phase 3	Phase 4	Phase 5	Phase 6	Phase 7
Analyse des Status quo ante (passiv)	Definition des Kommunikationsziels	Gestaltung der Gelingensvoraussetzungen	Vermittlungsebene, Ausführungssystem	Filter der Wahrnehmung	Analyse der Wahrnehmung	Reflexion, Nachprüfung
Fremdwahrnehmung: Wie werde ich angesehen? – Ruf, Ansehen – Sympathie – Autorität u.ä. Vorwissen: Was weiß ich über das Unternehmen? – Bekanntheit – Wertzumessung – Respekt u.ä. Selbstwahrnehmung: Wer ist man? – Eigenidentität – Selbstbild Status: Jährl. Werthaltigkeitsprüfung	Kommunikationsstrategie: – allg. Ziele – spezielle Ziele Kommunikationspolitik: – funktionale Aspekte – organisatorische Aspekte – instrumentelle Aspekte – motivationale Aspekte Kommunikationsprinzipien z.B. Offenlegungsgrundsätze Werte-Leitbild Planwerte, z.B.: – Advanced Budgeting – Plananalyse – Wertschöpfungs-/Nutzenaspekte – Ressourcenzuteilung – Prognosen Kontrollinstanz bestimmen: – Verantwortlichkeiten festlegen – Verhaltensregeln bestimmen – Kommunikationskontrolle definieren	Marktforschung: – Trends – aktuelle Issues – Motivationspotenzial – Pretests – Umfragen (Meinungen, Einstellungen) – Assoziationstests – andere Erhebungen Als Folgerung evtl. Kommunikation vor der Kommunikation Situationsvariable: – Ort – Umstände – Zeitaspekte Partnerhypothesen: – Disposition – Einschätzung u. Gewichtung von Präferenzen – Rezeptionserwartungen Risikobewertung/Erfolgseinschätzung: – Reaktionen – Wirkungen	Erzeugung von Information (Inhalt) Relevanzsetzung: WAS (Sachebene) WIE (Stilebene) Inszenierung: – Wahl eines angemessenen Sprach- und Argumentationsstils – Schaffung günstiger Umstände – sich ins Gespräch bringen – ästhetisch Prüfen von Handlungsoptionen Kommunikationsinstrumente: – technisch – methodisch Verteilung von Information: – Medienauswahl – klassische Presse- u. Medienarbeit	Messmethoden (z.B. Medienresonanzanalyse) Selektionskriterien: Interesse: (hoch, niedrig, wie erwartet) Grad der Aufmerksamkeit: (hoch, gering, enttäuschend) Beachtung (kurzfristig, langfristig) Wirkung erzielt? – Thematische Verankerung – Eindrucksbildung – Informationsvorsprung – Erinnerungsfaktor – Behaltleistung Kommunikationsgewinn/-verlust: Prüfung der beabsichtigen Wirkung (Informationsaufnahme/-verarbeitung, Erinnerungsleistung, Eindrucksbildung etc.), die „ungefiltert" wahrgenommen wird	Kommunikativer Erfolg: – als Ergebnis von Deutungsprozessen: Verstehen – als Ergebnis von Passungsprüfung: Akzeptanz Kommunikativer Ertrag: – Veränderung von Wissen – Veränderung von Einstellungen – Veränderung von Verhalten Statusfestigung oder Statusverbesserung Fehlerquellen der Wahrnehmungsfunktion: – Auffassungsfehler – Erinnerungsfehler – Interpretationsfehler – Wiedergabefehler	Effizienz: – Prozessüberprüfung – Verfahrensbewertung – Kosten-/Nutzenabwägung evtl. Befragungen ex post Wirtschaftl. Ergebnis, finanzwirtschaftlich (Ergebnisverbesserung) strategisch (bessere Marktpositionierung) wertmäßig (Ansehens-/Vertrauensgewinn) Performance (realisierte Kompetenz) Dokumentation: Überführung der Werte und Kennzahlen in das betr. Rechnungswesen (z.B. Wissensbilanz) Rückkopplungseffekte: Sicherung und Erhaltung der Koordinations- und Reaktionsfähigkeit

Wahrnehmungsprozesse stärker berücksichtigen

Eine angemessene Vorstellung von Kommunikation bildet die Voraussetzung für eine Ökonomie der Kommunikation. Dazu weisen wir in diesem Beitrag auf die verschiedenen Gelingensbedingungen hin. Zum anderen bedeutet dies, dass den einzelnen Phasen eines Kommunikationsprozesses[1] mehr Aufmerksamkeit gewidmet werden muss. Dazu gehört u.a., stärker als bisher Wahrnehmungsprozesse zu berücksichtigen, und zwar bereits frühzeitig in der Planungsphase. Unternehmen müssen lernen, sich selbst mit den Augen ihrer Kommunikationspartner zu sehen. Erfolgreiche Kommunikation setzt beim Du an. Beim Du ansetzen, heißt die Perspektive des Adressaten übernehmen können, dessen Wirklichkeitsmodell kennen, dessen Normalerwartungen, Relevanzsetzungen, Interessen berücksichtigen und dessen Kommunikationspräferenzen in Rechnung stellen.

Wir verfolgen mit unserem Beitrag einen praxisnahen Ansatz, d.h., es geht uns um die Abschätzung und Erhöhung der Erfolgswahrscheinlichkeit bei der Vermittlung kommunikativer Angebote an die Unternehmensumwelt. Um eine bestimmte kommunikative Intention erfolgreich zu verwirklichen, ist es notwendig, dass man die Kommunikationsbedingungen richtig einschätzt und die angemessenen Äußerungsformen auswählt. Das bedeutet zum einen, dass – um die Rezeptionsbedingungen günstig beeinflussen zu können – bereits im Vorfeld einer bestimmten kommunikativen Maßnahme entsprechende Voraussetzungen geschaffen werden müssen. Es muss sich lohnen, weniger Geld für eine Evaluation post eventum auszugeben und stattdessen mehr Geld in die Erkundung und Gestaltung des Vorfeldes zu investieren. Eine Relation, die uns vorschwebt, lautet etwa 80:20. Denn eine Evaluation ex post kann das Ergebnis nicht mehr beeinflussen. Das Geld ist dann ausgegeben, und alles ist gelaufen. Anders ist das im Falle sorgfältiger Analysen des Zielfeldes und des Wirkungsgrades bestimmter Mittel und Wege relativ zu vorher definierten Zielen. Kosteneffizienz kann nur erreicht werden durch einen zielgenauen Ressourceneinsatz und durch die Unterlassung von Kommunikationshandlungen, die kontraproduktiv oder überflüssig sind.

Das hier vorgestellte Prozessmodell zwingt zur genauen Planung, erkennt früh Misslingensgründe, schafft bessere Kalkulationsgrundlagen, erlaubt einfache Kostenzuordnungen, lenkt den Blick auf ergebnisrelevante Faktoren und bietet eine Grundlage für die Steuerung und Kontrolle umfassender strategischer Kommunikationsvorgänge. Die Gewichtung einzelner Aspekte variiert und ist abhängig von der Aufgabenstellung.

---

[1] Kapferer (1996, S. 28) erinnert daran, dass jede Kommunikation auf sechs Wegen definiert werden kann: durch ihre Quelle, ihren Inhalt, ihren Verbreitungsprozess, ihr Verbreitungsmedium, das Objekt, das sie behandelt, und die Art ihrer Wirkungen.

2 Die sieben Phasen des Prozessmodells

2.1 Phase 1: Analyse des Status

Darunter ist der Status quo ante zu verstehen. Keine Kommunikation beginnt bei Null, sondern stets bei einem voretikettierten Kommunikationspartner. Jede Kommunikation gründet auf Vorbewertungen, Annahmen und Vorwissen und ist eingebettet in einen historischen und soziokulturellen Kontext. Auch ein Unternehmen wird stets vorbewertet, es hat eine Geschichte, man vertraut ihm oder begegnet ihm mit Skepsis, vielleicht sogar mit offener Gegnerschaft. Ein bestimmtes Image eilt ihm voraus und steuert die Wahrscheinlichkeit und Art des Kontakts. Diese Voretikettierung kann sich auf Leistungs-, Traditions-, Kommunikations-, Emotions- und gesellschaftliche Werte beziehen. Sie können auch unmittelbar mit Akteuren des Unternehmens verbunden sein: „Person X ist für das Thema Y offen oder zugänglich", oder „Person X ist glaubwürdig und zuverlässig oder unglaubwürdig und unzuverlässig". „Achtung, wenn Person X etwas sagt, ist es wichtig" usw.

Dies bedeutet, dass jedes Unternehmen (jede Person), das sich äußert, einer Vorbewertung unterliegt. Zunächst ist dies selbstverständlich eine passive Funktion. Wirksam wird sie erst im Moment der Kommunikation selbst, ist dann aber nicht mehr rückgängig zu machen. Ansehen, Größe, Bekanntheit, Attraktivität von Unternehmen sind vorgegeben. Sie entfalten ihre Wirkung im Augenblick der Kommunikation. Wirtschaftlich stellen sie ein „Asset of Communications Impact" dar. Das bedeutet: Ohne eigenes Zutun entfaltet sich eine kommunikative Wirkung in Form z.B. von Zuwendung, Aufmerksamkeit, aber auch dem Gegenteil: von Misstrauen, Verachtung, Nichtbeachtung, wenn dem betreffenden Unternehmen ein entsprechender Ruf vorauseilt. Der Status als Oberbegriff („Nimbus-Effekt") bildet die erste Einflussgröße in unserem Prozessmodell.

Mit dieser Betrachtung haben wir bereits einen Teil der Wertschöpfung benannt und quasi bewiesen mit der Folge, dass grundsätzlich große und renommierte Unternehmen[2] gegenüber wenig oder unbekannten Unternehmen a priori höhere Beachtung und Aufmerksamkeit finden als kleine und wenig bekannte. Letztere sind genötigt, allein schon deswegen höhere Kommunikationsaufwendungen zu treffen, um bestenfalls ein vergleichbares Ergebnis zu bekommen. Zahlreiche Experimente, mit denen die Überzeugungskraft von Mitteilungen untersucht wurde, haben ergeben, dass die Quelle – das heißt derjenige, der mit uns redet, der uns den Sachverhalt darlegt – eine entscheidende Rolle spielt (vgl. JEAN-NOELL KAPFERER 1996, S. 82). Das Vertraute wird bevorzugt. Unbekannte Unternehmen müssen mehr erklären, einen höheren Aufwand betreiben, allein schon um dafür zu sorgen, dass man sie kennt.

Voretikettierungen können sich auf Leistungs-, Traditions-, Kommunikations-, Emotions- und gesellschaftliche Werte beziehen. Jedes „Etikett" hat seine eigene Autorität. Trotzdem ist es ein Unterschied, ob man Niemand oder Jemand ist. Davon hängt in hohem Maße die Bewertung einer jeden kommunikativen Äußerung ab. Dem einen traut man „das" am ehesten zu, dem anderen „am wenigsten". Das macht den kleinen Unterschied aus. Unter „Etikett" verstehen wir „das Bild", welches der andere von uns hat – sein Ansehen, sein ihm vorauseilender (guter oder schlechter) Ruf, seine Bekanntheit, seine Glaubwürdigkeit und seine Autorität. Kurz: das Image, die Reputation. Sie stellen eine Ressource dar. Glaubwürdigkeit ist ein hohes Gut. Glaubt man einem Unternehmen, was es sagt, so liegt darin ein hoher Wertschöpfungsfaktor. Denn das Gesagte wird in diesem Falle nicht hinterfragt und nicht in Zweifel gezogen. Es braucht auch nicht umständlich erklärt zu werden – man „vertraut" darauf, dass es stimmt. Hinweise auf die Vertrauenswürdigkeit sind eigentlich ein Indiz dafür, dass eine Vertrauensbeziehung schon nicht mehr besteht oder zumindest gefährdet ist. „Glaubwürdigkeitswerte", schreibt LERG (1970, S. 283), „korrelieren positiv mit Einstellungswerten."

Vertrauen ist Sozialkapital! Vertrauensbildung über Reputation schafft Berechenbarkeit nach allen Seiten. Auch der Rückgriff auf Traditionen kann dabei helfen. Traditionen sind Wertverankerungen. Im Krisenfall ist ein glaubwürdiges Unternehmen eher vor Schaden geschützt als ein Unternehmen von zweifelhaftem Ruf, dem man alles Mögliche zutraut. „Wer über Reputation verfügt, findet das Vertrauen der anderen." (MÜNCH 1992, S. 108) Hier zeigt sich die Präventivfunktion von Vertrauen und gutem Ruf als ein „Asset". Der „Vertrauenskoeffizient" ist als weitere Wertgröße einzuführen. Alle vergangenen Äußerungen und Darstellungen zusammen – auch die nichtsprachlichen Darstellungen der Architektur, Kleiderordnung, Bilder, Logos usw. – bieten je nach kultureller Befindlichkeit den Interpretationshintergrund für das jeweilige Image (vgl. BUSS/FINK-HEUBERGER 2000, S. 199).

Fassen wir zusammen: Im Moment der Kommunikation erfährt das Kommunizierte auf Basis des Status quo ante und ohne Zutun des Unternehmens eine sofortige Bewertung, eine Beurteilung, die – und das ist ganz wichtig – gänzlich unabhängig ist von dem Sachverhalt und der Art und Weise, wie dieser vermittelt worden ist. Im jeweiligen „Status quo ante" eines Unternehmens realisiert sich im Moment der Kommunikation dessen wirtschaftlicher und finanzieller Wert.

Den Status quo ante eines Unternehmens bezeichnen wir als „Wertschöpfungsfaktor Nr. 1".

2.2 Phase 2: Festlegen des Kommunikationsziels

Das Fehlen präziser Kommunikationsziele ist die häufigste Ursache dafür, dass der Return on Communication Investment nicht gemessen werden kann. Ohne präzise zu definieren, lässt sich eine Kommunikationsleistung nicht messen. Viele Prädikatisierungen von Kommunikationszielen sind vage, viel zu allgemein gehalten und eignen sich deswegen nicht für eine differenzierte Betrachtung; zu einer Messung schon gar nicht. Oft wird nicht ausreichend zwischen kommunikativen Zielen und praktischen Zwecken unterschieden. Beispiel für ein kommunikatives Ziel: Wir wollen mehr mit den Kunden und weniger über die Kunden reden. Beispiel für einen praktischen Zweck: Wir wollen mehr Geld je Kunde verdienen. Statt der Kommunikationsziele werden häufig die Attribute des Unternehmensimage selbst genannt (ARNAOUT 2005). In den Jahresberichten von Unternehmen findet man häufig als Ziel der Finanzkommunikation „offen", „transparent", „zeitnah"; in der Unternehmenskommunikation „attraktiv", „international", „forschungsintensiv", „vertrauenswürdig" u.a. Dies sind freilich nur Ausstattungsmerkmale des Images. Davon einmal abgesehen: Womit – mit welchen Instrumenten – misst man denn, ob es gelungen ist, sich „offen", „vertrauenswürdig" oder gar als „attraktiv" darzustellen? Derlei Prädikate gehören eher zum Beipackzettel der Kommunikation und betreffen mehr das Wie der Kommunikation, als das einzeln verfolgte Kommunikationsziel. Diese Unterscheidung ist nicht unwichtig. Denn letztendlich versperrt sie den Ausweg zu sagen, der Erfolg von Kommunikation sei nicht messbar.

Unternehmenskommunikation ist absichtsvoll, und von ihr wird erwartet, dass sie wirkt. Deshalb ist man in den Unternehmen bereit, Etats dafür zur Verfügung zu stellen. Aufwand und Ertrag sollen einander entsprechen. Nur: Ohne ein klar und präzise definiertes Kommunikationsziel, welches Bestandteil des Planungsprozesses ist, ist eine Ergebnismessung nicht möglich. Dabei wäre zu unterscheiden zwischen allgemeinen (strategischen) und speziellen (praktischen) Zielen. Vor der Zielformulierung steht die Problemanalyse. Die Kommunikationsstrategie stellt dabei eine Teilstrategie der Unternehmensstrategie dar. Aus der Kommunikationspolitik und der Kommunikationsstrategie lassen sich konkrete Kommunikationsziele ableiten. Die speziellen Ziele müssen immer die allgemeinen mit berücksichtigen, wodurch so genannte „Windfalleffekte" entstehen. Allgemeine Ziele beziehen sich auf die „Statusfestigung", spezielle Ziele darauf, was ich im Einzelfall bezwecke. Für beide ist es unerlässlich, möglichst präzise und messbare Vorgaben zu machen. Daran fehlt es in der Praxis vielfach, und deswegen kann nicht gemessen werden. Mit den Zielen ist unabdingbar eine Zeitvorgabe verbunden: Was will ich bis wann (welchen Zeitpunkt) erreichen? Irgendwann im Irgendwo reicht nicht aus. Die Festlegung eines Zeitpunktes steht in engem Zusammenhang mit den Kosten. Im Allgemeinen steigt der Aufwand, wenn ich mir einen kurzen Zeitrahmen vornehme.

Wie können nun einzelne Kommunikationsziele (reine Informationsprozesse sind an dieser Stelle ausgeklammert) lauten? Nehmen wir das Beispiel einer teilweisen Unternehmensveräußerung, den Fall also, dass sich ein Unternehmen von einer Produktsparte trennt. Dann wäre es sowohl betriebsintern als auch außerhalb auf den Finanzmärkten zweckmäßig, die Plausibilität dieser Veräußerung verständlich zu machen. Trotz persönlicher Betroffenheit sollen Betriebsangehörige in der Lage sein, die Maßnahme zu verstehen und Dritten gegenüber zu vertreten. Von der Financial Community wird erwartet, dass sie die damit verbundene Konzentration auf wesentliche Geschäftsfelder, so es denn so ist, honoriert. Dafür muss ich eine Zeit festsetzen. Das könnte z.B. lauten: „Nach drei Monaten". Das Management selbst hätte sich zu fragen: „Was ist mir das Ganze wert?" oder „Lohnt sich der Aufwand überhaupt?" Bleibt es jedoch bei der ersten Aufgabenstellung, so wird schnell einsichtig, dass dies messbare Ziele sind, an denen sich Erfolg oder Misserfolg messen lassen.

Doch „wie" wird gemessen, festgestellt und geprüft? Und wird überhaupt in derartigen Fällen das Ziel so formuliert und hinterher in der Einhaltung nachgeprüft und mit welcher Methode? Ist eine „Kontrollinstanz" benannt? Das Selbstverständliche unterbleibt oft. „Wenn präzise Kommunikationsziele fehlen, ist es nicht möglich, die Effektivität und Effizienz des Kommunikationsinvestment nachträglich bestimmen zu können, weil sich bereits im Planungsstadium keine konkreten Planwerte für Kenngrößen ableiten lassen." (ARNAOUT 2005).

Die präzise Benennung der Kommunikationsziele einschließlich Zeitvorgaben bezeichnen wir als Wertschöpfungsfaktor Nr. 2.

2.3   Phase 3: Gestaltung der Gelingensvoraussetzungen

Um eine bestimmte kommunikative Absicht erfolgreich zu verwirklichen, ist es notwendig, dass man die Kommunikationsbedingungen richtig einschätzt und die angemessenen Äußerungsformen auswählt. Es regieren Darstellungszwänge. Wer kommuniziert, kann nicht umhin, eine Sache und sich selbst darzustellen. „Ohne eine professionelle Handhabung von Darstellungstechniken hat man auf dem Kommunikationsmarkt keine Chance." (MÜNCH 1995, S. 124). Kommunikationsverantwortliche können viel aus der Marktforschung lernen und den dort vorhandenen Methodenkasten „plündern". Das „informieren" oder das „sich informieren" ist anders motiviert und setzt andere Schwerpunkte (RUUD/PFISTER 2005). Ausgangspunkt jeder Marktforschung ist die Erkundung der Absatzmärkte. Besteht überhaupt Bedarf? Wenn ja, wie groß ist dieser? Eignet sich das Produkt für die anvisierte Käuferschicht? Wer sind die wichtigsten Mitbewerber? Wie hoch sind die Kosten für den Markteintritt? etc. Exakt dies sind Fragen, die sich jedes Unternehmen und jeder dort Verantwortliche im Vorfeld einer Kommunikationsmaßnahme stellen sollte. Hier geht es um Methoden, mit deren Hilfe mögliche Reaktionen des anderen vorab ermittelt und abgeschätzt werden können. Das kann mittels Pretests geschehen, aber auch mittels Umfragen, Mitarbeiter-/Kundenbefragungen, Assoziations- und anderen Tests von Texteigenschaften. Denkbar sind auch das gezielte Streuen von Gerüchten und die Ermittlung der Reaktion auf diese Gerüchte. Wichtig ist uns der Gedanke, dass präventive Maßnahmen all jene Maßnahmen sind, die man planend weitgehend selbst bestimmen kann wie z.B. Situationsvariable (Zeitaspekte, Ort, Umstände, Träger der Botschaft usw.).

So wie keine Kommunikation bei Null beginnt, so sind auch die Umstände, das Milieu, kommunikationsbeeinflussend. Auf manches habe ich Einfluss, auf anderes nicht. Die ausdruckstheoretisch begründete Annahme, „erfolgreiche Kommunikation setze generell Gemeinsamkeit des relevanten Sprach-, Situations- und Weltwissen voraus" (SCHMITZ 1994, S. 15), ist unrealistisch. „Denn diese Annahme verkehrt Ziel und Voraussetzung der Kommunikation. Wir kommunizieren nicht erst dann, wenn wir aufgrund von gemeinsamem Wissen eine Garantie für den Kommunikationserfolg haben, sondern wir riskieren Kommunikation auf der Basis unterschiedlicher Annahmen, Unterstellungen, Vermutungen und schaffen dadurch, soweit wir erfolgreich sind, geteiltes Wissen." (ebd. S. 18).

Die Anbieter müssen die Information und die Kommunikation aus Sicht des Nachfragers nach ihrer Relevanz und Zuverlässigkeit beurteilen (RUUD/PFISTER 2005). Der Mensch sieht sich heute einer steigenden Informationsflut ausgesetzt, die er nicht mehr verarbeiten kann; d.h., er wird unter rein quantitativer Perspektive viele Informationen ignorieren oder ihnen mit Desinteresse begegnen. Generell sinkt also für die Teilnehmer auf dem Kommunikationsmarkt die Chance, wahrgenommen zu werden. Der Zweifel an der Relevanz und vor allem an der Glaubwürdigkeit verbreitet sich dadurch immer mehr. Das mag auch damit zusammenhängen, dass der einzelne kaum, wenn überhaupt, noch in der Lage ist sich aus der Fülle der ihn erreichenden Einzelinformationen ein schlüssiges Gesamtbild zu verschaffen und letztlich herauszufinden, worum es eigentlich geht.

Die interessante Botschaft ist nicht, dass es eine Informationsflut gibt; das dürfte mittlerweile jedem bekannt sein. Interessant ist vielmehr, dass die großen Anstrengungen, die die Produzenten von Kommunikation unternehmen, um die Barriere zum Adressaten zu überwinden, letztlich mit dafür verantwortlich sind, dass diese Barrieren immer höher werden. Dies könnte auch an einfachen Beispielen aus der Alltagskommunikation veranschaulicht werden: Jemand hat seine Glaubwürdigkeit verloren oder befürchtet, dass er sie verloren hätte. Seine Beteuerungen, dass er glaubwürdig sei, führen nicht zur Beschwichtigung der Zweifel, sondern verstärken sie noch. Das kann nun wiederum zur Folge haben, dass die Anstrengungen zur Wiederherstellung der Glaubwürdigkeit intensiviert werden, mit dem Effekt, dass die Vertrauensbasis vollständig verschwindet etc.

Für Kommunikationsvorhaben wird viel Geld ausgegeben. Sie sind aus Unternehmenssicht demnach wichtig. „Marktforschung" ist allein schon aus wirtschaftlichen Gründen unabdingbar. Mit wem habe ich es auf der anderen Seite zu tun? Was weiß ich von ihm, was über ihn? Was weiß er von mir und welche Meinung hat er von mir? Andere Feststellungen betreffen Fragen wie: Auf welche Stimmung treffe ich? Gibt es in der Sache schon Vorkenntnisse? Besteht überhaupt Interesse? Ist es der richtige Zeitpunkt? Wie finde ich breite Aufmerksamkeit? Welche Vorurteile bestehen? Eine Liste, die sich leicht noch verlängern ließe. Ebenso wichtig ist die Risikobeurteilung. Durch unzureichende Kommunikation können Wertverluste und Opportunitätskosten entstehen (VOLKART et al. 2005). Information und Kommunikation beinhalten aus betriebswirtschaftlicher Sicht ein großes Potenzial an Ineffizienz und Fehlerhaftigkeit. Hinzu kommt das Interpretationsrisiko – eine Sache wird anders aufgefasst, als sie gemeint ist. Umso mehr kommt es darauf an, frühzeitig und zu einem Zeitpunkt, an dem dies noch möglich ist, Risiken zu erkennen und einzuschätzen. Dass Kommunikation nie risikofrei ist, liegt in der Natur der Sache. Konflikte entstehen auch aus der unterschiedlichen Perspektive der Beteiligten, die die gleiche Situation „so oder so" sehen. Für sich genommen stellt die Risikoanalyse einen eigenen Aufwand dar. Kalkulatorisch wirkt sich in der Vorfeldkommunikation der schon eingehend behandelte Status quo ante des Unternehmens mit aus.

Es geht in der Vorfeldkommunikation darum, günstige Bedingungen für eine optimal adäquate Unternehmenskommunikation zu schaffen. Grundsätzlich dient Vorfeldkommunikation dazu, die Erfolgswahrscheinlichkeit einer Kommunikationsmaßnahme zu erhöhen, Unwägbarkeiten nach Möglichkeiten auszuschalten und letztlich ein Fehlschlagen der Kommunikation zu vermeiden. Daneben muss vor Erreichen des Sachziels dessen Akzeptanz geprüft und abgesichert werden. Alle Maßnahmen der Vorfeldkommunikation sind aus Sicht einer betriebswirtschaftlichen Rechnung „Vorkosten". Sie können auch von Agenturen oder Beratungsunternehmen als solche deklariert werden. Somit würde manche Kalkulation transparent. Im Einzelfall kann es notwendig sein, eine Kommunikation vor der Kommunikation zu veranlassen. Auch bei Nichtereignissen wird dies gelegentlich versucht.³ Doch haben Kommunikations-Placebos meist nur eine zeitlich eingeschränkte Wirkung.

Worum es uns hier ernsthafter geht ist, wie ich mit den Erkenntnissen aus der kommunikativen Marktforschung umgehe. Aus Platzgründen wollen wir an dieser Stelle dies exemplarisch betrachten. Komme ich beispielsweise zu dem Ergebnis, dass für mein Anliegen kaum oder zu wenig Interesse besteht und dass ich so gut wie keine Aufmerksamkeit finden werde und der Aufwand letztlich „für die Katz" sein wird, besteht auch die Option, eine eigene Kommunikation einzuleiten, die allein dem Ziel dient, für mein Anliegen Interesse zu wecken und Aufmerksamkeit zu schaffen in einem meist hochkompetitiven Kommunikationsmarkt. Dies ist die Kunst, ein Thema zum Thema zu machen. Ein anderer Fall ist der, wenn festgestellt wurde, dass die Stimmung, auf die meine Initiative trifft, mies ist. Auch dann habe ich mit keinem guten Kommunikationsergebnis zu rechnen. Denn wenn Leute in schlechter Stimmung sind, suchen sie fortwährend nach Nachrichten, die sie darin bestätigen. Stimmung konzentriert die Auswahl auf bestimmte Themen. Insofern habe ich zu prüfen, was ich vor oder zumindest zum Zeitpunkt der Kommunikation noch unternehmen kann, um bei meinem Adressaten auf eine bessere Stimmung zu treffen. Auch dies kann eigenständige Maßnahmen bedeuten. Ebenso gilt, dass ich bestehende Vorurteile in meiner Kommunikation nicht attackieren darf, weil sie sich dadurch verfestigen. Die oft gehörte Empfehlung: „Wir müssen Vorurteile bekämpfen" oder „gegen Vorurteile angehen", ist von daher wirtschaftlicher Unsinn.

Diese wenigen Beispiele mögen belegen, dass der Erfolg einer Kommunikation nicht in der Kommunikation, sondern bereits vor der Kommunikation bestimmt wird. Ein Kommunikationsangebot steht selten allein, sondern es konkurriert mit anderen Angeboten um die Gunst des Zielpublikums. Der Kontext entscheidet mit darüber, welche Auswahl getroffen wird.

Einige Grundregeln der Vorfeldkommunikation (PIWINGER/EBERT 2002, S. 36) sind:

- Das Bild des anderen im Kopf haben.
- Vorhandene Einstellungen und Gefühle, Erwartungen, Vorurteile und Gewohnheiten des anderen in Rechnung stellen.
- Die Stimmung erkunden: Kann diese kurzfristig noch zu meinen Gunsten beeinflusst werden?
- Den richtigen Zeitpunkt für die Kommunikation abpassen.

---

3 Häufig anzutreffen in der Showbranche, um den Marktwert von Prominenten und solchen, die sich dafür halten, hoch zu halten (Beispiele: „Claudia Schiffer offen für Nacktrollen" oder: „Kübelböck erwirbt Führerschein" [in den Tagesnachrichten Ende August 2004])

- Prüfen, ob überhaupt Interesse an meinen Informationen besteht.
- Wie erreiche ich unter den Bedingungen der Informationsüberlastung Aufmerksamkeit, um wahrgenommen zu werden?
- Wie kann ich Unverständnis, Missverstehen und Kanaldiskrepanzen vermeiden?
- Ist der Sachverhalt überhaupt mitteilenswert?
- Worin besteht das Risiko meiner Kommunikation?
- Bin ich in dem, was ich sage, glaubhaft?
- Ist meine Mitteilung verständlich?
- Ist meine Sprache sachgerecht und adressatenorientiert?
- Sich Klarheit über die eigene Rolle, Position und Standpunkt verschaffen.
- Sich in den anderen hineinversetzen – seine Perspektive in Rechnung stellen.

Kommunikation beginnt vor der Kommunikation

Der Erfolg von Kommunikation wird *vorher* festgelegt. Von großer Bedeutung sind so genannte Partnerhypothesen. Partnerhypothesen sind Annahmen des Rezipienten über die Situation und über die Absicht des Kommunizierenden. Anstatt, was die Regel heute noch weitgehend ist, von sich und über sich zu reden (absenderbestimmte Kommunikation), gilt es zu sehen, was der andere über mich denkt. Denn dies bestimmt in hohem Maße die Wahrnehmung und Bewertung meiner kommunikativen Äußerungen. Bin ich in seinen Augen glaub- und vertrauenswürdig, bestehen immerhin gute Chancen für eine im geringsten Fall „wohlwollende" Perspektivübernahme. Das gilt natürlich auch vice versa. Daneben, und auch das ist ein sehr häufig unterschätzter Einflussfaktor, hat ein Adressat auch Ansprüche und gesteigerte Erwartungen an die an ihn gerichtete Information und Kommunikation. Der Satz: „Das hätte ich von Daimler nicht erwartet!", drückt eine enttäuschte Erwartung aus. „Er" hätte sich womöglich eine bessere und freundlichere „Behandlung" des Kundendienstes gewünscht – vor allem auf Grund seiner vorherigen Einstellung zum Unternehmen. Die Folge wäre unter Umständen der Wechsel zu einer anderen Automarke. Werden die durch Vorwissen oder Vorurteile geprägten Einstellung von dem betreffenden Unternehmen nicht berücksichtigt, entstehen Kommunikationsverluste bzw. dadurch verursachte Ergebnisschmälerungen.

Ein Unternehmen muss, um erfolgreich zu sein, die Fähigkeit besitzen, neben der eigenen Perspektive auch die Perspektive des anderen einnehmen zu können. Das spricht dafür, Investitionen in der Vorfeldkommunikationen vorzunehmen anstatt post eventum und dann, wenn sowieso nichts mehr zu ändern ist. Anders als in der Marktforschung ist die Vorfeldkommunikation in der Unternehmenskommunikation weniger erforscht. In dieser frühen Phase geht es darum, die den kommunikativen Erfolg hemmenden und fördernden Bedingungen herauszufinden und bereits Vorsorge dafür zu treffen, dass die eigentliche Kommunikation auf fruchtbaren Humus fällt. Klar ist indes: Wer das Richtige nicht weiß, kann das Richtige nicht tun.

Marktforschung und Kommunikation vor der Kommunikation bezeichnen wir als Wertschöpfungsfaktor Nr. 3.

2.4 Phase 4: Vermittlung, Ausführungssystem

Über den Erfolg in der Vermittlungsphase entscheiden die Fachkompetenz und die Fähigkeit zur Kommunikation. Nach LERG (1970, S. 314), der dies schon vor langem konstatiert hat, harrt der Faktor „Kommunikabilität" noch einer näheren Bestimmung. Vielleicht stellt er sogar einen Schlüsselfaktor dar für das kommunikative Verhalten. Trotz vielfältiger Forschung ist das aber weiter ein blinder Fleck. Es gibt Unternehmen, die „können" kommunizieren, andere „können" es nicht. Je höher Ökonomien entwickelt sind, desto mehr sind sie auf nichtökonomische Vorleistungen angewiesen. Oft ist dies bedingt durch die Kultur des Unternehmens und seine Einstellung zur Mitwelt (intern wie extern). Kennzeichen streng hierarchisch organisierter Unternehmen ist häufig ein formeller, bürokratischer Kommunikationsstil, der blass wirkt und keine Gefühle zulässt. Wie kann, so ist zu fragen, auf diese Weise Sinn und Gefühl, Sympathie, als „Antwort" auf meine Kommunikation entstehen? Und vor allem: Welches „Bild" (Es ist i.d.R. virtuell und nicht real und wird erst durch Kommunikation „erzeugt".[4]) von mir bildet sich in den Köpfen der Innen- wie Außenstehenden? Das Wie ist oft entscheidender als das Was. Insgesamt ist der Vermittlungsprozess die im Großen und Ganzen am besten untersuchte und beherrschte Stufe im gesamten Kommunikationsprozess. Für manche ist es „die Kommunikation" schlechthin. Phase 4 ist in weiten Teilen identisch mit der klassischen Presse- und Medienarbeit in den Unternehmen. Um den Vermittlungsprozess wertschöpfend zu gestalten, sind in erster Linie handwerkliche Kenntnisse gefragt: Sendezeiten, Erscheinungsweisen von Zeitung und Zeitschriften, Verfassen schriftlicher Pressemitteilungen, mündliche Statements, Beziehungen zu Journalisten, aber auch die Wahl einer angemessenen Sprache, der richtigen Text- und Diskurssorte u.Ä. Schon an dieser kurzen Aufzählung zeigt es sich, dass es in der Unternehmenskommunikation einen mehr oder weniger eingespielten Vermittlungsprozess gibt. Dazu

---

4 Münch (1995, S. 101) schreibt: „In der modernen Kommunikationsgesellschaft leben wir in einer Welt von künstlich erzeugten Bildern. Sie definieren das, was wir für die Realität halten und wonach wir unser Denken, Meinen, Fühlen und Handeln ausrichten." In Unternehmensrankings finden sich häufig Automobilhersteller an vorderen Stellen. U.a. ist dies damit zu erklären, dass die Verbraucher genaue Vorstellungen von dem Produkt Auto haben und diese Einstellungen auf das Unternehmen übertragen. Bei einem Chemieunternehmen wie Bayer oder BASF wird „das Bild" dagegen stärker von der unternehmerischen Leistung und den diese darstellenden Personen geprägt.

zählen muss man auch die interne Kommunikation mit der Betriebsbelegschaft, die sich allerdings noch weitgehend „journalistisch" versteht; von Seiten der Unternehmensführung „hierarchisch". Das wär's dann auch schon?

Nein, keineswegs. Ein Vermittlungsprozess, der sich zu stark auf handwerkliche Kenntnisse beruft und diese als Allheilmittel ausgibt, wird allerdings nur begrenzten Erfolg haben können. Weitgehend noch zum Handwerklichen der Kommunikation kann man unter Umständen das geschickte Umgehen mit der Wahl des richtigen Zeitpunkts, der Umstände und des Ortes (Situationsvariable) zählen. Ebenso die Wahl einer angemessenen Sprache und eines angemessenen Argumentationsstiles. Sie liegen noch im Ermessen des Kommunikators und gehören noch zum Vermittlungsprozess.

Prinzipien des effizienten und wirkungsvollen Sprachgebrauchs wurden u.a. von GRICE (1979, S. 233 ff.) aufgestellt:

- Das Kooperationsprinzip: Kommuniziere so, wie es die aktuelle Zweckbestimmung und die Ausrichtung des kommunikativen Verlaufs erfordern.
- Qualitätsprinzip: Kommuniziere wahrhaftig.
- Quantitätsprinzip: Kommuniziere so informativ wie für die aktuelle Zweckbestimmung der Kommunikation nötig. Gestalte deinen Beitrag nicht informativer als nötig.
- Relevanzprinzip: Mache deinen Beitrag relevant für die Kommunikationspartner, ihre Interessen, Ziele, Wünsche etc.
- Prinzip der Art und Weise: Kommuniziere klar und deutlich. Vermeide Unklarheit, vermeide Mehrdeutigkeit, fasse dich kurz, sei methodisch bzw. konzeptionell (vgl. LEVINSON 1990, S. 104).

Auf der Stil- und Darstellungsebene werden die Voraussetzungen für eine Verständigung mit den Kommunikationspartner geschaffen. Verständigung setzt immer Signale der Wertschätzung voraus. „Erst wenn dieses Signal erfolgt, ist die Öffentlichkeit für Sachinformationen offen." (BUSS/FINK-HEUBERGER 2000, S. 133). Eine Frage der Darstellung ist es gleichfalls festzulegen, welcher Unternehmensvertreter zum Träger der Kommunikation bestimmt wird. Dies Entscheidung über die „Vermittlungsinstanz" beeinflusst nachhaltig die Wahrnehmung und die Deutung der Kommunikationspartner. Zum Darstellungsstil gehört auch die Fähigkeit, die Erwartungen des anderen nicht nur zu „bedienen", sondern sich auch in den Grenzen des Machbaren durch die Wahl der Formulierungen zu steuern. Die öffentliche Inszenierung wird zu einem wichtigen Kriterium des Unternehmenserfolgs.

In der Praxis wird heute noch viel zu viel Arbeit darauf verwendet, ein raffiniertes Know-how zu entwickeln, um die Distribution von Informationen sicherzustellen und quantitativ zu erfassen, z.B. mit Hilfe von Einschaltquoten oder Auflagenhöhen. Die Verantwortlichen sorgen sich primär darum, wie sie ihre Anliegen in den Medien platzieren können. Folgende Gefahren sind damit verbunden: Quantitative Aspekte werden für wichtiger gehalten als qualitative. In die Ermittlung von Mitteilungssachverhalten – auch in die Mühsal der Selbstvergewisserung – wird zu wenig Arbeit investiert. Es wird zu viel und zu schnell vermittelt. Schließlich wird zu wenig danach gefragt, was in den Köpfen der Adressaten abläuft, ob über die flüchtige Wahrnehmung hinaus auch Einstellungs- und Verhaltensänderungen bewirkt werden. Ein zählbarer Erfolg wird aber erst erreicht, wenn innerhalb des Vermittlungsprozesses inhaltlich und formal die Erkenntnisse aus der Vorkommunikation mit eingehen und deutlich berücksichtigt werden. Es ist mit der Kommunikation wie mit der Medizin: Viel hilft nicht immer viel.

Mit Hilfe systematisch angewandter Methoden der Vorfeldkommunikation können kommunikative Prozesse besser gesteuert werden. Zwischen Darstellung und Mitteilung besteht eine enge Beziehung. Vorfeldkommunikation beinhaltet Wissen über den angemessenen Einsatz unterschiedlicher Symbolsysteme, über Impression-Managment-Strategien (PIWINGER/EBERT 2001), Wissen über kultur-, regional- und geschlechtsspezifische Kommunikationserwartungen und -präferenzen. Zu berücksichtigen ist dabei zusätzlich die Entscheidung zwischen rationaler und emotionaler Ausgestaltung. Kommunikation ohne Berücksichtigung der Gefühlsebene funktioniert nicht. Ein Grundsatz, der leider nur allzu häufig vergessen wird und natürlich einen gewissen Widerspruch zur rationalen Entscheidungsebene bildet. Aber nur einen gewissen. Denn jeder, der lange Zeit miterlebt hat, wie Entscheidungen in Unternehmen zustande kommen, weiß, dass dabei am Ende doch affektbedingt entschieden wird. Die Gefühlsebene ist es auch, die dominant auf den ersten Eindruck wirkt, und deshalb ist sie so wichtig. Der erste Eindruck entsteht bei Beginn der Kommunikation und ist verhaltenswirksamer, als wir glauben. Es ist der erste Eindruck, der die weitere Kommunikation maßgeblich beeinflusst. Überlegungen des erfolgreichen Kommunizierens müssen die Steuerung des ersten Eindrucks mit einbeziehen. Der erste Eindruck ist deshalb so wichtig, weil er die Melodie der Wahrnehmung bestimmt und auf die Interpretationsleistung wirkt. In Bruchteilen von Sekunden wird dabei entschieden: sympathisch, unsympathisch. Sympathie ist die Basis für jede Kommunikation. Sie ist „ein Bewertungsmuster, das positive Erwartungen und Verhaltensintentionen auslöst, ohne dabei nach einer näheren Begründung zu fragen." (BERGLER 1997, S. 122).

Bei der Auswahl des Stils geht es um das Wie der Kommunikation. Im Unterschied zur flüchtigen Sachinformation wirkt die Stilinformation integrativ und ist auf Dauer angelegt, d.h., sie bewirkt nachhaltige Eindrücke beim Publikum. Stil legt über die Veränderbarkeit der unterschiedlichsten Kommunikationshandlungen eine ruhige und einheitliche

Struktur. Das hat zur Folge, dass man ein Unternehmen an seinem Kommunikationsstil erkennen kann. Dies bezieht z.B. die Sprache mit ein. Sprache hat auch eine ästhetische und konnotative Seite. Worte können abstoßend oder anziehend sein. Intonation, Rhythmus, Gestik und Lächeln sind oft entscheidend in der mündlichen Kommunikation. Der symbolische „Mehrwert" einer Unternehmenssprache wirkt unternehmenswertsteigernd. „Ein weiterer Zwang der öffentlichen Kommunikation verlangt von den Darstellern, ihre Interessen, Aussagen, Meinungen und Anliegen in Worte der herrschenden Definition des Allgemeinwohl (z.B. Schaffung von Arbeitsplätzen, Schutz der Umwelt, Attraktivität einer Region) zu kleiden. Man kann dies den Verallgemeinerungszwang der öffentlichen Kommunikation nennen." (MÜNCH 1995, S. 125). Der Verallgemeinerungszwang hat die Wörter „umweltschonend", „umweltfreundlich", „umweltverträglich" und „ökologisch" inzwischen vollkommen entwertet. (ebd., S. 128) Eine Fülle von kommunikativen Techniken zielt darauf ab, die eigene Wertschätzung aufzubauen, indem man dem Kommunikationspartner Wertschätzung zeigt. Das Austauschprinzip oder Prinzip der Wechselseitigkeit legt nahe, dass ich z.B. Offenheit erfahre, wenn ich anderen offen begegne. Eine unfreundliche Haltung oder Meinung über einen anderen ruft wahrscheinlich bei diesem einen unfreundlichen Reflex hervor. (Vgl. ALLPORT 1954/1971, S. 168).

Grundsätzlich ist zu beachten, dass der Vermittlungsprozess (Inhalt, Darstellung, Medium) emotional und unter Berücksichtigung der im Vorfeld gewonnen Erkenntnisse handwerklich sauber vonstatten geht. Zur adäquaten Kommunikation müssen die Zeichen für den Kommunikator und den Rezipienten die gleiche Bedeutung haben. Jeder, der kommuniziert, sollte sich vor allem ein gründliches Bild von demjenigen machen, an den er sich wenden will. Erst damit „spricht" er ihn wirklich an. Gemessen werden kann der Vermittlungserfolg oder -misserfolg nicht unmittelbar mit der Frage: „Wie ist es angekommen?", sondern erst auf den nächsten beiden Stufen der Ebene der Wahrnehmungsfilter und im Letzten auf der Wahrnehmungsebene selbst. Sie ist der ultimative Prüfstein für den Erfolg von Kommunikation und der unternehmerischen Wertschöpfung.

Die Fähigkeit zur Umsetzung der Kommunikationsziele bezeichnen wir als den 4. Wertschöpfungsfaktor.

2.5   5. Phase: Filter der Wahrnehmung

Ein Großteil der Arbeit in der Unternehmenskommunikation richtet sich auf die Medienwirkung. Hier bestehen z.B. mit der Medienresonanzanalyse und ähnlichen Methoden ausreichende Möglichkeiten zur Evaluation. Sie werden von den Unternehmen regelmäßig genutzt und teuer bezahlt – auch mangels geeigneter Alternativen. Den wenigsten ist bewusst, dass „wie die Medien reagieren" nur einen Filter vor der Wahrnehmung darstellt. Es ist keineswegs sicher, dass die Wahrnehmung bei den Leuten immer denselben Regeln folgt. Wahrnehmung ist immer Selektion. Jede initiierte Kommunikation muss mehrere Filter schaffen, ehe sie wahrgenommen wird. Das ist wie im Märchen: Erst muss man sich durch den Hirsebrei hindurchessen, ehe man ins Schlaraffenland gelangt. Filter sind immer Auswahlkriterien der Wahrnehmung. Manchmal tritt auch der Fall ein, dass eine Mitteilung nicht „wahr" oder wahrgenommen wird. Dies entspräche einem kommunikativen GAU: Der Aufwand müsste abgeschrieben werden. Auch Interpretationsfehler treten auf und führen zu einer risikobehafteten Bewertung mit einem beträchtlichen Schadensrisiko.

Zunächst handelt es sich bei der Wahrnehmung um einen von der individuellen Disposition gesteuerten Auswahlvorgang. Wahrnehmungsfilter – durch welche Brille, mit welchen Augen sieht mich der andere im Moment der Kommunikation? – sind unter anderem:

- soziale Rolle
- Vorwissen und Erinnerungen
- Einstellungen (Attitüden, Werthaltungen, Vorurteile)
- Image, der Ruf
- Interessen
- frühere Erfahrungen
- Relevanz
- Erwartungen
- Nutzenerwartung
- etc.

„Aus der Perspektive eines Beobachters gibt es in einer kommunikativen Interaktion immer Mehrdeutigkeit. Das Phänomen der Kommunikation hängt nicht von dem ab, was übermittelt wird, sondern von dem, was im Empfänger geschieht. Und dies hat wenig zu tun mit übertragender Kommunikation." (MATURANA/VARELA 1987, S. 221)[5]. Gelegentlich wird dafür der Begriff „Bewusstseinstatbestände" gebraucht. Nach dem Prinzip „die guten ins Töpfchen, die schlechten ins Kröpfchen" selektiert unser Bewusstsein: interessiert mich, interessiert mich nicht. Viele Faktoren spielen hierbei eine Rolle, die gleichsam Filter im Wahrnehmungsprozess darstellen. die Stimmungslage, die eigene Betroffenheit, ein verfestigtes Vorurteil, das „Bild" des Betreffenden, sein Ruf, sein Ansehen,

---

5 Zitiert nach Peter Zec in: Manfred Bruhn (Hrsg.): Die Marke. Symbolkraft eines Zeichensystems. Bern, Stuttgart, Wien 2001, S. 236.

seine Glaubwürdigkeit, andererseits auch Nutzenerwägungen, Abneigung und Desinteresse. „Jedes Handeln hat außer dem Zwecke, den es verwirklichen soll, eine Vielzahl von Folgen und Nebenfolgen, die niemals alle zugleich von allen Menschen positiv bewertet werden." (MÜNCH 1995, S. 81)

Kommunikation hat, wie wir sehen, einen schweren Weg vor sich, bevor sie wahrgenommen wird. Vielen Kommunikationsmaßnahmen bleibt der Erfolg versagt, weil die Filterfunktion vor der Wahrnehmung nicht ausreichend beachtet wird. Erforderlich sind dazu Kenntnisse der Sozialpsychologie, der Soziologie und Psychologie, speziell der Wahrnehmungspsychologie. Das, was ich aus einem Kommunikationsangebot auswähle und wie ich es verstehe, hängt mit meiner Erfahrung und mit meinem Vorwissen und meinen mentalen Modellen zusammen. Das gilt auch für die auf Erfahrung aufbauenden Prozesse der Wahrnehmung. Einstellung und Vorurteile steuern ebenfalls die Entscheidung darüber, ob und wenn ja, was ein Publikum von einem Kommunikationsangebot wahrnimmt. Aufmerksamkeit ist ein grundlegender Prozess, der dem Verstehen vorgeordnet ist und mit Überraschung und Relevanz zusammenhängt. Hier fallen wichtige Vorentscheidungen. Finde ich keine Aufmerksamkeit, ist der ganze Aufwand für meine kommunikative Maßnahme vergeblich. Aufmerksamkeit ist sowohl sozial gesteuert als auch von Interessen und Motivationen des Publikums abhängig. Man kann auch davon ausgehen, dass Einstellungen, aber auch Normen und Werte die Auswahl von Erfahrungen steuern, die dann mit dem Kommunikationsangebot abgeglichen werden, und zwar so, dass die vorhandenen Informationen passen und Sinn stiften. „Immerhin sind die Rezeptionserwartungen heute sehr viel besser erforscht als die Kommunikationsziele. Der wichtigste Grund ist darin zu sehen, dass die Beobachtungen von Rezipienten es ermöglich, Kommunikationsfolgen („Wirkungen") festzustellen, beispielsweise Meinungs- und Einstellungsänderungen." (LERG 1970, S. 315).

Daneben beeinflussen Partnerhypothesen und Selbstbilder die Art und Weise, wie mit einem Kommunikationsangebot umgegangen wird. Partnerhypothesen sind Annahmen des Rezipienten über die Situation und über die Absichten des Kommunikators. Das Selbstbild ist das Bild, das eine Person oder eine Gruppe von sich hat. Jemand, der sich selbst als Opfer sieht, bewertet Appelle, sein Schicksal in die eigene Hand zu nehmen, anders als jemand, der sich selbst für unabhängig hält. Die Filter der Wahrnehmung haben einen engen Bezug zur Handlungsebene, weil bereits dort deren Relevanz für spezielle Fälle der Kommunikation voruntersucht wird und später in das weitere Kommunikationsgeschehen einfließt. Wahrnehmung selektiert über vorgeschobene Filter und schützt sich damit vor einer Überlastung. Doch nur was wahrgenommen wird, zählt. In dieser Phase vorentscheidet sich der Erfolg- oder Misserfolg einer Kommunikationsmaßnahme. Was in den Wahrnehmungsfiltern hängen bleibt, also gar nicht bis in die bewusste Wahrnehmung vordringt, ist ein Kommunikationsverlust. Aus der Differenz zwischen dem was später als „wahrgenommen" verbucht werden kann und dem, was anfänglich als Kommunikationsziel intendiert war, lässt sich ein Erfolgsquotient ableiten. Rückwirkend zeigen sich an dieser Stelle die Auswirkungen der Vorfeldkommunikation. Und wir finden eine Bestätigung für unsere Eingangsthese, die hieß: „Kommunikation beginnt vor der Kommunikation."

Die Kenntnis der Wahrnehmungsfilter und der professionelle Umgang damit bezeichnen wir als den 5. Wertschöpfungsfaktor.

2.6 Phase 6: Analyse der Wahrnehmung

Von der Vorstellung, Wahrnehmung sei objektiv, gilt es sich zu verabschieden. Denn wahr ist: „Der Mensch nimmt nur wahr, was ihm in den Kram passt, und baut es sofort, mit Hilfe seines Deutungsschemas, in sein bestehendes Weltbild ein." Das hat kein Geringerer gesagt als der deutsche Individualpsychologe ALFRED ADLER (TAGES-ANZEIGER-MAGAZIN, 18.4.1987). Ist uns das immer gewahr? Man kann den Satz auch leicht umdeuten, indem man sagt: „Eine Kommunikation, die nicht wahrgenommen wird, ist fehlgeschlagen und geht ins Leere." Das Geld ist umsonst ausgegeben. Der Anteil der beachteten bzw. der nicht beachteten Informationen gilt als Ausweis des Erfolgs oder Nichterfolgs von Kommunikation. Wahrnehmen ist untrennbar mit Interpretation verknüpft. Jeder Mensch ist in seiner Wahrnehmung determiniert. Wahrnehmung variiert hinsichtlich Qualität und Genauigkeit. Der Grad der Aufmerksamkeit und situative Umstände beeinflussen die Wahrnehmung. Es werden nur jene Teile aufgegriffen, die als Information tatsächlich relevant sind; alles andere entzieht sich der Aufmerksamkeit unserer Kommunikationspartner. Eine „flüchtige" Wahrnehmung ist nicht das, was wir in der Regel als Ergebnis einer Kommunikation anstreben. Beim Wahrnehmen strukturieren wir fortwährend unbewusst die dargebotenen Stimuli. Ein unerwartet starker Reiz zieht Aufmerksamkeit auf sich. Aufmerksamkeit ist ein knappes Gut. Aufmerksamkeit verhilft dazu, wahrgenommen, beachtet zu werden.

Phasen der Wahrnehmung nach ZIMBARDO (1983, S. 308–338) sind:

- Aufnahme des Reizes
- Selektion der einkommenden Information
- Organisation des Wahrgenommenen
- Interpretation des Wahrgenommenen
- Suche nach mehr und neuerer Information und Stimulation

Faktoren, die die Wahrnehmung beeinflussen (ebd.):

- Reizdeterminanten des Signals (Signalstärke, Komplexität etc.)
- Physikalischer Apparat (Sensorik und Verarbeitung)
- Faktoren innerhalb des Individuums (Lerngeschichte, Kultur, motivationale und Persönlichkeitsfaktoren)

Unsere Wahrnehmung ist schwerer zu messen als z.B. die Medienresonanz von Kommunikation. In ihr wird ja nur gemessen, was von den kommunizierten Botschaften von den Medien aufgenommen worden ist. Damit ist noch nichts gesagt über die Wahrnehmung und Wirkung auf die angedachte Zielgruppe. Die der Wahrnehmung folgende Stufe ist die einer Bedeutung der Wahrnehmung. Haben sich die Einstellungen geändert? Sind diese evtl. nachhaltig bestätigt worden? etc. Im Image- und Reputationsmanagement mag es ja noch eine brauchbare Methode sein festzustellen, wie ein Unternehmen von der Außenwelt oder der Innenwelt wahrgenommen wird. In der Regel bedienen sich Unternehmen dabei der Methoden der empirischen Markt- und Meinungsforschung. Wahrnehmen ist die einfachste und beste Art von Kennenlernen (GIBSON 1997: 284). Wahrgenommen wird nicht nur, wofür der Wahrnehmende empfänglich ist, weil er über bestimmte Wahrnehmungsschemata und -routinen verfügt. Die Wahrnehmung wird zusätzlich erleichtert, wenn dem Wahrnehmenden ein entsprechendes begriffliches Inventar zur Verfügung steht, welches ihm erlaubt, Sachverhalte noch vor der Wahrnehmung als solche zu kategorisieren. In der Wahrnehmungspsychologie unterscheidet man zwischen direkter (unvermittelte, unmittelbare) Wahrnehmung und vermittelter. Letztere ist hier hauptsächlich Betrachtungsgegenstand. Doch: Wird „wahrgenommen" nicht auch schon einmal mit „beachtet" gleichgesetzt? Es ist nicht ein und dasselbe. Und inwieweit sind die Ergebnisse kompatibel zu den selbst gesetzten Kommunikationszielen, und gibt es daneben ausreichende Maßstäbe, die es erlauben, sich mit anderen zu vergleichen? Auf dieser Metaebene führt die Wahrnehmung auf den anfänglich behandelten Status quo ante zurück. War die Kommunikation wirtschaftlich ein Erfolg, und ist es gelungen, den Status zu festigen oder gar mit neuen, positiven Elementen anzureichern? Eine Antwort darauf wird man nur finden können, wenn das oder die Kommunikationsziele so präzise waren, dass sie gemessen werden können. Woran, dies ist bereits in der Zielbestimmung von den Unternehmen festzulegen.

Der ständige Akt des Wahrnehmens beinhaltet auch die Wahrnehmung von sich selbst. „Die Wahrnehmung wird durch Erinnerungen bereichert und verfeinert, aber nicht etwa vollständig bestimmt." (ROCK 1985, S. 112). Die Einstellungs- und Verhaltensdimension ist mehr in einzelnen, auf Veränderung zielenden Kommunikationsmaßnahmen zu finden. Doch auch insgesamt ist Kommunikation nicht allein auf die Wahrnehmung als erster, notwendiger Voraussetzung gerichtet. Gewollt sind als Endzweck die Veränderung von Einstellungen und Verhalten von Menschen zugunsten des Unternehmens, das sich davon einen bestimmten Wert verspricht. Im Verhalten richtet sich das Augenmerk primär auf die Verhaltensvorhersage, ein in der Unternehmenskommunikation ebenfalls vernachlässigter Tatbestand. Das Image des Absenders bestimmt die Melodie der Wahrnehmung entscheidend. Hinzu kommt eine weitere, in der Kommunikation grob vernachlässigte und weitgehend noch neue Erfahrung. Die Tatsache nämlich, dass auf Seiten der Adressaten oder Empfänger von Nachrichten heute bestimmte Rezeptionserwartungen und deutliche Ansprüche an den Kommunikator hinsichtlich der Art und Weise und des Stils des Kommunizierens gestellt werden. Werden sie nicht erfüllt oder gar enttäuscht, kann dies rückwirkend zu einer Verschlechterung des Bildes des Unternehmens führen und somit im Sinne der wirtschaftlichen Betrachtung wertvernichtend sein. Wahrnehmung ist unmittelbar und unzweifelhaft. Das in der Wahrnehmung Registrierte kann in einem Wahrnehmungsurteil zum Ausdruck gebracht werden. Erst über die Wahrnehmung erfahren wir, wie der Prozess der Aufnahme von Kommunikation, ihrer Verarbeitung, der Eindrucksbildung und der Behaltleistung tatsächlich vonstatten gegangen ist. Es gibt einen schönen Satz, welcher lautet: „Ich weiß nicht, was ich gesagt habe, bevor ich nicht die Antwort des anderen darauf gehört habe." So ist es. In der Antwort des anderen finden wir schlüssig das Resultat unserer kommunikativen Bemühungen und nirgendwo anders. Schlussfolgerung wäre u.a.: Ein Unternehmen, welches kongruent im Sinne seiner öffentlichen Wahrnehmung kommuniziert, kommuniziert wirtschaftlich.

Erst wenn Kommunikation wahrgenommen und verarbeitet wird, ist ihr der Erfolg beschert. Gelingt dies ohne zu viele Stolpersteine auf dem Weg dahin kostengünstig, so bezeichnen wir dies als den 6. Wertschöpfungsfaktor.

2.7 Phase 7: Reflexion, Nachprüfung

Ist ein Kommunikationsvorhaben abgeschlossen, gilt es als der letzte Schritt, das Verfahren zu bewerten und sich über mögliche Verbesserungen in der Handhabung Gedanken zu machen. Es geht u.a. um eine Prozessüberprüfung, die Verfahrensbewertung sowie um eine Kosten-/Nutzen-Abwägung. Befragungen ex post sind ein weiteres Mittel, um sich nachträglich Gewissheit in bestimmten Punkten zu verschaffen. Die Reflexionsebene ist zugleich die Lernebene. Aus Fehlern lernen darf sich nicht darauf beschränken, einen Prozess formal zum Abschluss zu bringen – ihn als beendet zu betrachten und sich gleich darauf einer neuen Arbeit zuzuwenden. In der Kommunikationswissenschaft, der Soziologie und in der Psychologie existiert eine hinreichende

Zahl anwendbarer Methoden und Instrumente, mit deren Hilfe sich der Kommunikationserfolg feststellen lässt (einen Überblick gibt Porak in diesem Band). Zu fragen ist freilich: Was ist eigentlich der „Kommunikationserfolg"? Eine einheitliche und einvernehmliche Definition fehlt bislang. Während die einen die Feststellung der Zahl der Abdrucke, Erwähnungen in Medien und der darin enthaltenen „Botschaften" als ausreichenden Erfolgsnachweis ansehen, sind andere bereits zufrieden damit, eine genügend große Menge Publikationen produziert und versendet zu haben. Was daraus geworden ist, interessiert dann schon nicht mehr. Zu bedenken ist im Gegensatz hierzu, dass jede Art von Kommunikation gedeutet wird. Ergebnis des Deutungsprozesses ist das Verstehen.

Die richtige Frage sollte demnach lauten: Sind wir in dem, was wir sagen wollten, richtig verstanden worden, hat es Kanaldiskrepanzen gegeben und welcher Art waren diese? Welches Verständnis hat sich eingestellt? Welche Lerneffekte haben stattgefunden? Habe ich meinen Bekanntheitsgrad, mein Ansehen, gesteigert und einen Vertrauensgewinn erzielt? etc. Ein zweiter Punkt betrifft die Akzeptanz. Die Methode, um Akzeptanz zu prüfen, ist die Passungsüberprüfung: Sind unsere Gesichtspunkte von den Adressaten (von der Logik her) in gleicher Weise aufgefasst und vor allem akzeptiert und behalten worden? Welche Vorhersage für künftiges Verhalten lässt sich daraus gewinnen? Dazu gehören: die Gestaltung entsprechender Interaktions- und Kommunikationsstrukturen, die Schaffung geeigneter Symbolmilieus, das Bereitstellen von spezifischen Identifikationsangeboten als „Ankerplätze" für entgegengebrachtes Vertrauen, die kontinuierliche Selbstbewertung des Unternehmens und der Stand seiner Beziehungen: Haben sich Einstellungen zu unserem Unternehmen durch die Kommunikation dauerhaft verändert und ggf. welche wirtschaftlichen Folgen ergeben sich hieraus? Als Folge können auch eine Erweiterung der Kommunikationsstrategie infrage kommen und die Grundlage für künftige Erfolgspotenziale geschaffen werden.

An derlei Punkten hat der Reflexionsprozess anzusetzen. An ihm reflektiert sich schließlich nicht nur die Lernfähigkeit in den Unternehmen und bei den Kommunikationsverantwortlichen, sondern sie bilden zugleich den Punkt, an dem der „Ertrag" aus der Kommunikation in die Unternehmensbewertung einfließt (PIWINGER/PORAK 2004). Ein rein praktischer Schritt ist letztlich die Überführung des kommunikativen Ertrags, bzw. die dem Unternehmen daraus zufließende Wertschöpfung in das betriebliche Rechnungswesen zu überführen. Eine Ansehensverbesserung, ein Vertrauensgewinn, ein höherer Bekanntheitsgrad haben für ein Unternehmen Bestand und schlagen sich beispielsweise in Wettbewerbsvorteilen und einer günstigeren Marktpositionierung nieder. Sie erwerben damit kapitalähnliche Eigenschaften.

Ist die nach einer erfolgten Kommunikation durchgeführte Prozess- und Verfahrensbewertung mit einer Kosten-/Nutzen-Abwägung verbunden, und wird die Analyse ex post als Lernschritt im Unternehmen dokumentiert, so bezeichnen wird dies als 7. Wertschöpfungsfaktor.

Zusammengefasst: Um eine Kommunikation zum Erfolg zu führen, muss sie wahrgenommen werden. Dies geschieht nicht mal so eben. Mit Kommunikation will man ein Bild von sich im Bewusstsein des anderen etablieren. Das ist das eine. Daneben werden im Einzelfall konkrete Einstellungs- und Verhaltensänderungen angestrebt, oder es soll über etwas Bestimmtes informiert werden. Wirtschaftlich besteht die Schwierigkeit darin, Aufwand und Ertrag in ein richtiges Verhältnis zu bringen. Oft fehlen Maßstäbe. Doch wer nicht definiert, kann nicht messen. Der Wertschöpfungsbeitrag von Kommunikation wird in der Wirtschaft zunehmend anerkannt. Der monetäre Nachweis ist heute erst schwer zu erbringen. Es fehlen in betriebswirtschaftliche Kategorien einzuordnende Begrifflichkeiten und entsprechende Messkriterien. Unabhängig hiervon steigen die Kommunikationsausgaben ständig. Die Forderung nach einem Kommunikations-Controlling ist von daher berechtigt. Eine notwendige, aber nicht hinreichende Voraussetzung bildet eine Prozessbeschreibung von Kommunikation. In unserer Betrachtung haben wir ein sieben-stufiges Modell gewählt, welches den Anforderung der Praxis durchaus gerecht wird. Nicht alles, was darin genannt ist, ist relevant für jeden einzelnen Kommunikationsvorgang. Es soll jedoch den Blick öffnen für Bedingungen und Einflüsse, denen jede Kommunikation mehr oder weniger ständig unterliegt. Wichtig ist, dass man sich der Komplexität des Prozesses und der Wirkung der unterschiedlichen Einflussgrößen bewusst wird. Oft reicht ja auch die Zeit nicht für eine umfassende Analyse. Die Prozessbeschreibung ermöglicht zugleich „Eingriffe" in das Kommunikationsgeschehen. Ich kann in jeder Phase bestimmen, was ich tue oder was ich unterlasse, ob ich den Prozess beschleunigen, verlangsamen oder gar unterbrechen will. Damit gewinnt auch ein Controller Herrschaft über das Kommunikationsgeschehen, was nur logisch sein kann.

Literatur

ALLPORT, G. W. (1971): Die Natur des Vorurteils (= The Nature of Prejudice, 1954), Köln.

ARNAOUT, A. (2005): Controlling – auch für die Kommunikationspraxis. In diesem Band.

BERGLER, R. (1997): Sympathie und Kommunikation. In: Piwinger, M. (Hrsg.): Stimmungen, Skandale, Vorurteile. Formen symbolischer und emotionaler Kommunikation. Frankfurt a.M., S. 116–153.

BUSS, E./FINK-HEUBERGER, U. (2000): Image-Management. Frankfurt a.M.

EBERT, H. (2003): Höflichkeit und Respekt in der Unternehmenskommunikation. Wege zu einem professionellen Beziehungsmanagement. München.

FRANCK, G. (1998): Jenseits von Geld und Information. Zur Ökonomie der Aufmerksamkeit. In: gdi impulse, S. 16–26.

GIDDEN, A. (1995): Die Konstitution der Gesellschaft. Frankfurt a.M.

GIBSON, J. J. (1982; amerik. Org. 1979): Wahrnehmung und Umwelt. München.

GRICE, H. P. (1979): Logik und Konversation. In: Meggle, G. (Hrsg.): Handlung, Kommunikation, Bedeutung. Frankfurt a.M., S. 233–265.

KAPFERER, J. N. (1996): Gerüchte. Das älteste Massenmedium der Welt. Leipzig.

LERG, W. B. (1970): Das Gespräch. Theorie und Praxis der unvermittelten Kommunikation. Düsseldorf.

LEVINSON, S. (1990): Pragmatik. Tübingen.

MAUL, K.-H. (2005): Kommunikation und Information im Jahresabschluss. In diesem Band.

MERTEN, K. (1998): Kommunikationsanalyse als Korrektiv der Unternehmenskommunikation. In: Merten, K./Zimmermann, E. (Hrsg.): Das Handbuch der Unternehmenskommunikation. Neuwied/Kriftel, S. 307–317.

METZGER, W./ERKE, H. (Hrsg.) (1974, 2. Aufl.): Wahrnehmung und Bewusstsein. 2. Aufl., Göttingen.

MÜNCH, R. (1995): Dynamik der Kommunikationsgesellschaft. Frankfurt a.M.

PIWINGER, M./PORAK, V. (2005): Grundlagen und Voraussetzungen des Kommunikations-Controlling. In diesem Band.

PIWINGER, M./EBERT, H. (2002): Vorfeldkommunikation. Ein Plädoyer für einen Paradigmenwechsel. Teil 1: Modellskizze. In: Kommunikationsmanagement. Hg. v. Bentele/Piwinger/Schönborn (2001 ff.) Losebl. Art.–Nr. 1.14.

PIWINGER, M./EBERT, H. (2002): Vorfeldkommunikation. Ein Plädoyer für einen Paradigmenwechsel. Teil 2: Theorie-Bausteine und Anwendungen. In Kommunikationsmanagement. Hg. v. Bentele/Piwinger/Schönborn (2001 ff.) Losebl. Art.–Nr. 1.15.

PIWINGER, M./EBERT, H. (2001): Impression Management. Wie aus Niemand Jemand wird. In: Kommunikationsmanagement. Hg. v. Bentele/Piwinger/Schönborn (2001 ff.) Losebl. Art.-Nur 1.06

PORAK, V. (2005): Methoden und Instrumente des Kommunikations-Controlling. In diesem Band.

ROCK, I. (1985): Wahrnehmung. Vom visuellen Reiz zum Sehen und Erkennen. Heidelberg.

RUUD, T.F./PFISTER, J. (2005): Erfassung und Zuteilung der Informations- und Kommunikationskosten aus konzeptioneller Perspektive. In diesem Band.

SCHMITZ, H. W. (1994): Kommunikativer Ausdruck oder Eindruck? In: Der Deutschunterricht 4, S. 9–19.

TITSCHER, S./WODAK, R./MEYER, M./VETTER, E. (1998): Methoden der Textanalyse. Opladen.

VOLKART, R./COCCA, T./MOLL, G. (2005): Kommunikation und Unternehmenswert. In diesem Band.

WAHREN, H.-K. (1987): Zwischenmenschliche Kommunikation und Interaktion in Unternehmen. Berlin, New York.

ZIMBARDO, P. G. (1983): Psychologie. Berlin.

Karl-Heinz Maul
Kommunikation und Information im Jahresabschluss

1 Problemstellung

Unternehmen erbringen Aufwendungen für Kommunikation und Information, um zu existieren und ihren Wert zu erhöhen. Aktuelle und potentielle Kunden sollen zum Kauf ihrer Produkte angeregt werden, Eigenkapital- und Fremdkapitalgeber sollen finanzielle Mittel, Arbeitnehmer ihr Wissen und ihre Arbeitskraft zur Verfügung stellen. Ohne diese werbende Tätigkeit ist unternehmerisches Handeln, zumindest in einer Wettbewerbswirtschaft, nicht möglich. Unter der Voraussetzung, dass unternehmerisches Handeln zum Ziel hat, den aus der Tätigkeit erwarteten finanziellen Vorteilsstrom nach Breite, zeitlicher Struktur und Sicherheitsgrad zu optimieren, müssen die Aufwendungen für Kommunikation und Information effizient und effektiv eingesetzt werden. Da die Aufwendungen in Währungseinheiten (Euro) gemessen werden, kann die Wirtschaftlichkeit nur dann beurteilt werden, wenn der Erfolg in der gleichen Dimension gemessen wird. Maßstab könnte die (zurechenbare) Veränderung des Unternehmenswertes sein, aber auch die Veränderung des Wertes von Kommunikation und Information.

Unternehmenswertänderungen sind auf eine Vielzahl unternehmensinterner und unternehmensexterner Faktoren zurückzuführen. Ohne auf alle Einzelheiten einzugehen, braucht man nur an die Veränderung von Kapitalmarktzinsen, Währungskursen oder das politische Umfeld zu denken, wodurch der Unternehmenswert wesentlich beeinflusst werden kann, ohne dass sich der Wert von Kommunikation und Information geändert haben muss. Monokausale Zuordnungen der Wertänderungen sind so gut wie unmöglich. Es bleibt demnach der Weg über die Bewertung des immateriellen Vermögens Kommunikation und Information.

Die Betriebswirtschaftslehre hat sich lange Zeit nur peripher mit der Bewertung immaterieller Vermögenswerte befasst. Wichtiger Grund mag dafür das bislang (weltweit) restriktive Bilanzrecht gewesen sein, wonach selbst geschaffene immaterielle Vermögenswerte nicht bilanziert werden dürfen. Lediglich im Bereich des Marketing wurden Bewertungsverfahren entwickelt, die den Einfluss von Marketingmaßnahmen auf Umsatz, Kundenbeziehungen oder Bekanntheitsgrad von Produkten oder Marken bestimmten. Ziel war, die Produktions- und Vertriebspolitik bestmöglich zu gestalten. Veränderungen des Unternehmenswertes waren nachrangig. Kennzeichnend hierfür sind die auch heute noch benutzten Indikatormodelle zur Bewertung von Marken.

Bilanzierungsfragen für immaterielle Vermögenswerte sind in den letzten Jahren in den Blickpunkt des Interesses von Gesetzgebern, Börsenaufsichtsorganen, Gremien für die Herausgabe von Rechnungslegungsstandards und Wissenschaftlern geraten. Hauptgründe dafür sind der wachsende Anteil solcher Vermögenswerte am Wert der Unternehmen[1] und die Erkenntnis, dass Investitionen in solche Werte gleichermaßen wie Investitionen in materielle Vermögenswerte die Effizienzkriterien erfüllen müssen. Der größte externe Druck geht dabei vom Kapitalmarkt aus. Die gesetzliche Forderung, dass die Bilanz des Kaufmanns „einen das Verhältnis seines Vermögens und seiner Schulden darstellenden Abschluss" (§ 242 Abs. 1 Satz 1 HGB) wieder geben soll, kann nicht erfüllt werden, wenn der größte Teil des Vermögens[2] von der Bilanz ferngehalten wird. Auch ist offen, wann die Sanktionen der §§ 283 ff. StGB eintreten, wenn im Insolvenzfall aus den insoweit unvollständigen Bilanzen die Existenz und der Verbleib dieser Vermögenswerte nicht hervorgehen. Aufstieg und Fall von Unternehmen der New Economy haben gezeigt, wie der Kapitalmarkt durch unvollständige Information über den Wert immaterieller Vermögenswerte in die Irre geführt wurde.

Es verwundert deshalb nicht, dass Änderungen der traditionellen Rechnungslegungsregelungen gefordert, teilweise bereits umgesetzt und Vorschläge zu ergänzenden Darstellungen immaterieller Vermögenswerte gemacht werden. Dabei wird zwischen Einzel- und Konzernabschlüssen differenziert. Immaterielle Vermögenswerte gelten als „schwer schätzbar und daher unsichere Werte"[3], sodass sie im Interesse des Gläubigerschutzes nur dann im Einzelabschluss bilanziert werden dürfen, wenn sie eine Wertbestätigung durch den Markt, also bei einem entgeltlichen Erwerb, erhalten haben. Das erstmals im AktG 1965 enthaltene Verbot der Aktivierung nicht entgeltlich erworbener

---

[1] Der hohe Anteil des immateriellen Vermögens am Unternehmenswert zeigt sich beispielsweise darin, dass Börsenkapitalisierungen weit über dem bilanziellen Eigenkapital liegen. Nach einer Studie über Fusionen und Akquisitionen in den USA für die Jahre 1981 bis 1993 wurden die Unternehmen mit bis zum Neunfachen des bilanziellen Eigenkapitals bewertet. Vgl. Roger W. Mills, The Dynamics of Shareholder Value, Lechlage 1998, S. 185 f.; ferner J. Hope, T. Hope, Competing in the third Wave. The 10 key management issues of the information age. Boston 1998.

[2] In einer PwC-Studie zu Marken wurde festgestellt, dass im Durchschnitt aller befragten Unternehmen 56 Prozent des Unternehmenswertes auf den Wert der Marke entfiel; bei Markenartikelunternehmen kann der Anteil auf über 90 Prozent wachsen. Vgl. PricewaterhouseCoopers, Henrik Sattler, Praxis von Markenbewertung und Markenmanagement in deutschen Unternehmen, 2. Aufl., Frankfurt am Main 2001, S. 11 f.

[3] Begründung zu § 153 Abs. 3 AktG 1965, in: Bruno Kropff (Hrsg.) Aktiengesetz. Textausgabe des Aktiengesetzes vom 6.9.1965, Düsseldorf 1965, S. 244.

immaterieller Anlagen[4] wurde bei der Neufassung des HGB nach der 4. gesellschaftsrechtlichen EU-Richtlinie in § 248 Abs. 2 HGB übernommen und damit über Aktiengesellschaften hinaus auf alle Kaufleute ausgeweitet. Für den Konzernabschluss, der hauptsächlich Informationsfunktionen zu erfüllen hat, könnten dagegen andere Regelungen gelten. Vorschläge zu ergänzenden Rechnungslegungswerken, Intellectual Property Statements oder Wissensbilanzen[5], ergänzen die Palette der Berichtsformen. Im Zusammenhang mit der neuerlichen Diskussion zur Berichterstattung über immaterielle Vermögenswerte ist vorgeschlagen worden, diese Regelung ersatzlos zu streichen.[6]

2 Bilanzielle Rahmenbedingungen

Das Bilanzrecht ist national und international deutlich vom Gläubigerschutz geprägt. Bilanzierbares Vermögen muss zumindest identifizierbar und abgrenzbar sein sowie künftiges Erfolgspotential repräsentieren. Nach den handelsrechtlichen Regelungen und den Grundsätzen ordnungsmäßiger Buchführung muss Bilanzvermögen Schuldendeckungspotential, also einzelverkehrsfähig sein. Dies ist sowohl aus dem Begriff des Vermögensgegenstands als auch aus den Strafvorschriften bei Verletzung der Buchführungs- und Bilanzierungsvorschriften im Insolvenzfall abzuleiten. Diese Bilanzierungskriterien können von materiellem Vermögen relativ einfach erfüllt werden, auch wenn das Erfolgspotential nur noch in einem erwarteten Schrotterlös besteht.

Weitaus schwieriger ist es bei den immateriellen Vermögenswerten. So wird beispielsweise der Wert einer Marke u.a. von der Produktqualität bestimmt, die auf den (Wert des) qualifizierten Mitarbeiterstamm(s) zurückgeführt werden kann; er kann auf besondere Kundenbeziehungen oder das Image der Marke zurückzuführen sein, wofür der Grundstein durch zielgerichtete Kommunikation gelegt wurde; er kann aber auch (nur) aus der besonderen Funktionalität resultieren, die durch einfache Verbraucherinformation vermittelt wurde. Wie hoch der Beitrag der einzelnen Bestimmungsfaktoren ist, lässt sich (nach derzeitigem Wissensstand) schwerlich bestimmen.

---

4 Vgl. hierzu Karl-Heinz Maul, Immaterielle Anlagewerte im Jahresabschluss der Aktiengesellschaften – Ein Beitrag zur Interpretation des § 153 Abs. 3 AktG. In: ZfbF 1973, S. 16–28.
5 Vgl. Karl-Heinz Maul/Jutta Menninger, Das „Intellectual Property Statement" – eine notwendige Ergänzung des Jahresabschlusses? In: DB 2000, S. 529–533; Karl-Heinz Maul, Wissensbilanzen als Teil des handelsrechtlichen Jahresabschlusses. In: DStR 2000, S. 2009–2016.
6 Vgl. Arbeitskreis „Immaterielle Werte im Rechnungswesen" der Schmalenbach-Gesellschaft für Betriebswirtschaft e.V., Kategorisierung und bilanzielle Erfassung immaterieller Werte. In: DB 2001, S. 989–995. Vgl. ferner DRS 12 Immaterielle Vermögenswerte des Anlagevermögens, Appendix A.

In vielen Fällen lässt sich schon der Gesamtbetrag der zurechenbaren Erfolge nicht zuverlässig genug bestimmen. Dies zeigen die von Marktforschungsunternehmen und Beratungsunternehmen verwendeten Markenbewertungsverfahren, die durchweg begründbar sind, sehr deutlich. Je nach dem Bewertungsverfahren erhält man unterschiedliche Werte.[7] Anders als bei materiellem Vermögen lassen sich bei immateriellen Vermögenswerten in vielen Fällen weder Anschaffungskosten noch Herstellungskosten zuverlässig ermitteln. So ist es beispielsweise möglich, die Herstellungskosten einer bestimmten Software über die Kosten der an der Entwicklung beteiligten Mitarbeiter festzustellen, aber es ist so gut wie unmöglich, beim Unternehmenskauf den auf die Software entfallenden Teil des Gesamtkaufpreises zuverlässig zuzuordnen. Da die Software beim entwickelnden Unternehmen nicht bilanzierbar war, werden im Zweifel keine Aufzeichnungen über die Herstellungskosten vorhanden sein; für die Bewertung ist außerdem der erwartete finanzielle Nutzen daraus maßgebend.

Bei den meisten immateriellen Vermögenswerten kommt ein weiterer wichtiger Punkt hinzu. Ihre „Herstellung" ist, anders als bei materiellem Vermögen, kein zeitlich begrenzter Prozess. Der Aufbau einer Marke vollzieht sich über einen langen Zeitraum, ohne dass man dies im Voraus bestimmen kann. Markenaufbau und Markenpflege sind kostenseitig nicht zu trennen. Auch wenn man die gesamten markenspezifischen Aufwendungen erfassen könnte, wäre es nicht möglich, aus der Addition dieser Aufwendungen über mehrere Jahre (oder in allen Jahren?) auf den Wert der Marke zu schließen. Werte sind immer prognose-orientiert; die Anschaffungs- oder Herstellungskosten können dafür Hilfsgrößen sein, aber sie bestimmen nicht den Wert. Die Rechnungslegungsvorschriften enthalten deshalb durchweg Vorschriften darüber, wie für Bilanzierungszwecke zu bewerten ist, wenn der Wert der Vermögensgegenstände von den Anschaffungs- oder Herstellungskosten abweicht.

Kommunikation und Information sind keine Vermögenswerte, die einzelverkehrsfähig sind und Schuldendeckungspotential darstellen können, auch wenn sie den Wert einzelverkehrsfähiger Vermögenswerte, wie beispielsweise Marken, beeinflussen oder gar wesentlich bestimmen können. Es ist nach geltendem Bilanzrecht auch nicht möglich, den positiven Einfluss von guter Kommunikation und Information auf die Höhe der Kapitalkosten[8] zu quantifizieren, den Betrag zu aktivieren und ihn während der Laufzeit eines deshalb zinsgünstigen Darlehens abzuschreiben. Da gleichwohl Kommunikation und Information unternehmenswertbeeinflussende Faktoren sind und die Unternehmensberichterstattung grundsätzlich wertorientiert gestaltet werden muss, sind Wege zu

---

7 Vgl. PricewaterhouseCoopers/absatzwirtschaft (Hrsg.), Markenbewertung – Die Tank AG, Düsseldorf 2004.
8 Vgl. S. Mitchell Williams, Is intellectual capital performance and disclosure practices related? In: Journal of Intellectual Capital, Vol. 2 (2001), S. 192–203, hier S. 193 f.

finden, wie die Stakeholder über den Wert dieser Faktoren unterrichtet werden können. Dabei wird man zu differenzieren haben. Bewusste Kommunikation und Information gegenüber Kapitalmarktteilnehmern ist unmittelbar mit dem Unternehmen als Ganzes verbunden und kann deshalb nur mit dem Unternehmen übertragen werden. Kommunikation und Information über Produkte können ebenfalls mit dem Unternehmen als Ganzes verbunden sein (z.B. Aldi, Allianz), sich aber auch lediglich auf Produkte beschränken, ohne dass der Konsument überhaupt weiß, mit welchem Unternehmen ein Zusammenhang besteht. Wenn beispielsweise die Modehersteller Gucci und Escada durch aufwändige Marketingmaßnahmen (und akzeptierte Mode) bei den Konsumenten für unter diesen Marken veräußerte Produkte größere Kaufbereitschaft erreichen, können auch die Parfums derselben Marken erhöhten Absatz finden, obwohl sie gar nicht von Gucci und Escada hergestellt und vertrieben werden. Mit der (rechtlich zulässigen) Übertragung der Parfummarken auf ein anderes Unternehmen würden auch die Kundenbeziehungen übergehen, ohne dass die sonstigen Produkte des abgebenden Unternehmens davon berührt würden. Die gestiegene Reputation könnte den Übertragungspreis für die Marken erhöhen; sie ist aber nicht als einzelverkehrsfähiges Gut von der Marke zu trennen.

Im Folgenden werden zunächst die nationalen und internationalen Berichterstattungspflichten dargestellt, aus denen die Möglichkeiten und Grenzen der Darstellungsformen hervorgehen. Danach werden Vorschläge zur Erweiterung der Berichterstattung wiedergegeben, um die (durchweg sinnvollen) Jahresabschlussgrenzen in Richtung Wertorientierung zu ergänzen.

3 Nationale und internationale Berichterstattungspflichten

3.1 Die Regelung des HGB

Nach § 248 Abs. 2 HGB darf für immaterielle Vermögensgegenstände des Anlagevermögens nur dann ein Aktivposten angesetzt werden, wenn sie als solche entgeltlich erworben wurden. Die Vorschrift gilt sowohl für den Einzel- als auch für den Konzernabschluss. Die Beschränkung auf Vermögensgegenstände des Anlagevermögens bedeutet zunächst, dass für immaterielle Vermögensgegenstände des Umlaufvermögens die allgemeinen Bilanzierungspflichten gelten. Nicht abgerechnete Leistungen zur Entwicklung von Auftragssoftware oder von Technologien oder zur Entwicklung einer Marke sind danach im Rahmen der allgemeinen Bilanzierungsvorschriften anzusetzen. Darüber hinaus beschränkt das HGB die Bilanzierbarkeit auf Vermögensgegenstände, also auf einzelverkehrsfähige Sachen oder Rechte, an denen der Kaufmann das wirtschaftliche Verfügungsrecht über die Substanz für eigene Rechnung ausüben kann. Verfügungsrechte über die Funktion des Vermögensgegenstands (z.B. über Leasing) reichen dazu nicht aus.[9] Eigentumsrechte sind für die Bilanzierung nicht erforderlich. Eine besondere Definition der immateriellen Vermögensgegenstände kennt das Gesetz nicht. Kapitalgesellschaften haben neben Bilanz und Gewinn- und Verlustrechnung einen Anhang und einen Lagebericht zu erstellen. Der Anhang ist Bestandteil des Jahresabschlusses, der Lagebericht eine Ergänzung dazu. Für beide Informationswerke fordert das Gesetz über Bilanz und Gewinn- und Verlustrechnung hinausgehende Erläuterungen.

Einzelheiten zum Inhalt des Anhangs sind in den §§ 284 ff. HGB enthalten. In § 264 Abs. 2 Satz 2 HGB weist das Gesetz darauf hin, dass im Anhang zusätzliche Angaben zu machen seien, falls der Jahresabschluss unter Beachtung der Grundsätze ordnungsmäßiger Buchführung (GoB) kein den tatsächlichen Verhältnissen entsprechendes Bild der Vermögens-, Finanz- und Ertragslage wieder gibt. Zu den GoB gehört auch die Information über die wirtschaftliche Lage des Unternehmens, sodass man aus der Vorschrift die Pflicht zur Information über immaterielle Vermögenswerte ableiten kann, wenn diese einen bedeutenden Einfluss – ohne dies hier näher zu definieren – auf die wirtschaftliche Lage des Unternehmens haben.

Der notwendige Inhalt des Lageberichts wird in § 289 HGB bestimmt. Es heißt dort u.a., dass „die Lage der Kapitalgesellschaft so darzustellen (sei), dass ein den tatsächlichen Verhältnissen entsprechendes Bild vermittelt wird". Wenn man den GoB-Zusatz in § 264 Abs. 2 HGB als Einschränkung interpretiert, muss man beim Lagebericht die gewünschte Vollinformation annehmen, da dort der Zusatz fehlt.[10] Das heißt, dass auf jeden Fall über immaterielle Vermögenswerte zu berichten ist, wenn erst dadurch ein den tatsächlichen Verhältnissen entsprechendes Bild der Lage der Kapitalgesellschaft erreicht wird. Bei einem durchschnittlichen Anteil der immateriellen Vermögenswerte von über 50 Prozent des Unternehmenswertes kann kein Zweifel an der gesetzlichen Berichterstattungspflicht bestehen. Gleichwohl zeigen die Geschäftsberichte der Unternehmen ein völlig anderes Bild.

---

9 Vgl. Karl-Heinz Maul, Die §§ 283 ff. StGB als Grundlage für die Ableitung von Grundsätzen ordnungsmäßiger Buchführung. In: DB 1979, S. 1757–1762, hier S. 1760.

10 Vgl. Karl-Heinz Maul/Markus Greinert, Der Lagebericht im Entwurf des Rahmenkonzepts des DSR. In: DB, 55. Jg. (2002), S. 2605–2608.

Dies soll sich künftig ändern. Im Referentenentwurf des Bilanzrechtsreformgesetzes vom Dezember 2003[11] ist vorgesehen, dass große Kapitalgesellschaften im Lagebericht auch über „nicht finanzielle Leistungsindikatoren" zu berichten haben. Dazu rechnet die Begründung zu § 289 RefEBilReG u.a. „die Entwicklung des Kundenstammes, das Humankapital, den Bereich Forschung und Entwicklung, unter Umständen auch die – z.B. durch Sponsoring oder karitative Zuwendungen seitens des Unternehmens geförderte – gesellschaftliche Reputation der Kapitalgesellschaft".

3.2 Die Regelung nach den US-GAAP

Die amerikanischen Rechnungslegungsregeln weichen allein schon hinsichtlich der Gesetzessystematik von den deutschen ab. Es gibt nicht das Standardgesetz wie das HGB, sondern verschiedene Organisationen (der Accounting Principle Board – APB, der Financial Accounting Standards Board – FASB, das American Institute of Certified Public Accountants – AICPA) veröffentlichen Verlautbarungen, die teilweise generelle Regelungen enthalten, teilweise aber kasuistisch einzelne Bilanzierungsprobleme regeln.[12] Außerdem weicht der Begriff des „Asset" von dem des „Vermögensgegenstands" ab. Ein „Asset" liegt dann vor, wenn folgende Voraussetzungen erfüllt sind:[13]

1. „Es muss ein wahrscheinlicher künftiger Vorteil vorliegen, der in der Fähigkeit besteht, dass der Vermögensgegenstand allein oder zusammen mit anderen direkt oder indirekt zu künftigen Netto-Einzahlungsüberschüssen beiträgt."
2. „Der Vorteil steht dem betreffenden Unternehmen zu, oder dieses kann zumindest den Zugriff anderer darauf kontrollieren."
3. „Die Transaktion oder das Ereignis, welche(s) das Recht des Unternehmens auf den Vorteil begründet, ist bereits eingetreten."

Es wird nicht verlangt, dass die Vermögenswerte einzeln veräußerbar sind. Der erworbene Goodwill, nicht der selbst geschaffene, wird ausdrücklich als immaterieller Vermögenswert angesehen.[14] Er ergibt sich als Residualgröße nach Zuordnung des Kaufpreises auf die einzelnen identifizierbaren und abgrenzbaren Vermögenswerte. Sind

---
11 Vgl. Bundesministerium der Justiz, Referentenentwurf, Gesetz zur Einführung internationaler Rechnungslegungsstandards und zur Sicherung der Qualität der Abschlussprüfung (Bilanzrechtsreformgesetz – BilReG), Stand Dezember 2003, Zitat S. 27 der Begründung.
12 Vgl. Karl-Heinz Maul/Jutta Menninger, Immaterielle Vermögensgegenstände. In: Handwörterbuch der Rechnungslegung und Prüfung, hrsg. v. Wolfgang Ballwieser u.a., 3. Aufl., Stuttgart 2002, Sp. 1135–1149.
13 Thomas Schildbach, Ansatz und Bewertung immaterieller Anlagewerte. In: Wolfgang Ballwieser (Hrsg.), US-amerikanische Rechnungslegung. 4. Aufl., Stuttgart 2000, S. 99–113, hier S. 101.
14 Vgl. Financial Accounting Series, Statement of Financial Accounting Standards No. 142, Goodwill and Other Intangible Assets, hrsg. v. Financial Accounting Standards Board, Juni 2001, S. 12, im Folgenden zitiert mit SFAS 142.

Wertbestandteile wie die hervorragende Organisation, das gute Management, der Ruf des Unternehmens nicht separierbar und lassen sich diesen Faktoren keine Erfolge direkt zuordnen, sind sie Bestandteil des Goodwill.

Die wichtigsten Regelungen zur Bilanzierung der immateriellen Vermögenswerte sind in den 2001 herausgegebenen Statements of Financial Accounting Standards (SFAS) 141[15] und 142 des FASB über Business Combinations und Goodwill and Other Intangible Assets enthalten. SFAS 142 ersetzt die APB Opinion No. 17 über Intangible Assets und regelt generell die bilanzielle Behandlung von immateriellen Vermögenswerten, SFAS 141 ersetzt die APB Opinion No. 16 über Business Combinations sowie FASB Statement No. 38 über „Accounting for Preacquisition Contingencies of Purchased Enterprises" und bestimmt die bilanzielle Behandlung solcher Vermögenswerte im Konzernabschluss. Aus Opinion 17 wird die Behandlung selbst geschaffener immaterieller Vermögenswerte und aus FASB Statement No. 2 (Accounting for Research and Development Costs) sowie aus FASB Interpretation No. 4 (Applicability of FASB Statement No. 2 to Business Combinations Accounted for by the Purchase Method) die Behandlung von Kosten für den Erwerb von Forschungs- und Entwicklungsleistungen übernommen.

Wichtige Änderungen in SFAS 142 gegenüber der früheren Regelung der APB Opinion 17 ergeben sich daraus, dass der Goodwill und bestimmte immaterielle Vermögenswerte künftig nicht mehr planmäßig abgeschrieben werden dürfen, sondern nur noch einer jährlichen Werthaltigkeitsprüfung (Impairment test) unterliegen und dann ggf. außerplanmäßig abzuschreiben sind.

Der Goodwill gilt als „Asset" und ist auch innerhalb eines Unternehmens dem Geschäftsbereich (einer „reporting unit") zuzuordnen, durch dessen Erwerb er entstanden ist oder zu dem er sachlich gehört; nach deutschem Bilanzrecht ist es kein einzelverkehrsfähiger Vermögensgegenstand, sondern wird als eine Bilanzierungshilfe angesehen und ist planmäßig abzuschreiben (§ 255 Abs. 4 HGB).

SFAS 142 differenziert die bilanzielle Behandlung der immateriellen Vermögenswerte einerseits nach intern entwickelten und von Dritten erworbenen und andererseits von solchen mit bestimmter und mit unbestimmbarer Nutzungsdauer. Sind intern entwickelte immaterielle Vermögenswerte nicht eindeutig identifizierbar, haben sie eine unbestimmbare Nutzungsdauer, oder sind sie Bestandteil des werbenden Unternehmens, sind die dafür entstandenen Aufwendungen sofort ergebnismindernd zu buchen. Von

---

[15] Vgl. Financial Accounting Series, Statement of Financial Accounting Standards No. 141, Business Combinations, hrsg. v. Financial Accounting Standards Board, Juni 2001, im Folgenden zitiert mit SFAS 141.

Dritten erworbene immaterielle Vermögenswerte sind mit ihrem „Fair Value"[16] zu bewerten.

Immaterielle Vermögenswerte mit einer begrenzten Nutzungsdauer sind auf diese Zeit bis auf ihren voraussichtlichen Residualwert planmäßig abzuschreiben. Der jeweilige Buchwert ist außerplanmäßig abzuschreiben, wenn er über dem Fair Value liegt. Kann die voraussichtliche Nutzungsdauer nicht präzise bestimmt werden, ist sie zu schätzen. Ist die Nutzungsdauer unbestimmbar, was nicht bedeutet, dass eine unbegrenzte Nutzungsdauer vorliegen muss, darf der Vermögenswert nicht planmäßig abgeschrieben werden, sondern unterliegt wie der Goodwill dem jährlichen Werthaltigkeitstest.

Nach SFAS 141 werden alle Unternehmenszusammenschlüsse als Kauf von Unternehmen durch ein anderes angesehen. Die Bilanzierung nach der Methode der Interessenzusammenführung (Pooling of Interest Method) ist – anders als nach deutschem Bilanzrecht (§ 302 HGB) – nicht mehr zulässig. Entsprechend sind dann alle immateriellen Vermögenswerte beim erwerbenden Unternehmen als solche entgeltlich erworben worden und bilanzpflichtig, und zwar unabhängig davon, ob sie beim erworbenen Unternehmen bilanziert waren. Voraussetzung ist lediglich, dass sie entweder das Vertrags- oder Gesetzeskriterium („contractual-legal criterion") oder das Separierbarkeitskriterium („separability criterion") erfüllen. Die Kriterien umfassen nicht gleichzeitig die Einzelveräußerbarkeit. Anhang A zu SFAS 141 zählt beispielhaft Gruppen solcher immaterieller Vermögenswerte auf:

(a) Marktbezogene immaterielle Vermögenswerte
Hierzu gehören u.a. Produktmarken, Dienstleistungsmarken, Zeitungstitel, Internetdomains, Wettbewerbsverbote.
(b) Kundenbezogene immaterielle Vermögenswerte
Hierzu gehören u.a. Kundenlisten, Auftragsbestand, Kundenbeziehungen.
(c) Künstlerische immaterielle Vermögenswerte
Hierzu gehören u.a. Theaterstücke, Opern, Buchrechte, Musikkompositionen, Video- und audiovisuelles Material, Filme und Fernsehprogramme.
(d) Vertragsbasierte immaterielle Vermögenswerte
Hierzu gehören u.a. Lizenzen, Stillhalteabkommen, Mietverträge, Franchiseverträge, Baurechte, Ausbeutungsrechte, Anstellungsverträge.
(e) Technologiebasierte immaterielle Vermögenswerte
Hierzu gehören u.a. Patente, Computersoftware, unpatentierte Technologien, Geheimverfahren.

---

16 Der Fair Value wird im Anhang F zu SFAS 142 (wie auch im Anhang F zu SFAS 141) wie folgt definiert: „The amount at which an asset (or liability) could be bought (or incurred) or sold (or settled) in a current transaction between willing parties, that is, other than in a forced or liquidation sale."

Die Gliederung des Bestands an immateriellen Vermögenswerten ist sehr tief, beschränkt sich jedoch auf im Einzelnen abgrenzbare Einheiten. Wird beim Unternehmenserwerb nur ein Gesamtkaufpreis – bar oder in Unternehmensanteilen – gezahlt, muss der Kaufpreis auf die einzelnen Vermögenswerte aufgeteilt werden („Purchase Price Allocation"). Jeder einzelne Vermögenswert, also auch jeder einzelne immaterielle Vermögenswert, muss mit dem Fair Value angesetzt werden.

Die vorstehende beispielhafte Aufzählung der immateriellen Vermögenswerte zeigt deutlich, von welchem Detaillierungsgrad SFAS 141 ausgeht. Die bisher übliche Zusammenfassung mehrerer separierbarer immaterieller Vermögenswerte im Goodwill ist nicht mehr möglich.

Die Offenlegungspflichten gehen sehr weit. Alle immateriellen Vermögenswerte müssen in einem separaten Posten in der Bilanz zusammengefasst werden. Planmäßige und außerplanmäßige Abschreibungen sind separat in der Gewinn- und Verlustrechnung als Aufwendungen des laufenden Geschäfts anzugeben. Im Anhang zu Bilanz und Gewinn- und Verlustrechnung (in den „notes") sind beim Zugang der immateriellen Vermögenswerte Angaben zu ihrem Wert, zur Höhe wichtiger Residualwerte und zur gewichteten durchschnittlichen Abschreibungsdauer anzugeben – alle diese Angaben jeweils für sämtliche immateriellen Vermögenswerte insgesamt und für jede wichtige Gruppe. Die gleichen Angaben sind bei Unternehmenszusammenschlüssen zu machen. In jedem Folgejahr sind ebenfalls insgesamt und für jede wichtige Gruppe die Buchwerte, die kumulierten Abschreibungsbeträge, die voraussichtlichen Abschreibungsbeträge für die nächsten fünf Jahre und die außerplanmäßigen Abschreibungen darzustellen. Dabei ist nach immateriellen Vermögenswerten, die der planmäßigen Abschreibung unterliegen, und nach solchen, die lediglich einem Werthaltigkeitstest unterliegen, zu differenzieren. Wertabschläge sind ausführlich zu begründen und zu erklären. Dazu sind der immaterielle Vermögenswert, die Höhe des Wertabschlags mit Angabe der Umstände, die dazu geführt haben, die Methode zur Bestimmung des Fair Value und der Posten der Gewinn- und Verlustrechnung, der den Wertabschlag enthält, anzugeben.

3.3 Die Regelung nach den International Accounting Standards (IAS)[17]

Die Bilanzierung immaterieller Vermögenswerte nach den International Accounting Standards (IAS) ist in IAS 38 Intangible Assets geregelt. Er findet für die Behandlung

---

[17] Die bisherigen International Accounting Standards (IAS) werden künftig durch die ebenfalls vom International Accounting Standards Board herausgegebenen International Financial Reporting Standards (IFRS) ersetzt.

von immateriellen Vermögenswerten bei Unternehmenszusammenschlüssen seine Ergänzung im International Financial Reporting Standard IFRS 3 über Business Combinations. Beide Standards wurden (überarbeitet oder neugefasst) im März 2004 veröffentlicht und sind ab 2005 in der EU von allen Unternehmen, die den Kapitalmarkt in Anspruch nehmen, anzuwenden. Die Regelungen sind weitgehend an die US-amerikanischen Standards SFAS 141 und 142 angelehnt.

Wichtige Unterschiede zur HGB-Regelung bestehen in der Definition der immateriellen Vermögensgegenstände und im Bilanzierungsumfang. Danach ist ein immaterieller Vermögenswert ein identifizierbarer, nicht monetärer Vermögenswert ohne physische Substanz. Die Identifizierbarkeit wird im Wesentlichen danach beurteilt, ob er klar vom Goodwill abgegrenzt und verkauft, übertragen, lizenziert oder vermietet werden kann, oder aus vertraglichen oder gesetzlichen Rechten abgeleitet wird, unabhängig davon, ob diese Rechte übertragbar oder von anderen Rechten oder Verpflichtungen separierbar sind (IAS 38 Abs. 12).

Die Definition ähnelt der „Asset"-Definition der US-GAAP. Für die Anerkennung als Vermögenswert ist damit nicht erforderlich, dass das immaterielle Gut Einzelverkehrsfähigkeit besitzt. Der Begriff des Vermögenswertes nach IAS 38 geht über den des Vermögensgegenstands nach dem HGB hinaus.[18]

Die Bilanzierung ist nicht auf (als solche) entgeltlich erworbene Vermögenswerte beschränkt, sondern schließt auch selbst-erstellte immaterielle Vermögenswerte ein. Voraussetzung ist jedoch, dass

(a) ein Vermögensgegenstand identifizierbar ist, ob und wann dieser Vermögensgegenstand erwarteten künftigen wirtschaftlichen Nutzen stiften wird,

(b) das Unternehmen die Macht hat, den erwarteten finanziellen Nutzen für sich zu realisieren und Dritte davon abzuhalten (Control-Bedingung), ferner

(c) die Anschaffungs- oder Herstellungskosten des Vermögenswertes zuverlässig bestimmt werden können.

Aufgrund der unzureichenden Control-Möglichkeiten lehnt IAS 38 die Bilanzierung des Werts von Fachpersonal ab. Ebenso als nicht bilanzierbar werden Kundenbezie-

---

[18] Auch der Goodwill wird als Vermögenswert angesehen. Er kann mindestens eine seiner vier Kriterien erfüllen. Danach kann der Goodwill folgende Werteelemente umfassen: (1) „the fair value of the ‚going concern' element of the acquiree", (2) „the fair value of the expected synergies and other benefits from combining the acquiree's net asssets with those of the acquirer", (3) „overpayments by the acquirer", (4) measurement errors". IASB Update – Board Decisions on International Financial Reporting Standards – July 2003. Die ersten beiden Kriterien erfüllen die Voraussetzungen für einen „Asset".

hungen angesehen, da „das Unternehmen für gewöhnlich einen unzureichenden Einfluss auf den wirtschaftlichen Nutzen" daraus habe (IAS 38 Abs. 16). Die Regelung ist für bestimmte Fälle nicht sinnvoll. So ist es beispielsweise bei leitungsgebundener Energie, bei Kreditinstituten oder bei der Telekommunikation jedem Kunden möglich, kurzfristig das Vertragsverhältnis mit dem Unternehmen zu beenden. Die Praxis zeigt jedoch, dass das Beharrungsvermögen der Verbraucher relativ groß ist. Abschmelz- oder Wechselverluste treten (inzwischen) nicht in nennenswertem Umfang auf, solange etwaige Wettbewerbsnachteile geringfügig sind. Diese gestaltet das Unternehmen weitgehend selbst, sodass der Einfluss auf den wirtschaftlichen Nutzen sehr wohl vorhanden ist.

Die Bewertung des immateriellen Vermögenswertes ist in Abhängigkeit von der Zugangsart zu differenzieren. Wird er einzeln von Dritten erworben, ist er im Zugangszeitpunkt zu den Anschaffungs- oder Herstellungskosten zu bewerten. Die Anschaffungskosten spiegeln (zumindest) die Erwartungen über die künftigen finanziellen Vorteile wider. Wird der Vermögenswert im Rahmen eines Unternehmenszusammenschlusses erworben, ist er in Übereinstimmung mit IFRS 3 (Business Combinations) zum Fair Value anzusetzen. Bei selbstgeschaffenen immateriellen Vermögenswerten ist der Erstellungsprozess in eine Forschungs- und eine Entwicklungsphase aufzuteilen. Können diese beiden Phasen nicht deutlich voneinander unterschieden werden, ist eine einheitliche Forschungsphase anzunehmen. In der Forschungsphase eingesetzte finanzielle Mittel führen nicht zu einem bilanzierbaren Vermögensgegenstand, sondern sind Periodenaufwand. Die Bilanzierung von Entwicklungskosten setzt u.a. voraus, dass künftige finanzielle Erfolge durch Verkauf oder Eigennutzung und in welcher Art belegbar sind (IAS 38 Abs. 57). Selbstgeschaffene Marken, Drucktitel, Verlagsrechte, Kundenlisten und damit vergleichbare Werte sind nicht bilanzierbar (IAS 38 Abs. 63).

Die Einschränkungen führen im Ergebnis dazu, dass die Möglichkeit, selbstgeschaffene immaterielle Vermögenswerte grundsätzlich aktivieren zu dürfen, ins Leere geht; sie kommen einem Aktivierungsverbot gleich.

Diese Voraussetzungen müssen auch für Aufwendungen vorliegen, die bei einem bereits aktivierten immateriellen Vermögenswert für dessen Verbesserung oder Erweiterung anfallen. Sind diese Bedingungen im konkreten Fall nicht erfüllt, sind die Aufwendungen sofort ergebniswirksam zu buchen. Dies gilt jedoch nicht, wenn solche „Vermögenswerte" im Rahmen eines Unternehmenserwerbs zugehen. In solchen Fällen sind diese Vermögenswerte Bestandteil des zu bilanzierenden Goodwills.

Nach dem erstmaligen Erwerb sind die immateriellen Vermögenswerte mit ihren durch planmäßige oder außerplanmäßige Abschreibungen fortgeführten Anschaffungskosten zu bewerten. Alternativ dazu kann auch eine Neubewertung des Vermögenswertes vorgenommen werden, womit die Basis zur Berechnung der zu berücksichtigenden Abschreibungen neu festgesetzt wird. Soweit dadurch Buchwerterhöhungen notwendig sind, müssen sie einer Neubewertungsrücklage zugeführt werden, es sei denn, sie gleichen einen früheren Neubewertungsverlust aus. Die Dauer der planmäßigen Abschreibungen ist bestmöglich zu schätzen.

Für die Bemessung der planmäßigen Abschreibungen ist die voraussichtliche Nutzungsdauer zu schätzen. IAS 38 unterscheidet dabei Vermögenswerte mit einer bestimmten und einer unbestimmbaren Nutzungsdauer. Nur Vermögenswerte mit einer bestimmten, begrenzten Nutzungsdauer sind während dieser Zeit planmäßig abzuschreiben. Der planmäßig fortgeführte Wert und der Wert der Vermögenswerte mit unbestimmbarer Nutzungsdauer sind jährlich einer Werthaltigkeitsprüfung nach IAS 36 Impairment of Assets zu unterziehen.

Die Berichterstattung über immaterielle Vermögenswerte umfasst die separate Angabe von Dritten erworbener und selbstgeschaffener immaterieller Vermögenswerte mit der Differenzierung nach begrenzter und unbestimmbarer Nutzungsdauer, die Angabe der jeweiligen Nutzungsdauern, der Abschreibungsmethoden, der ursprünglichen Anschaffungs- oder Herstellungskosten, die Buchwertentwicklung im laufenden Geschäftsjahr einschließlich der kumulierten Abschreibungen sowie der außerplanmäßigen Abschreibungen der Berichtsperiode. Neubewertungen sind ausführlich darzustellen, u.a. auch die Methoden und die wesentlichen Annahmen zur Ermittlung des Fair Value. Immaterielle Vermögenswerte, die im Rahmen der Bilanzierung wesentlich sind, müssen ausführlich erläutert werden. Der Aufwand für Forschung und Entwicklung, der im jeweiligen Berichtsjahr ergebnismindernd gebucht wurde, ist darzustellen.

4 Tendenzen freiwilliger Berichterstattung

Die Änderungen der internationalen Rechnungslegungsregeln sind (vor allem) Ausfluss wachsender Informationsbedürfnisse des Kapitalmarktes aufgrund der geänderten Vermögensstruktur der Unternehmen. Die „Entdeckung" der immateriellen Vermögenswerte als die wichtigsten Wertbestandteile und Werttreiber der Unternehmen hat deshalb schon lange vor gesetzlichen Anpassungsbestrebungen dazu geführt, dass besonders skandinavische Unternehmen neue Formen der Berichterstattung darüber entwickelt haben. Unternehmen wie die schwedische Versicherungsgesellschaft Skandia[19] oder die ebenfalls schwedische Beratungsgesellschaft Celemi[20] mit ihren Protagonisten *Edvinsson*[21] und *Sveiby*[22] gelten als die Vorreiter für die Gestaltung von Intellectual Property Statements[23], wofür in der deutschen Übersetzung des grundlegenden Werks von *Edvinsson* der Begriff der „Wissensbilanz" eingeführt wurde[24].

Inzwischen hat eine Vielzahl von Unternehmen diese Ideen übernommen und fortentwickelt. Die dänische Regierung hat mit der Universität Kopenhagen und 17 Unternehmen ein Programm zur Entwicklung von Standards der Berichterstattung für immaterielle Vermögenswerte ins Leben gerufen.[25] Nach dem österreichischen Universitätsgesetz 2002 werden die Universitäten verpflichtet, jährlich Wissensbilanzen zu veröffentlichen.[26] In Deutschland hat das Bundesministerium für Wirtschaft und Arbeit einen (kurzen) Leitfaden zur Erstellung von Wissensbilanzen für den Mittelstand herausgegeben.[27]

Die bisher veröffentlichten Wissensbilanzen sind im Wesentlichen Indikatorenmodelle, die auf dem Prinzip der Balanced Scorecard aufbauen.[28] Die immateriellen Vermögenswerte werden wie folgt gegliedert:[29]

(1) Kundenbeziehungen
    z.B. Vertriebsstrukturen, Lizenzverträge, Franchiseverträge
(2) Humankapital
    z.B. technisches Wissen, Ausbildung, innovatives Verhalten

---

19 Vgl. beispielhaft den Skandia Navigator in Skandia, Intellectual Capital Report, ab 1997.
20 Vgl. Margareta Barchan, How Celemi ensures strategic gains by measuring intangible assets, Celemi International AB, Malmö 1998.
21 Vgl. Edvinsson/Malone, Intellectual Capital, New York 1997.
22 Vgl. Sveiby, The Knowledge Organization, Malmö 1996.
23 Die Bezeichnungen variieren zur Zeit noch, teilweise weichen auch die Inhalte geringfügig voneinander ab. Man findet alternativ zu Intellectual Property auch die Bezeichnungen Intellectual Capital, Intellectual Assets und Knowledge Assets. Da es um die Bewertung von Vermögen geht, bevorzuge ich die Bezeichnung Intellectual Property.
24 Vgl. Edvinsson/Brüning, Aktivposten Wissenskapital, Wiesbaden 2000.
25 Vgl. Danish Agency for Trade and Industry – Ministry of Trade and Industry, A Guideline for Intellectual Capital Statements, Kopenhagen November 2000.
26 Vgl. Österreichische Rektorenkonferenz (Hrsg.), Wissensbilanz: Bilanz des Wissens? – Die Wissensbilanz für Universitäten im UG 2002, Wien 2003.
27 Vgl. Wissensbilanz – Made in Germany. Leitfaden, hrsg. vom Bundesministerium für Wirtschaft und Arbeit, Berlin August 2004, abrufbar unter http://www.bmwa.bund.de/Redaktion/Inhalte/Downloads/wissensbilanz-made-in-germany-leitfaden,property=pdf.pdf.
28 Vgl. Robert S. Kaplan, David P. Norton, Balanced Scorecard, Deutsche Übersetzung, Stuttgart 1997.
29 Vgl. Karl-Heinz Maul/Jutta Menninger, Das „Intellectual Property Statement" – eine notwendige Ergänzung des Jahresabschlusses? In: Der Betrieb, 53. Jg. (2000), S. 529–533.

(3) Innovationskapital
   z.B. Patente, Marken, Copyrights, Warenzeichen
(4) Infra- oder Prozess-Struktur
   z.B. Informationssystem, Unternehmenskultur, Netzwerke, Kapitalausstattung

Für die meisten der genannten Vermögenswerte sind zur Zeit keine monetären Bewertungsverfahren verfügbar. Statt beispielsweise den Wert von Kundenbeziehungen darzustellen, werden der Umsatz mit Dauerkunden, die Wiederbestellhäufigkeit und Befragungsergebnisse über die Kundenzufriedenheit dargestellt. Die Innovationskraft wird über die Umsatzrelation zwischen alten und neuen Produkten, die Zahl der Patentanmeldungen und die Aufwendungen für Forschung und Entwicklung dargestellt.

Durch solche Indikatoren ist es zwar nicht möglich, die Wertlücke zwischen bilanziellem Eigenkapital und Marktkapitalisierung der Unternehmen zu füllen, aber man kann aus Zeitvergleichen ableiten, ob als Aufwand verrechnete Investitionen in immaterielle Vermögenswerte eher zur Wertsteigerungen als zu Wertvernichtungen geführt haben. Aufgrund der intensiven wissenschaftlichen Beschäftigung mit Bewertungsfragen ist davon auszugehen, dass Verfahren zur ausreichend zuverlässigen monetären Quantifizierung der immateriellen Vermögensgegenstände entwickelt werden.

5 Folgerungen für die Berichterstattung über den Wert von Kommunikation und Information

Unternehmen informieren ihre Stakeholder und kommunizieren mit ihnen, um einen möglichst großen wirtschaftlichen Erfolg zu erzielen. Kommunikation und Information beeinflussen insoweit den Wert des Unternehmens; sie verursachen jedoch auch Kosten. Diese sind nur dann zielgerichtet angelegt, wenn ihnen eine höhere Wertsteigerung gegenübersteht. Ökonomisches kontrolliertes Handeln der Unternehmensleitung ist dann nur möglich, wenn Kosten und Wertveränderung monetär identifizierbar, erfassbar und zuordenbar sind. Liegt bei Unternehmen Fremdorganschaft vor, wie dies bei Aktiengesellschaften regelmäßig der Fall ist, muss die wertorientierte Berichterstattung zumindest gegenüber den Kapitalgebern die Bestimmungsfaktoren der Wertänderung umfassen.

Wertänderungen zu messen setzt das Vorhandensein der Werte voraus. Der Wert von Kommunikation und Information kann sich in der Veränderung zahlreicher Faktoren niederschlagen: beispielsweise in günstigeren Kapitalkosten, höheren Produktumsätzen, günstigen Beschaffungsmöglichkeiten, als employer of choice für Hochschulabsolventen, in Veränderungen von Markenwerten, Kundenbeziehungen, gesellschaftlichem Ansehen. Die Veränderung dieser Faktoren kann aber auch auf andere Einflussfaktoren zurückzuführen sein: günstige Kapitalkosten durch öffentliche Subventionierung, höhere Umsätze aufgrund der Marktposition oder höherer Preise der Wettbewerber, günstige Beschaffung aufgrund einer monopolähnlichen Marktstellung, standortbedingte Personalbeschaffungsmöglichkeiten, Spenden an Museen, Musik- oder Sportvereine. Dies kann die Zuordnung von Wertveränderungen zu Kommunikation und Information erschweren oder gar unmöglich machen, sodass allein schon die Bestimmung des Wertes von Kommunikation und Information schwierig ist, vielleicht sogar scheitern kann. Gelingt es gleichwohl, ist zu fragen, an welcher Stelle der Wert im Jahresabschluss darzustellen wäre.

Bei Kommunikation und Information handelt es sich um immaterielles Vermögen. In so gut wie allen Industrieländern wird solches Vermögen nur dann bilanziert, wenn es als solches von Dritten entgeltlich erworben wurde. Weitere Bilanzierungskriterien sind die genaue Identifizierung und Abgrenzung von anderen Vermögenswerten sowie die Separierbarkeit vom Goodwill. Nach dem HGB ist zusätzlich die Einzelverkehrsfähigkeit erforderlich. Diese Bedingungen sind so gut wie nicht erfüllbar. Das bedeutet, dass aus dem Verbot der Aktivierung selbstgeschaffener immaterieller Vermögenswerte und der (allgemeinen) Probleme der Wertermittlung das Verbot der Bilanzierung des Werts von Kommunikation und Information als separater Bilanzwert folgt.

Die Bilanz ist jedoch nicht das einzige Berichterstattungsmedium. Sie wird gesetzlich ergänzt durch Anhang und Lagebericht, die beide keine Bedeutung als Besteuerungs- und Ausschüttungsgrundlage haben. Sie bieten die Möglichkeit, Bilanz und Gewinn- und Verlustrechnung mit dem Ziel wertorientierter Berichterstattung zu ergänzen. Formen solcher Berichterstattung sind die oben erläuterten Intellectual Property Statements oder Intellectual Capital Statements, die aber auch nur dann als Publizitätsinstrument geeignet sind, wenn ihr Inhalt einer unabhängigen Prüfung unterliegt. Es erscheint mir fraglich, ob wir zur Zeit über ausreichendes Wissen verfügen, um Werte für Kommunikation und Information – zusammengefasst oder jeweils getrennt – mit vertretbarer Zuverlässigkeit bestimmen und prüfen können. Als Ausweg aus dieser Situation bietet es sich an, Indikatoren des Werts heranzuziehen. Dabei wären zumindest die Aufwendungen für Kommunikation und Information darzustellen und sie als Ergänzung zur Erläuterung der Jahresabschlussposten zu präsentieren. Da sie in unterschiedlicher Höhe in mehreren Posten der Gewinn- und Verlustrechnung enthalten sind (z.B. in Personalkosten, in Marketingaufwendungen, in F+E-Aufwendungen), wäre die Zusammensetzung zu erläutern. Umfrageergebnisse zum Bekanntheitsgrad, zur Wiederkaufrate, zur Beliebtheit als Arbeitgeber, das Ranking bei der Bewertung der Jahresberichterstattung könnten neben den Zahlen von Bilanz und Erfolgsrechnung Anhaltspunkte dafür geben, ob die Aufwendungen wertsteigernd eingesetzt wurden.

6 Zusammenfassung

(1) Kommunikation und Information sind Mittel zur Steigerung des Unternehmenswertes. Ihr Einsatz schafft immaterielles Vermögen, das sich in günstigeren Beschaffungskosten für alle Produktionsfaktoren und günstigeren Absatzmöglichkeiten niederschlägt. Wenn ein Unternehmen seine Stakeholder über seine Tätigkeit wertorientiert unterrichten will, gehört die Berichterstattung über den Wert und die Veränderung von Kommunikation und Information dazu.

(2) Die unternehmerische Berichterstattung über immaterielles Vermögen war in der Vergangenheit von restriktiven Bilanzierungsbestimmungen geprägt. Darüber hinausgehende freiwillige Berichterstattung hat immer noch Seltenheitswert, ist aber vermehrt feststellbar.

(3) Den ersten Schritt zu einer verbesserten Berichterstattung hat der US-amerikanische Financial Accounting Standards Board mit der Veröffentlichung neuer Bilanzierungs- und Berichterstattungspflichten für immaterielle Vermögenswerte beim Einzelerwerb und bei Unternehmenszusammenschlüssen mit den SFAS 141 und 142 getan. Der International Accounting Standards Board hat sich dieser Entwicklung mit der Neufassung von IAS 22 (als IFRS 3 veröffentlicht), IAS 36 und IAS 38 angeschlossen. Diese Regelungen werden ab 2005 auch für Deutschland gelten.

(4) Wichtige Änderungen betreffen die Differenzierung von immateriellen Vermögenswerten mit begrenzter und mit unbestimmbarer Nutzungsdauer. Vermögenswerte mit begrenzter Nutzungsdauer sind wie bisher planmäßig während der Nutzungszeit abzuschreiben. Solche mit unbestimmbarer Nutzungsdauer dürfen nicht planmäßig abgeschrieben werden, sondern unterliegen einer jährlichen Werthaltigkeitsprüfung. Ergibt sich dabei ein Wert unter dem Buchwert, muss der Wert außerplanmäßig abgeschrieben werden.

(5) Die Berichterstattungspflichten über immaterielle Vermögenswerte sind wesentlich erweitert worden. Im Anhang müssen einzelne Gruppen von immateriellen Vermögenswerten mit ihren Anschaffungskosten, ihren planmäßigen und außerplanmäßi-

gen Abschreibungen und den jährlichen Aufwendungen dargestellt werden. Immaterielle Vermögenswerte mit unbestimmbarer Nutzungsdauer sind zu erläutern.

(6) Die nationalen und die internationalen Rechnungslegungsvorschriften bieten zur Zeit keine Möglichkeit, den Wert von Kommunikation und Information als selbständigen Bilanzwert darzustellen. Als selbstgeschaffener Vermögenswert unterliegt er dem allgemeinen Aktivierungsverbot. Als abgeleiteter Vermögenswert scheitert er in den meisten Fällen an der Separierbarkeit von anderen bilanzpflichtigen Vermögenswerten und dem Goodwill.

(7) Unabhängig von den gesetzlich vorgeschriebenen Bestimmungen hat sich in der Praxis eine freiwillige Berichterstattung über immaterielle Vermögenswerte herausgebildet, die in Deutschland zwar noch in den Anfängen steckt, aber international unter der Bezeichnung „Intellectual Property Statement" oder „Intellectual Capital Statement" veröffentlicht wird. Eine solche Aufstellung enthält auf der Basis der Balanced Scorecard Indikatoren zur Bewertung des Bestands und der Investitionen in immaterielle Vermögenswerte. Ansätze zur gesetzlichen Verpflichtung solcher Informationen über die Darstellung im Lagebericht sind im Referentenentwurf zum Bilanzrechtsreformgesetz enthalten.

(8) Mit der Veröffentlichung eines Leitfadens zu Wissensbilanzen hat das Bundesministerium für Wirtschaft und Arbeit einen weiteren Schritt getan, die Berichterstattung über immaterielles Vermögen anzuregen. Intellectual Property Statements bieten die Form, Indikatoren des Werts von Kommunikation und Information darzustellen. Solche Indikatoren könnten u.a. die Aufwendungen im Zeitablauf und Ergebnisse von Umfragen und Presseberichterstattungen sein.

(9) Die künftige Entwicklung wird davon geprägt sein, dass Verfahren zur monetären Quantifizierung von immateriellem Vermögen vorhanden sind. Effizienz und Effektivität des Einsatzes finanzieller Mittel zur Schaffung immateriellen Vermögens können nur gemessen werden, wenn auch der Output, die Wertveränderung, in finanziellen Größen erfassbar ist.

Ali Arnaout
Controlling – auch für die Kommunikationspraxis?

Der Einsatz von Kommunikation in Unternehmen gehorcht anderen Gesetzen als der Einsatz von materiellen Gütern. Die Kommunikationspraxis in Unternehmen weist besondere Merkmale auf, die die Frage aufwerfen, ob spezifische Ansätze der Planung, Steuerung und Kontrolle erforderlich sind und ob die Kommunikation an die Unterstützungsfunktion des Controllings spezifische Anforderungen stellt. Diese Frage wurde in der Vergangenheit noch unzureichend diskutiert.

Warum Kommunikation bisher nicht oder nur unzureichend Gegenstand des betrieblichen Controllings war, welche Faktoren die Kommunikation als Objektbereich des Controllings charakterisieren und welche Elemente und Aspekte ein Kommunikations-Controlling als Bestandteil eines erweiterten betrieblichen Controllings umfassen müsste, wird in diesem Beitrag behandelt.

1 Einleitung

In den letzten Jahren wurde weltweit in der betriebswirtschaftlichen Literatur verstärkt die Bedeutung immaterieller Vermögensgegenstände (so genannter „Intangibles") für den Unternehmenserfolg und damit für die Wertentwicklung von Unternehmen diskutiert. Im skandinavischen und nachfolgend auch im angloamerikanischen Raum setzt man sich schon seit längerer Zeit als in Deutschland mit dem Phänomen *immaterieller Vermögensgegenstände* auseinander. In Deutschland haben die Unternehmen erst vor wenigen Jahren begonnen, sich mit diesem Themenkomplex zu beschäftigen, wobei sich in der Diskussion der Begriff des *„Intellektuellen Kapitals"* herausgebildet hat.

Zur Systematisierung immaterieller Vermögensgegenstände und der ihnen zugrunde liegenden Erfolgs- und Werttreiber gibt es unterschiedliche Ansätze. Stellvertretend soll hier eine Übersicht in Anlehnung an DAUM (2002) und EDVINSSON/BRÜNING (2000) die Abgrenzung des Intellektuellen Kapitals zum Finanzkapital und die weitere Differenzierung des Intellektuellen Kapitals verdeutlichen (vgl. Abbildung 1).

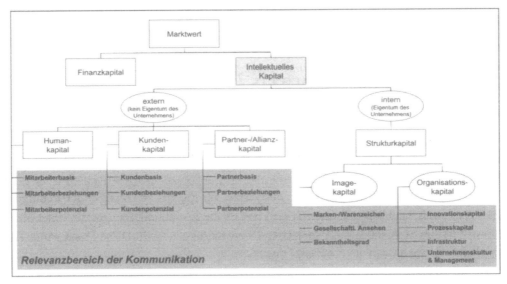

Abbildung 1: Systematisierung und Abgrenzung des Intellektuellen Kapitals

Der Unterschied zwischen dem so genannte Finanzkapital, also Finanzanlagen und physisch greifbaren, materiellen Vermögensgegenständen und dem Marktwert eines Unternehmens wird auf das Intellektuelle Kapital zurückgeführt, das somit ebenfalls einen zu quantifizierenden Beitrag zum Unternehmenswert leistet. Für eine weitere Konkretisierung hat sich die Differenzierung in Human-, Kunden-, Partner-/Allianz- und Strukturkapital durchgesetzt. Bemerkenswert ist, dass sich letztlich nur das Strukturkapital im Eigentum des Unternehmens befindet, während es an seinen Mitarbeitern, Kunden und Geschäftspartnern und dem damit verbundenen Intellektuellen Kapital kein Eigentum erwerben kann. Deshalb wird zusätzlich zwischen externem Intellektuellen Kapital (Human-, Kunden-, Partner/Allianzkapital) und internem Intellektuellen Kapital (Strukturkapital) unterschieden.

Auffallend ist, dass der Begriff der Kommunikation im Rahmen der Diskussionen zum Intellektuellen Kapital in der Literatur kaum Verwendung findet und auch in der vorgestellten Systematisierung nicht explizit auftaucht. Der Versuch einer Einordnung von Unternehmenskommunikation zeigt aber, dass sich ihr Relevanzbereich über alle Arten des Intellektuellen Kapitals erstreckt.

Der engste Zusammenhang zu den Kommunikationsaktivitäten eines Unternehmens besteht zum Strukturkapital. In diesem Zusammenhang ist anzumerken, dass das Strukturkapital sowohl die Basis und Voraussetzung für den Aufbau, aber insbesondere die Nutzung der anderen Formen des Intellektuellen Kapitals darstellt. Das so genannte Imagekapital umfasst neben dem Bekanntheitsgrad auch das gesellschaftliche Ansehen sowie die Wahrnehmung von Marken oder Warenzeichen. Aus dem Imagekapital des Unternehmens heraus wirken die Kommunikationsaktivitäten auch wesentlich auf das externe, nicht im Eigentum des Unternehmens befindliche Intellektuelle Kapital und tragen dazu bei, die Wahrnehmung bei den Anspruchsgruppen zu gestalten, die Beziehungen im Unternehmenssinne positiv zu beeinflussen sowie das bestehende Potenzial möglichst optimal zu nutzen.

Im gestaltenden Sinne lässt sich die Kommunikation eines Unternehmens dem Organisationskapital zuordnen. So wird die Unternehmenskultur stark durch die Kommunikationspolitik und die Kommunikationsmaßnahmen geprägt, die das Management vorgibt und praktiziert. Unternehmensstrukturen und Prozessmodelle im Unternehmen können ihren Beitrag zum Unternehmenswert und Unternehmenserfolg nur dann entfalten, wenn die dazu erforderlichen Kommunikationsstrukturen, -prozesse und -methoden zum Einsatz kommen.

Zusammenfassend kann also festgehalten werden, dass der Relevanzbereich von Kommunikation in Unternehmen alle Formen des Intellektuellen Kapitals abdeckt. Im Rahmen der aktuellen Diskussionen, wie das Intellektuelle Kapital gezielt zur Steigerung des Marktwertes von Unternehmen gesteuert werden kann, rückt somit gleichzeitig auch der Aspekt der Kommunikation in den Betrachtungsfokus.

2 Merkmale der Kommunikationspraxis und Anforderungen an ein Kommunikations-Controlling

Der Kommunikation als zentraler Funktion in Unternehmen wird unbestritten eine nicht zu überschätzende Bedeutung für die Gestaltung und Beeinflussung der Reputation von Organisationen und somit auch für den Beitrag zum geschäftlichen Erfolg beigemessen. Vor dem Hintergrund der wertorientierten Unternehmensführung wird Kommunikation zunehmend auch als Beitrag zur Steigerung des Unternehmenswertes betrachtet, gleichzeitig aber auch konstatiert, dass sich dieser nur eingeschränkt messen lässt. Woran liegt das?

Die Kommunikationspraxis in Unternehmen weist eine Reihe von Merkmalen und Besonderheiten auf, die mit dafür verantwortlich sind, dass sie bislang nicht oder nur unzureichend von den betriebswirtschaftlichen Steuerungskonzepten erfasst wurden bzw.

diese nicht auf die resultierenden spezifischen Anforderungen der Kommunikation angepasst wurden:

- **Fehlende, präzise formulierte Kommunikationsziele:** So wird in vielen Fällen der großen Bedeutung von Kommunikation durch Unternehmen für ihr Ansehen und ihre Reputation uneingeschränkt zugestimmt, gleichzeitig werden aber die unternehmensspezifischen Kommunikationsziele, die Bestandteil einer Unternehmensstrategie sein sollten, nicht präzise bzw. genauso präzise wie die übrigen Unternehmensziele formuliert. Stattdessen werden statt der Kommunikationsziele häufig die Attribute des Unternehmensimages selbst (beispielsweise „begeisternd", „erfolgreich", „kundenorientiert") genannt.

- **Fehlende Messinstrumente und eingeschränkte Messbarkeit:** Bis heute fehlen in vielen Unternehmen geeignete Instrumente, die die Effektivität und die Effizienz der Kommunikationsaktivitäten eines Unternehmens transparent machen. Dies liegt daran, dass viele Unternehmen die Kommunikationsaktivitäten oft nicht planerisch durchdenken, klare und präzise definierte allgemeine und spezifische Kommunikationsziele festlegen und vor dem Hintergrund der übergeordneten Kommunikationspolitik bewerten.

- **Fristigkeit und eingeschränkte Planbarkeit von Kommunikation:** Kommunikation, ob ereignisgetrieben oder routinemäßig, entsteht erst im Zeitpunkt ihrer Anwendung und kann nicht rückgängig gemacht werden. Mit den Kommunikationszielen ist immer zeitliche Fristigkeit verbunden: Was will ich bis zu welchem Zeitpunkt mit welchen Maßnahmen und welchen Inhalten erreichen? Die Festlegung eines Zeitpunktes oder Zeitraumes steht in einem Ursache-Wirkungs-Zusammenhang mit den durch die Kommunikation verursachten Kosten. Je kurzfristiger und dringlicher kommuniziert werden muss, desto verhältnismäßig größer ist der damit verbundene Aufwand. Und gleichzeitig ist die Aufwandshöhe umso weniger entscheidungsrelevant dafür, ob die Kommunikation stattfinden soll.

- **Hygienecharakter von Kommunikation:** Im Krisenfall ist ein glaubwürdiges Unternehmen eher vor Imageschäden geschützt als ein Unternehmen von zweifelhaftem Ruf, dem alles Mögliche zugetraut wird. Der Kommunikation kommt hiermit eine Präventivfunktion zur Generierung von Vertrauen und gutem Ruf zu. Sie wird somit zu einer Art „Hygienefaktor": Man muss sie praktizieren, ohne sie geht nichts, die Bedeutung der Tatsache, dass sie überhaupt stattfindet und der konkrete Nutzen werden nicht mehr in Frage gestellt und daher auch nicht einem Controlling unterzogen.

- **Vielfältige und heterogene Adressaten:** Die internen und externen Adressaten und Anspruchsgruppen der Unternehmenskommunikation sind vielfältig und heterogen (bspw. Kunden, Aktionäre, Banken, Gesetzgeber, Gesellschaft, Mitarbeiter, Zulieferer etc.). Die Effektivität und Effizienz der Kommunikation für jeden Adressaten und jede Anspruchsgruppe zu planen und zu steuern würde für Unternehmen je nach Größe und Geschäftsmodell einen zusätzlichen Aufwand darstellen.

- **Individualität der Wahrnehmung:** Die Kommunikation mit Investoren hat auf Grund vorhandener Bewertungsmodelle meist eine nachvollziehbar, unmittelbare wertbeeinflussende Wirkung, die auf eine möglichst korrekte Marktbewertung abzielt. Dagegen wirkt die Kommunikation mit anderen Anspruchsgruppen wie Kunden, Mitarbeitern, Geschäftspartnern und der Öffentlichkeit eher indirekt. Ursache dafür ist, dass Kommunikation individuell wahrgenommen wird, auch einen Gefühlscharakter aufweist und in seiner tatsächlichen, endgültigen Wirkung nur schwer planbar ist. Sie schlägt sich eher in den beschriebenen Intangibles wie Kundenbindung, Mitarbeitermotivation und Reputation nieder.

3 Konzeptvorschlag zum Kommunikations-Controlling

Auf Grund der dargestellten Besonderheiten der Kommunikationspraxis, insbesondere aber wegen der fehlenden präzisen Formulierung von Kommunikationszielen und der halbherzigen Versuche, Effektivität und Effizienz von Kommunikation zu messen, fällt es bislang schwer, Aufwand und Ertrag von Kommunikation wirtschaftlich zu beurteilen. Die zunehmende Bedeutung von *Kommunikation als Wirtschaftsgut* im unternehmerischen Wettbewerb macht einen strukturierten und systematischen Ansatz zur Planung, Steuerung und Kontrolle der Kommunikationsaktivitäten im Unternehmen erforderlich, wie er sich bereits für andere Unternehmensfunktionen und Objektbereiche durchgesetzt hat (vgl. Abbildung 2 und im Folgenden HORVÁTH (2003)).

Die primäre Aufgabe des *Kommunikations-Controlling* besteht darin, ein *Kommunikationsplanungs- und -kontrollsystem* („Kommunikations-PK-System") sowie eine *Kommunikations-Informationsversorgungssystem* („Kommunikations-IV-System") zu entwerfen, zu gestalten und zu implementieren. Der Aufbau und die laufende Anwendung des Kommunikations-Controlling muss sich dabei am *Kommunikations-Führungssystem* des Unternehmens ausrichten und die führungsrelevanten Aspekte der Kommunikation (bspw. wo ist die Verantwortung für Kommunikation im Unternehmen organisato-

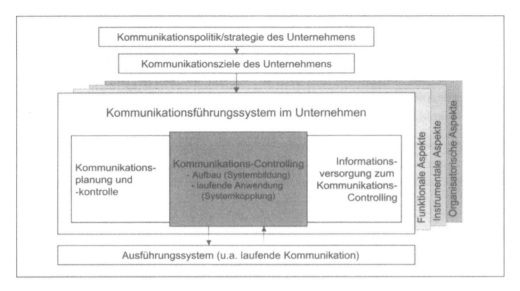

Abbildung 2: System des Kommunikations-Controlling

risch zugeordnet, welche Methoden und Instrumente kommen zu Einsatz, welche Kommunikationsprozesse werden praktiziert) abbilden.

Das Kommunikations-Führungssystem als Rahmen des Kommunikations-Controlling basiert auf der aus der Gesamtstrategie abgeleiteten *Kommunikationspolitik* und *Kommunikationsstrategie*. Die Kommunikationsstrategie stellt dabei eine Teilstrategie der Unternehmensgesamtstrategie dar; die Kommunikationspolitik beschreibt, wie grundsätzlich die Kommunikation wahrgenommen und ausgestaltet werden soll. In diesem Zusammenhang ist u.a. zu entscheiden, in welchem Maße das Unternehmen seine strategische Ausrichtung durch Kommunikationsaktivitäten flankieren will. Die Kommunikationsmaßnahmen und laufenden Aktivitäten beziehen sich somit auf Sachverhalte die strategische Ausrichtung betreffend als auch auf das operative Tagesgeschäft.

Aus der Kommunikationspolitik und der Kommunikationsstrategie lassen sich konkrete Kommunikationsziele ableiten (beispielsweise „Kommunikation ereignisnäher praktizieren", „größtmögliche Informationstransparenz bieten" etc.). Wenn präzise Kommunikationsziele fehlen, ist es nicht möglich, die Effektivität und die Effizienz des Kommunikationsinvestment nachträglich bestimmen zu können, weil sich bereits im Planungsstadium keine konkreten Planwerte für Kenngrößen ableiten lassen.

Das Ausführungssystem bezeichnet die operationalen Kommunikationsaktivitäten, auf die sich das Kommunikations-Controlling bezieht, der Schwerpunkt der operativen Managementaufgaben liegt dort.

Zur weiteren Beschreibung soll das Kommunikations-Controlling-Konzept weiter hinsichtlich seiner Subsysteme differenziert werden, die sich auf die unterschiedlichen Koordinationsaspekte beziehen:

Funktionales Subsystem

Die *Funktion des Kommunikations-Controlling* liegt in der ergebnisorientierten Koordination der Kommunikationsplanung und -kontrolle sowie der Informationsversorgung. Ergebnisorientiert meint hier eine monetär quantifizierbare, den Unternehmenserfolg beeinflussende Ausrichtung. Die *Ziele des Kommunikations-Controlling* bestehen in der Sicherung und Erhaltung der Koordinations-, Reaktions- und Adaptionsfähigkeit der Unternehmensführung im Hinblick auf die Kommunikationsaktivitäten. Die Kommunikationsaktivitäten sollen dazu beitragen, die monetären Ergebnisziele und die sachlichen Ziele eines Unternehmens zu realisieren.

Die *Aufgaben des Kommunikations-Controlling* lassen sich aus den Zielen des Kommunikations-Controlling ableiten. Zu unterscheiden sind

- Strategische und operative Aufgaben des Kommunikations-Controlling
- Systembildende und systemkoppelnde Aufgaben des Kommunikations-Controlling
- Aufgaben zur Kommunikationsplanung und -kontrolle sowie Aufgaben zur Kommunikations-Informationsversorgung

Instrumentales Subsystem

Hier sind die realen (technischen) und die ideellen (methodischen) Instrumente des Kommunikations-Controlling zu unterscheiden, die zum Einsatz kommen, um die für die Kommunikationsaktivitäten relevanten Informationen zu erfassen, zu strukturieren, auszuwerten und zu speichern. Im instrumentalen Subsystem des Kommunikations-Controlling geht es hauptsächlich um die Fragestellung, mit welchen Instrumenten, Methoden und Tools der Beitrag der Kommunikation zum Unternehmenserfolg und zur Wertsteigerung gemessen und bewertet werden kann. Bisherige Bestrebungen zielen meist auf die Verwendung qualitativer Informationen ab, weniger auf quantitative oder gar monetäre Informationen.

Institutionales Subsystem

Das institutionale Subsystem umfasst alle organisatorischen Struktur- und Prozessaspekte des Kommunikations-Controlling. Hier geht es darum, Aufgaben der Kommunikationsplanung, Kommunikationskontrolle und der entsprechenden Informationsversorgung bestimmten Aufgabenträgern in der Unternehmensorganisation zuzuordnen und die erforderlichen Prozesse zu installieren, damit diese Aufgaben wahrgenommen werden können.

Auf Basis der dargestellten Differenzierung des Kommunikations-Controlling sollen nachfolgend die Elemente näher erläutert werden.

3.1 Kommunikationsplanung und -kontrolle

Das *Kommunikationsplanungs und -kontrollsystem* ist als ein in sich integriertes Element zu verstehen, dessen Funktion darin besteht, die Ungewissheit über die Effektivität und Effizienz der Kommunikationsaktivitäten im Unternehmen zu reduzieren. Planung und Kontrolle bilden dabei eine Einheit.

Im Rahmen der Kommunikationsplanung und -kontrolle werden Fragestellungen behandelt, ob bspw.:

- die Annahmen, die zu den Kommunikationsaktivitäten führten, sich im Nachhinein als richtig erwiesen haben oder ob Fehlannahmen getroffen wurden.

- unvorhergesehene Ereignisse auftreten oder aufgetreten sind, die zu einer Änderung der *Kommunikationspolitik*, der *Kommunikationsstrategie*, der *Kommunikationsziele* oder der -maßnahmen führen (sollten).

- die Zielwirkung der *Kommunikationsmaßnahmen* richtig eingeschätzt wurden.

- die zur Durchführung der Kommunikationsmaßnahmen geplanten und erforderlichen Ressourcen verfügbar sind und auch eingesetzt werden.

- sich die an den Kommunikationsmaßnahmen beteiligten Mitarbeiter entsprechend der Kommunikationspolitik verhalten.

Bei der *Kommunikationskontrolle* muss je nach dem Kontrollobjekt zwischen ergebnisorientierten und verfahrensorientierten Kontrollen unterschieden werden. Ergebnisorientierte Kontrollen im Kommunikations-Controlling liefern Informationen über den Effekt, also die Wirkung der Kommunikation. Sie hängen sehr stark von der möglichen Informationsgewinnung zur Erreichung der Kommunikationsziele und zu den Kommunikationsmaßnahmen ab. Die verfahrensorientierten Kontrollen haben zum Ziel, den Unterschied zwischen den geplanten Kommunikationsaktivitäten und den tatsächlich durchgeführten zu ermitteln. Sie zielen also eher darauf ab, die Kommunikationsverantwortlichen und -beteiligten in ihrer zielorientierten Wahrnehmung der Kommunikationsaufgabe zu kontrollieren.

Gemäß der in der Einleitung zum Kapitel 3 dargestellten Differenzierung der Subsysteme des Kommunikations-Controlling können für die Kommunikationsplanung und -kontrolle folgende Aspekte unterschieden werden (vgl. Abbildung 3):

Controlling – auch für die Kommunikationspraxis?

Abbildung 3: Aspekte der Kommunikationsplanung und -kontrolle

Bei den funktionalen Aspekten geht es darum, den *Kommunikationsplanungsprozess* zu entwerfen, *Kommunikationspläne* aufzustellen sowie die erforderlichen Kommunikationskontrollen zu definieren. Die organisatorischen Aspekte umfassen die Zuordnung der *Kommunikationsplanungsaufgaben* zu den jeweiligen zentralen und ggf. dezentralen Verantwortlichen, die für die Kommunikationsplanung verantwortlich sind, sowie die zeitliche und räumlich Festlegung des Kommunikationsplanungsprozesses. Instrumentelle Aspekte der Kommunikationsplanung befassen sich damit, Methoden und Techniken zur Unterstützung der Kommunikationsplanung zu bestimmen und die notwendige IT-Unterstützung für die Kommunikationsplanung zu definieren.

Bei der Gestaltung eines Kommunikations-Controlling im Sinne sowohl der Systembildung als auch der laufenden Anwendung ist es erforderlich, die drei genannten Aspektbereiche mit der Kommunikations-Informationsversorgung zu koordinieren.

3.2 Kommunikations-Informationsversorgung

Bei den aus dem Kommunikations-Controlling resultierenden Aufgaben für die *Kommunikations-Informationsversorgung* sind zwei Bereiche zu unterscheiden: 1. Resultierende Aufgaben zum Aufbau einer Kommunikations-Informationsversorgung und 2. Resultierende Aufgaben zur laufenden Informationsversorgung im Hinblick auf Informationslücken oder -Störungen („In-Gang-Halten"). Bei beiden Aufgabenkategorien eines Kommunikations-IV-Systems lassen sich entsprechend der Logik im Planungs- und Kontrollsystem drei Aspekte unterscheiden:

Aus funktionaler Sicht geht es um die Analyse und Definition der Informationsversorgungsaufgaben vor der Hintergrund der Kommunikationsziele und die Bestimmung der dazu benötigten Informationen.

Aus organisatorischer Sicht müssen die mit den Informationsversorgungsaufgaben befassten und somit für die Informationsversorgung verantwortlichen Einheiten und Mitarbeiter bestimmt und eingesetzt werden. Weiterhin werden die Informationsversorgungsprozesse gestaltet und optimiert.

Zur Erfüllung der Informationsversorgungsaufgabe müssen die fachlichen Methoden und IT-technischen Instrumente konzipiert und realisiert werden, um den Informationsbedarf zu erfüllen und die Kommunikationsziele umsetzen zu können. So lassen sich etwa bekannte Methoden und Instrumente des Marketing-Controlling, wie bspw. die „objective task method" zur Bestimmung eines Kommunikationsbudgets, Instrumente der Werbeerfolgskontrolle, Ansätze zur Planung, Steuerung und Kontrolle von Kundenbindungsprogrammen sowie Vorgehensweisen aus dem Kampagnenmanagement aus instrumentaler Sicht auf den Objektbereich des Kommunikations-Controlling übertragen und anpassen.

Besondere Bedeutung haben im Rahmen der instrumentalen Betrachtung der Informationsversorgungsaufgaben Kennzahlen. Auf Grund der beschriebenen Besonderheiten der Kommunikation als Objektbereich des Controllings kommt den in den letzten Jahren zunehmend erfolgreichen Ansätzen ausgewogener, mehrdimensionaler *Kennzahlensysteme*, die monetäre und nichtmonetäre Steuerungsgrößen in einem Gesamtzielsystem miteinander verbinden, gerade für das Kommunikations-Controlling große Bedeutung zu.

Hierzu existieren verschiedene Ansätze in der Praxis. Die international weiteste Verbreitung hat in den letzten zehn Jahren das Konzept der *Balanced Scorecard* als Methodik zur Unterstützung der Strategieumsetzung erlangt. Es umfasst vier so genannte Perspektiven (Finanzen, Kunden, Prozesse, Potenziale), für die jeweils strategische Ziele, geeignete Kennzahlen mit entsprechenden Ist- und Zielwerten sowie strategische Maßnahmen definiert werden. Außer für Gesamtunternehmen, Unternehmens- oder Funktionsbereiche werden Scorecards in der Praxis u.a. auch für strategisch wichtige Projekte als sog. „Projekt-Scorecards" oder für strategische relevante Themen als so genannte *„Themen-Scorecards"* eingesetzt. Der Objektbereich der Kommunikation stellt ein solches Themenfeld dar, für das spezifische Balanced Scorecards erarbeitet werden können, um die strategisch beabsichtigte Kommunikationsentwicklung eines Unternehmens zu planen und zu steuern (vgl. Abbildung 4)

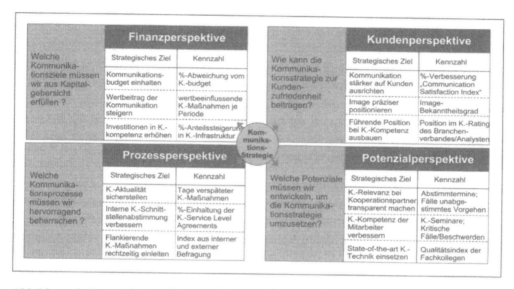

Abbildung 4: Beispiel einer Kommunikations-Scorecard

Zusammenfassend soll noch mal darauf hingewiesen werden, dass für das Kommunikations-Controlling ein Zusammenhang zwischen dem Kommunikations-PK-System und dem Kommunikations-IV-System auf zwei Ebenen besteht:

1. Der Entwurf und die Implementierung beider Elemente ist jeweils Aufgabe des Controllers, er gestaltet beispielsweise das *Kommunikations-Reporting* oder den Kommunikations-Planungsprozess.

2. Auch die laufende Koordination zwischen Planung/Kontrolle sowie der Informationsversorgung einerseits (beispielsweise. die Kalkulation von Kommunikationsmaßnahmen) und aller Aktivitäten innerhalb des Informationsversorgungssystems andererseits (bspw. laufender Betrieb einer Datenbank) sind Aufgabe des Kommunikations-Controllings.

Dabei sind im Sinne des Servicecharakters alle Aktivitäten des Kommunikations-IV-Systems auf die Anforderungen des Kommunikations-PK-Systems auszurichten, etwa bei der Ermittlung des Informationsbedarfes für die Kommunikationsplanung.

4 Fazit

Die Hauptfunktion des Kommunikations-Controlling ist die der Führungs- und Entscheidungsunterstützung. Es soll helfen, dem Management eine umfassendere Sichtweise auf Effektivität und Effizienz stattfindender Kommunikationsaktivitäten innerhalb und um das Unternehmen herum als bisher zu geben. Durch den systematischen Aufbau und die laufende Koordination eines Kommunikations-Controlling können der Unternehmensführung die Entscheidungsgrundlagen für eine effiziente und effektive Kommunikationsstrategie zur Erreichung der Kommunikationsziele zur Verfügung gestellt werden. Dadurch ergibt sich die Möglichkeit, die Wirtschaftlichkeit der Kommunikationsaktivitäten eines Unternehmens sowie das Kosten-/Nutzenverhältnis jeder einzelnen Kommunikationsmaßnahme zu beeinflussen bzw. zu steigern.

Im Rahmen des Kommunikations-Controlling steht für die Unternehmen nicht die Frage im Vordergrund, wie hoch der absolute monetäre Wert von Kommunikation an sich ist. Eine objektive Ermittlung ist bislang ohnehin in Theorie und Praxis nur in Ansätzen bekannt bzw. möglich, deren Nutzen unter dem Gesichtspunkt der Unternehmenssteuerung zunächst fraglich. Viel wichtiger ist die zielgerichtete Gestaltung der Kommunikation zur Steigerung des Unternehmenserfolges und des Unternehmenswertes. Nur wenn die Unternehmensführung weiß, wie Kommunikation wirkt und welche Rolle ihr für die Steigerung des Unternehmenswerts zukommt, wird sie in der Lage sein, diese zu gestalten und damit das Unternehmen zielgerichtet kommunikativ zu steuern.

Zu diesen Fragen wird noch einige konzeptionelle Entwicklung und praktische Überprüfung erforderlich sein. Das vorliegende Buch leistet einen wesentlichen Beitrag dazu.

Literatur

DAUM, J. (2002): Intangible Assets, Bonn.
EDVINSSON, L./BRÜNIG, G. (2000): Aktivposten Wissenskapital, Wiesbaden.
HORVÁTH, P. (2003): Controlling, 9. Aufl., München.

Rudolf Volkart/Teodoro Cocca/Gabriele Moll
Kommunikation und Unternehmenswert

1 Information und Kommunikation im unternehmerischen Kontext

Information und Kommunikation haben im Zeitalter der Informationsgesellschaft eine bemerkenswerte Bedeutung erlangt. Die Gründe dafür sind nicht nur rein technischer Natur, sondern sie liegen vor allem in den weit reichenden Veränderungen der unternehmerischen Umwelt während der letzten zwei Jahrzehnte. Was die Technik ermöglicht hat, namentlich die weltweite Distribution von Informationen innerhalb von Sekunden, traf auf einen Zeitgeist, der vermehrte *Transparenz, Offenheit* und *Vertrauenswürdigkeit* der Unternehmen verlangte.

Entscheidend verändert haben sich hierbei die Rolle und das Selbstverständnis der *Medien*. Während Wirtschaftsnachrichten früher eher einen geschlossenen Kreis von „Eingeweihten" interessierten und zum Teil auch nur diesem zugänglich waren, berichtet heute praktisch jedes Medienprodukt über Themen der Wirtschaft und der Unternehmenswelt. Entsprechend hat das *Interesse der Öffentlichkeit* am unternehmerischen Handeln stark zugenommen und zugleich höhere Erwartungen geweckt: An die Unternehmen wird der Anspruch gesellschaftskonformen Verhaltens gestellt – *„Corporate Citizenship"* heißt das Stichwort, das solch verantwortungsvolles Handeln umschreibt.

1.1 Notwendigkeit kontrollierter Informations- und Kommunikationsprozesse

Die Vielfalt an Informationsflüssen hat eine wichtige Konsequenz für die *Unternehmenskommunikation:* Zahlreiche Informations- und Kommunikationsprozesse spielen sich außerhalb des Einflussbereichs des Unternehmens ab. Wenn diese Prozesse unkontrolliert entstehen, sieht sich ein Unternehmen einer Eigendynamik mit möglicherweise fatalen Folgen ausgesetzt; setzt die Unternehmenskommunikation zu diesem Zeitpunkt ein, kann sie nur noch schadenbegrenzend wirken. Die Kombination von steigender Bedeutung und gleichzeitig abnehmender Kontrollierbarkeit dieses komplexen Phänomens ist ein schlagendes Argument für eine *aktive,* an den strategischen Zielen ausgerichtete *Kommunikationspolitik.*

Die zunehmende Bedeutung der *internen,* vor allem aber der *externen Kommunikation* liegt zum einen in den steigenden Qualitätsanforderungen der Anspruchsgruppen (Stakeholder) begründet. Sie resultiert aber auch aus der *wachsenden Komplexität* von Technologien, Prozessen, Produkten, Leistungen und immateriellen Werteelementen. Aus gesamtwirtschaftlicher Sicht kommt daher der *externen Kommunikation,* insbesondere der *Wertkommunikation* mit den Finanzinvestoren (Investor Relations), eine zentrale Bedeutung zu; sie trägt wesentlich zu einer sinnvollen bzw. optimalen Kapitalallokation bei (VOLKART 1998, S. 85, und VOLKART 2001, S. 65 ff.). Ziel von *Investor Relations* ist es, mit kommunikativen Mitteln *kontrollierte* Bilder von Unternehmen zu projizieren und so realistische, wenn möglich vorteilhafte Interpretationen seitens der Investoren auszulösen. Investor Relations sind somit Teil des strategischen Handelns. Das Bild, das sie den Investoren vermitteln, gibt Hinweise auf ökonomische Renten und kann reale Auswirkungen auf die Lenkung der Kapitalströme haben.

1.2 Information und Kommunikation als Grundlage des Handelns und Entscheidens

Informationen bilden die Basis jeglichen Handelns. Ohne Informationen ist ein Subjekt nicht in der Lage, Handlungsalternativen zu erkennen und unter ihnen auszuwählen. Im ökonomischen Kontext haben alle Anspruchsgruppen ein *Informationsbedürfnis* (VOLKART 2001, S. 7/8 und S. 13 ff.). Dessen Ausmaß hängt vom jeweiligen Informationsstand ab. Die Tatsache, dass die einzelnen Anspruchsgruppen einen unterschiedlichen Informationsstand haben, wird mit dem Begriff der *Informationsasymmetrie* umschrieben. Das Management verfügt in der Regel gegenüber allen Stakeholdern über einen Wissensvorsprung. Aber auch innerhalb der Anspruchsgruppen gibt es gut und weniger gut informierte Kreise. Ziel einer effizienten Informationspolitik ist es, diese Asymmetrien abzubauen, auch wenn dieses Ziel in der Praxis mit dem Wunsch nach einer vorteilhaften Eigendarstellung in Konflikt geraten kann.

Den Investoren etwa ist bewusst, dass Finanzmärkte in der Realität nicht ausreichend effizient sind und dass die Preise der Kapitalmärkte nicht sämtliche Informationen enthalten, die zur Entscheidungsfindung erforderlich sind (VOLKART 1998, S. 84; MOLL 2002a, S. 81 ff.). Um aus dem breiten Spektrum von Anlagealternativen wählen zu können, müssen die Investoren die Ertragschancen eines Investments ebenso einschätzen können wie dessen Risiken. Dazu sind sie auf Informationen des Managements angewiesen, sei dies auf direktem Wege oder über Intermediäre wie Finanzanalysten oder Wirtschaftsjournalisten.

Mit der Weitergabe von Informationen, d. h. einer einseitigen Wissensmitteilung, ist es zumeist nicht getan. Um die Beziehungen des Unternehmens mit seinen *Stakeholdern* zu pflegen und wertsteigernd zu gestalten, bedarf es der *Kommunikation.* Kommunikation ist ein Prozess, der auf *Verständigung* zielt, also weit über die Mitteilung, welche die Information beinhaltet, hinausgeht. Auch ein Kommunikationsprozess ist interessengeleitet, doch im Gegensatz zur Information ist das Zustandekommen einer Verständigung dem Kommunikationsbegriff inhärent (MOLL 2002a, S. 123 ff.). Wie wichtig beispielsweise die Kommunikation zwischen Management und Aktionären ist, verdeutlicht die *Principal-Agent-Problematik.* Konflikte zwischen den Anteilseignern (Principal) und der Unternehmensleitung (Agent) können enorme Kosten und Reputationsverluste zur Folge haben. Mit einer intensiven Informations- und Kommunikationspolitik, mit professionellen Investor Relations lassen sich solche Konflikte vermeiden.

Unternehmenskommunikation darf sich indes nicht auf Investor Relations beschränken; vielmehr reicht die wertorientierte Perspektive über den Kreis der Anleger hinaus. Mitarbeiter, Kunden und Lieferanten sind Teil der Wertschöpfungskette und müssen daher in den Kommunikationsprozess eingebunden werden. Die Verständigung mit den Anspruchsgruppen verhindert nicht nur, dass diese unvermittelt berechtigte oder unberechtigte Ansprüche geltend machen, sie ermöglicht es dem Unternehmen darüber hinaus, das wertgenerierende Potenzial dieser Stakeholder auszuschöpfen.

2 Kommunikation als Wertelement und Wertkommunikation als Werttreiber?

2.1 Qualität von Information und Kommunikation

Die Verfügbarkeit von Informationen ist eine unverzichtbare Voraussetzung für wirtschaftliches Handeln. Der Informationsgehalt kann allerdings von besserer oder schlechterer *Qualität* sein. Informationen müssen grundsätzlich drei Anforderungen genügen: Sie müssen *relevant, verlässlich und verständlich* sein. Kommunikation als „wechselseitige" Information mit Handlungs- und Entscheidungsbezug (MOLL 2002a, S. 221 f.) weist in Bezug auf den Qualitätsaspekt eine *komplexere Natur* auf. Die *interne Kommu-*

nikation ist die zentrale Grundlage für eine gute Entscheidungsfindung und damit den Geschäftserfolg; interne Kommunikation ist ein Merkmal der Firmenkultur und prägt diese zugleich. Die *externe Kommunikation* bildet die Basis des Beziehungsgefüges zwischen den verschiedenen Stakeholdergruppen und Stakeholdern. Damit die Kommunikation mit Kunden und Lieferanten, mit Eigen- und Fremdkapitalgebern, mit Mitarbeitern und mit der Öffentlichkeit zustande kommt, muss bestimmten Ansprüchen Geltung verschafft werden. Wer kommunikativ handeln will, muss sich erstens *verständlich* ausdrücken, muss eine gemeinsam beherrschte Sprache benutzen. Er muss zweitens einen *wahren Inhalt* mitteilen, dessen Existenz auch der Kommunikationspartner anerkennt. Drittens muss er seine *tatsächlichen Absichten* zum Ausdruck bringen, seinen Gesprächspartner nicht täuschen, und viertens müssen seine Äußerungen vor dem Hintergrund wechselseitig *anerkannter Werte und Normen akzeptabel* sein. Wenn vorausgesetzt werden kann, dass die Beteiligten diese Ansprüche anerkennen, kann *Kommunikation im Sinne eines Verständigungsprozesses* stattfinden (MOLL 2002a, S. 155).

Die Qualität von Information und Kommunikation hängt zudem vom Marktumfeld ab. Die zentralen Voraussetzungen für das Funktionieren von Märkten (MCMILLAN 2002, S. 24) sind:

- Informationseffizienz
- Eigentumsgarantie
- Aspekt der Fairness
- Wettbewerbsgewährleistung
- Vertrauensaspekt und Reputation

Diese Voraussetzungen müssen im unternehmerischen Handeln, Informieren und Kommunizieren angemessen berücksichtigt werden (VOLKART 2003b, S. 53/54). In Bezug auf die externe Wertkommunikation kommen der Informationseffizienz sowie dem Vertrauensaspekt und der Reputation existenzielle Bedeutung zu.

2.2 Ausprägungen des Begriffs der Wertkommunikation

Der *Begriff der Wertkommunikation* (der vereinzelt in nichtökonomischen Zusammenhängen vorkommt) wurde im Zusammenhang mit den Konzepten des wertorientierten Managements als spezifisch ökonomischer Begriff *originär begründet* (VOLKART 1998) und *weiterentwickelt* (MOLL 2002a). In der Folge haben andere Autoren den Begriff vereinzelt übernommen. *Wertkommunikation* steht für die Kommunikation der internen Wertgenerierung, die einerseits zwischen den Führungsverantwortlichen intern stattfindet, und andererseits – als eigentliche Herausforderung – im Sinne der Transformation der intrinsischen Wertgenerierung in die Marktbewertung, d. h. den Aktienkurs, einfließt (VOLKART 1998). In diesem Zusammenhang von zentraler Bedeutung sind die Postulate *Transparenz, Glaubwürdigkeit* und *Vertrauen.*

Wichtiges, aber nicht einziges Element der externen Wertkommunikation ist das *Value Reporting* (LABHART 1999; LABHART/MARSEILLE/VOLKART 2004). Seit einigen Jahren werden Schweizer Unternehmen durch das *Swiss Banking Institute der Universität Zürich* jährlich im Hinblick auf ihre Value-Reporting-Qualität bewertet. Die Wirtschaftsprüfungs- und Beratungsgesellschaft *PricewaterhouseCoopers (PwC)* verwendet den Begriff „*ValueReporting*™" auch in einem umfassenden Sinne als Markenzeichen (und Beratungsdienstleistung) für das von ihr angebotene wertorientierte Führungssystem (ECCLES/HERZ/KEEGAN/PHILLIPS 2001).

Ein Ziel des Value Reporting besteht darin, die Berichterstattung verschiedener Unternehmen vergleichbar zu machen, was unter anderem unmittelbare Performance-Vergleiche erlaubt. Neuartige Möglichkeiten könnten sich hier durch XBRL[1], eine noch in Entwicklung befindliche internetbasierte Sprache, ergeben. Externe Wertkommunikation freilich ist mehr als Value Reporting (LABHART/MARSEILLE/VOLKART 2004), geschweige denn als reines Finanz-Reporting, und sie erfolgt entsprechend dem Kommunikationsbegriff dialogorientiert.

Eine begriffliche und inhaltliche Ausweitung nimmt LÄBER (2004) vor und bildet dazu den *Begriff des „Investor Management"*. Ausgehend von den „klassischen" Investor Relations führt er zwei neue Funktionen ein, die er als Erweiterung der Offenlegungsfunktion versteht. Um auch eine sprachliche Differenzierung zu den traditionellen Investor-Relations-Aktivitäten vorzunehmen, spricht er von *„investor management functions"* (LÄBER 2004, S. 59). Die beiden angesprochenen Funktionen sind das *„Investor Targeting"* und die *„Capital Market Intelligence"* (LÄBER 2004, S. 66). Das Ziel des *„Investor Targeting"* besteht in der Identifikation potenzieller Investoren zur Verbreiterung der Aktionärsbasis – mit entsprechend positivem Einfluss auf die Titelnachfrage, den Aktienkurs und die Zusammensetzung des Aktionariats. Mit der *„Capital Market Intelligence"* soll ein Unternehmen Kenntnis von den Präferenzen, dem Verhalten und dem Einfluss seiner Investoren erhalten, um eine gewisse Harmonisierung der Unternehmenspolitik und der von den Investoren verfolgten Anlagepolitik zu erreichen. Hier besteht vielerorts eine Schwachstelle. Die Voraussetzung bildet, immer gemäß *Läber*, eine Identifikation und eine sinnvolle *Segmentierung* der Investoren („*Investor Identifi-*

---

[1] eXtensible Business Reporting Language (XBRL). XBRL™ ist eine frei verfügbare elektronische Sprache für das „Financial Reporting", also den Austausch von Informationen von und über Unternehmen, insbesondere von Jahresabschlüssen. XBRL bietet einen Standard für die Erstellung, die Verbreitung/Veröffentlichung, die Auswertung und den Vergleich solcher Informationen.

cation and Segmentation"), was bezüglich der Informationsbeschaffung kein einfaches Unterfangen ist.

2.3 Segmentierung der Investorenbasis

Eine besondere Frage stellt, wie oben dargelegt, jene nach der *Segmentierung der Investorenbasis* dar, welche ihrerseits eine Grundlage und ein prägendes Element der externen Wertkommunikation bildet. Auch innerhalb dieser Anspruchsgruppe gibt es erhebliche Informationsasymmetrien, und Finanzintermediäre sind meist besser informiert als viele Investoren. Ausgehend von der Market-Microstructure-Theorie empfiehlt LÄBER (2004, S. 289) eine *Segmentierung in drei Hauptkategorien,* und zwar in „*Investors", „Value Traders"* und „*News Traders".*

Zur *Begründung* dieser Segmentierung führt LÄBER aus, dass die Segmente unterschiedliche Motive für den Handel mit Wertpapieren hätten. Investoren, so Läber, wollten flüssige Mittel zu einem fairen Preis von der Gegenwart in die Zukunft verlagern, während Trader ausschließlich daran interessiert seien, Profit zu generieren. Folglich seien Investoren häufig langfristig orientiert, während Trader auf kurzfristige Gewinnmaximierung zielten. Da Investoren oft große Aktienpositionen hielten, seien sie in der Lage, signifikante Kursbewegungen auszulösen, doch seien sie oft nur schlecht informiert. „Value Traders" und „News Traders" hingegen hätten einen besseren Informationsstand und trügen dazu bei, die Wertlücken zu verringern, indem sie für „informativere" Preise sorgten. Daneben, so führt Läber weiter aus, gebe es uninformierte Trader, deren Entscheidungen nicht auf fundamentalen Daten beruhen und die aus der Sicht des Investor Management keine Zielgruppe bildeten.

2.4 Instrumente und Kanäle der Wertkommunikation

Ausgehend von den Limitationen der klassischen Finanzberichterstattung stellt sich auch die Frage nach den einzusetzenden Informations- und Kommunikationsinstrumenten und -kanälen. Das Kosten- und Nutzenprofil der verschiedenen Kommunikationsinstrumente und -kanäle ist unterschiedlich, und je nach Einschätzung der Informationsasymmetrien und der Faktoren Glaubwürdigkeit, Vertrauen und Reputation können sich andere Prioritäten ergeben. So argumentierten PALEPU/BERNARD/HEALY, dass Unternehmen oft gezwungen seien, über alternative Medien zu kommunizieren. Dies liege an den Grenzen der Rechnungslegungsnormen, der Wirtschaftsprüfung und der Beobachtung seitens der Finanzanalysten, aber auch an den Glaubwürdigkeitsproblemen, denen sich das Management gegenüber sehe (PALEPU/BERNARD/HEALY 1996, S. 12–8).

Vor allem bei US-Gesellschaften spielt dabei – neben speziellen Analysten-Meetings und einem freiwilligen Value Reporting – das Signalling über die Finanzpolitik nicht selten eine spürbare Rolle. So sehen PALEPU/BERNARD/HEALY (1996, S. 12–8) mit (1) der Finanzpublizität, (2) einem freiwilligen Value Reporting und (3) dem Signalling über finanzpolitische Maßnahmen drei alternative Wege, die Manager beschreiten können, um mit externen Investoren und Analysten zu kommunizieren. Was die Finanzpolitik anbelangt, lässt sich zum Beispiel mit Aktienrückkäufen oder mit der Aufnahme zusätzlichen langfristigen Fremdkapitals finanzielle Stärke und Zuversicht in den zukünftigen Geschäftsverlauf kommunizieren bzw. signalisieren.[2]

Interessant sind auch die im Rahmen einer empirischen Studie von KIRCHHOFF CONSULT/PRICEWATERHOUSECOOPERS (2003) gewonnenen Resultate. Befragt wurden die an der *Schweizer Börse SWX* notierten *Schweizer Gesellschaften* (Rücklaufquote rund 31 Prozent, d. h. 90 Gesellschaften). Gemäß dieser Studie bilden Investor Relations und Corporate Reporting „eine *Synthese wertorientierter Kommunikation.* [...] Für die Unternehmen wird es zunehmend wichtiger, *glaubwürdig* ihre Wertschöpfung zu kommunizieren. Dazu bedarf es grundsätzlich einer positiven Einstellung hinsichtlich Transparenz in der Berichterstattung sowie der Verfügbarkeit der relevanten Informationen im Unternehmen." (KIRCHHOFF CONSULT/PRICEWATERHOUSECOOPERS 2003, S. 5). Die befragten Unternehmen schreiben diesem Bereich eine *zunehmende Bedeutung* zu, und es wird ein *Zusammenhang zwischen externer Kommunikation und Aktienkursentwicklung* erkannt.

Dem steht die Beobachtung gegenüber, dass gemäß dieser Studie nur 30 Prozent der antwortenden Gesellschaften eine schriftlich definierte *Investor-Relations-Strategie* haben, und nur 50 Prozent der Unternehmen unterstellen diese Aktivitäten der *obersten Führung*. Neben den Analystentreffen bezeichnen die Schweizer Gesellschaften insbesondere Einzelgespräche, also die *direkte Kommunikation,* als bedeutendste Möglichkeit der externen Kommunikation. Externe Informationsvermittlung zu *Märkten und Branche* erwies sich in dieser Studie einmal mehr als eine gewisse Schwachstelle.

---

2 Vgl. dazu: Healy/Palepu 1995, S. 111, zum Fall CUC International, Inc.: „CUC had difficulty convincing investors that its marketing or investor outlays were profitable investments, leading to stock misevaluation over an extended period. To resolve this problem, CUC adopted an accounting change and then underwent a leveraged capitalization. Subsequently, it accelerated recap debt payments and initiated a stock repurchase. CUC's experience suggests that accounting reports are not always effective in communication."

Rudolf Volkart/Teodoro Cocca/Gabriele Moll

3 Interne und externe Kommunikation aus wertorientierter Sicht

3.1 Kosten und Nutzen von Information

Informationen stiften Nutzen, ihre Generierung verursacht aber auch Kosten. Bis zu einem gewissen Grad sind Informationen conditio sine qua non im Sinne einer „Restriktion": Die Verfügbarkeit von Informationen ist eine ebenso zwingende Voraussetzung für unternehmerisches Handeln wie die Verfügbarkeit von materiellen, finanziellen, personellen und immateriellen Ressourcen. Ab einem gewissen Grad ist die „Restriktionsforderung" erfüllt: Eine weitere horizontale und vertikale Ausweitung der Informationen ist mit Zusatzkosten und Zusatznutzen verbunden, die einen diskretionären *Handlungsspielraum* mit dem Ziel einer *optimalen Wertgewinnung* aus Informationen eröffnen.

3.2 Kosten und Nutzen von Kommunikation

Auch Kommunikation verursacht Kosten und Nutzen. Der *komplexere Charakter* der Kommunikation gegenüber der Information potenziert die Schwierigkeiten der Erfassung von Kosten und Nutzen und damit des sich per saldo ergebenden Wertbeitrags aus der Kommunikation. Hinzu kommt der Zeitfaktor: Die Wirkungen der Kommunikation lassen sich sender- und empfängerseitig zum Teil erst mit einem erheblichen Time-lag (einer erheblichen Verzögerung) erkennen. „Die Qualität von Informationen, d. h. deren Wahrheitstreue und zeitliche Aktualität, ist unter plausiblen Annahmen erst beobachtbar, wenn, aufgrund des enormen Zeitdrucks auf den Kapitalmärkten, die Investoren bereits Positionen eingehen mussten." (HAUSER 2004, Kapitel 6).

Kommunikation lässt sich auch als integraler Bestandteil des firmeninternen und firmenexternen Handelns betrachten, dessen Bewertung nicht isoliert geschehen kann. Dabei ist zwischen *Gesamt- und Grenzbetrachtung* zu unterscheiden. Die Grenzbetrachtung im Sinne einer zusätzlichen Kommunikationsmaßnahme dürfte hier – analog zur Projektanalyse im Allgemeinen – eine bessere Zugänglichkeit zur Abschätzung des Wertbeitrages ermöglichen (vgl. hierzu den Exkurs in Abschnitt 7.7).

3.3 Wertkommunikation und Kapitalkosten

Eine qualitativ hoch stehende externe Kommunikation trägt über verschiedene Mechanismen zu einem *erhöhten* intrinsischen Wert und einer höheren Marktkapitalisierung bei. Der firmenintern generierte Wert ist ganz grundsätzlich in eine entsprechende externe Wertentwicklung zu transformieren.[3] Ein wichtiges Element stellen dabei die *Kapitalkosten* dar, die sich aufgrund der *von den Investoren geforderten bzw. erwarteten Kapitalrendite* ergeben. Im vorliegenden Zusammenhang geht es nicht nur um die Kommunikation von (ehrlich beschriebener) „Stärke", sondern insbesondere auch um die *Reduktion von Unsicherheiten* seitens der Investoren.[4]

Eine wesentliche, im Rahmen der Kapitalmarkttheorie viel zu wenig berücksichtigte Unsicherheit betrifft jene, die aus der Informationsunsicherheit erwächst. In ersten empirischen Studien (BOTOSAN 1997, für die USA; HAIL 2002, für die Schweiz) konnte nachgewiesen werden, dass ein inverser Zusammenhang zwischen der Qualität des Value Reporting bzw. der Wertkommunikation und den Eigenkapitalkosten einer börsenkotierten Gesellschaft besteht (vgl. auch LABHART 1999, S. 96 ff.). Bemerkenswert sind dabei die von HAIL (2002) nachgewiesenen Resultate, welche die Vermutung zulassen, dass bei den von ihm untersuchten Unternehmen eine *Eigenkapitalkostensatz-Differenz* von fast zwei Prozentpunkten (genau: 1,9) zwischen den am besten und den am schlechtesten kommunizierenden Firmen besteht. Zur Gewinnung sicherer Resultate wird allerdings noch viel empirische Arbeit notwendig sein. Nicht zu vermeiden sind dabei eine gewisse Subjektivität (Messung der Value-Reporting- und Kommunikationsqualität) und die Problematik der Messung von Kapitalkosten, namentlich für das Eigenkapital. Neue Studien lassen weiter den Schluss zu, dass *hohe Informationsunsicherheit* auch zu deutlichen *Überbewertungen* von Unternehmen auf den Aktienmärkten führen kann (DANIEL/HIRSHLEIFER/SUBRAHMANYAM 2001).

3.4 Grenzen der Messbarkeit

Die Kommunikation mit Investoren und Finanzintermediären hat eine unmittelbar wertsteigernde Wirkung, da sie Informationsasymmetrien verringert, somit die Kapitalkosten senken kann, einer korrekten Marktbewertung förderlich ist und die Kapitalallokation optimiert. Dagegen wirkt die Kommunikation mit anderen Stakeholdern wie Kunden, Mitarbeitern, Geschäftspartnern und der Öffentlichkeit eher indirekt. Sie

---

[3] Vgl. dazu Volkart 1998 und Volkart 2001, S. 65 ff., insbesondere das Grundkonzept zu Wertmanagement und Wertkreislauf (© Value Loops) (Abb. 10, S. 66). „Die firmeninterne Wertgenerierung sollte effektiv kommuniziert und in der Aktienkursentwicklung sichtbar werden." (S. 65)
[4] Wegweisende Ausführungen zu diesem Sachverhalt finden sich in Labhart 1999, S. 69 ff., und bei Merton 1987.

schlägt sich in *immateriellen Werten (Intangibles)* wie Kundenbindung, Mitarbeitermotivation und Reputation nieder. Auch weitere Intangibles wie Wissensaustausch und Prozessverbesserung sind Gegenstand der Wertkommunikation. Es lässt sich indes nicht messbar zuordnen, inwieweit Unternehmenswertsteigerungen auf exzellente Kommunikation oder auf andere Maßnahmen zurückzuführen sind.

4 Formen der Wertkommunikation

4.1 Kommunikation immaterieller Werte

Wertkommunikation ist von zentraler Bedeutung für ein wertorientiertes Management. Dieses erfüllt nur dann seinen Zweck, wenn der Wert eines Unternehmens auch kommuniziert und die Wertbildung transparent wird. Für die Wertschöpfung ist dabei nicht nur eine effiziente Bewirtschaftung des Realkapitals, sondern auch des *intellektuellen Kapitals* erforderlich (VOLKART/LABHART 2001). Die Forderung nach einer umfassenden externen Kommunikation bezieht sich daher vor allem auf die *immateriellen Werte,* wobei die Kommunikation selber als immaterielles Wertelement betrachtet werden kann (WEIBEL/SCHEIWILLER 2002).

4.2 Verbale Diskussion und Würdigung

Eine echte Wertkommunikation, die zutreffende Rückschlüsse auf die Qualität und die Potenziale von Produkten und Leistungen sowie der immateriellen Güter zulässt, beginnt bereits bei einer breiten und tiefen *verbalen Diskussion der finanziellen und nichtfinanziellen Daten* und Informationen. Sie stellt den Ausgangspunkt einer über reine Information hinausgehenden Kommunikation dar und erlaubt in der Folge auch externe Rückschlüsse auf die Glaubwürdigkeit, die Transparenz und schließlich auf die Reputation einer Firmenleitung. Doch bereits die *verbale Würdigung* – etwa im Rahmen des Management-Reports – stellt eine häufig zu beobachtende *Schwachstelle* dar.

4.3 Dialogorientierung und Vertrauen

Finanzpublizität, die Veröffentlichung qualitativer Informationen und Kommentare sowie Value Reporting bilden erst die Grundlage für eine *umfassende Wertkommunikation,* denn diese muss *dialogorientiert* erfolgen. Die Bedeutung der Dialogorientierung ergibt sich aus dem zentralen Stellenwert von Reputation und Vertrauen. Nach HAUSER (2004) erwächst daraus eine weit reichende Forderung: „Die Vertrauenswürdigkeit bzw. die vergangene Qualität der von den Investor Relations ausgehenden Informationen muss Bestandteil der öffentlichen Diskussion sein. Stellt sich eine solche Diskussion nicht von selbst ein, muss sie aktiv gefördert werden." (HAUSER 2004, 6. Kapitel). Dies betrifft namentlich den Dialog mit wichtigen Investoren, mit Finanzanalysten und mit Wirtschaftsjournalisten. Hier sollte auch die Triage zwischen *Massen-* und *Einzelkommunikation* erfolgen. Massenkommunikation mit einer diffusen Gruppe unterschiedlichster Kleinaktionäre dürfte in der Regel wenig wirksam, wenn nicht gar unmöglich sein. Allerdings ist hier auf die Möglichkeiten hinzuweisen, die das *Internet* etwa im Zusammenhang mit neuen Wegen der Stimmrechtswahrnehmung bzw. der Durchführung von Aktionärsversammlungen bietet.

4.4 Wissensaustausch mit Geschäftspartnern

Was die Produkt- und Leistungserstellung anbelangt, geht es nicht zuletzt um die *Nutzung von Know-how und Wissen der Geschäftspartner,* vor allem der Zulieferer. Dies erscheint gerade im Rahmen der heutigen *Netzwerkbildungen* und *Kooperationsintensität* wichtig; man denke etwa an den laufend steigenden Anteil fremdbezogener Teile und Systeme im Automobilbau. Im Dialog mit den Anspruchsgruppen lässt sich auch eine *Loyalität* im weitesten Sinne begründen, die im Rahmen der weltweiten Entwicklungen vor und nach der Jahrtausendwende bei etlichen Unternehmen massiv gelitten hat.

5 Wertlücken und Timing von Informationen

5.1 Gefahren von Wertlücken

Da Finanzmärkte nicht (ausreichend) informationseffizient sind, muss die Wertkommunikation genutzt werden, um die *Wertlücken (value gaps)* zwischen dem inneren Unternehmenswert und dem Marktwert (als börsenkapitalisierter Wert) zu schließen oder zumindest zu verkleinern. Dabei geht es nicht nur um marktseitige *Unterbewertungen,* sondern auch um *Überbewertungen.*

Unterbewertungen sind aus nahe liegenden Gründen unerwünscht, dies nicht nur aus der Sicht des bestehenden Aktionariats (Performance), sondern vor allem aus der Sicht des Unternehmens, z. B. im Hinblick auf Kapitalmarkttransaktionen, und jener des Managements, namentlich im Hinblick auf Aktien- und Optionsprogramme. Die möglichen Risiken und Probleme, die aus *Überbewertungen* resultieren, sind weniger offensichtlich, aber keineswegs ungefährlich. Entwickelt sich die Performance der Aktientitel nicht entsprechend der effektiven intrinsischen Wertgenerierung, so führt dies zu „*verzerrten*" Handlungen der Finanzinvestoren mit schädlichen Auswirkungen auf die gesamtwirtschaftliche Kapitalallokation und das Unternehmen selbst. Etwaige Vorteile, die sich aus Überbewertungen für das Management und das Unternehmen ergeben, sind sehr kurzfristiger Natur, mittel- bis langfristig stellt sich regelmäßig eine „Normalisierung" (mean reversion effect) ein.

Aus Aktionärssicht sind momentane *Überbewertungen* – abgesehen von kurzfristig denkenden und handelnden, vorübergehende Kapitalgewinne ausnutzenden Aktionären – *unerwünscht und gefährlich,* denn die Folge momentaner Überbewertung wird später eine unterdurchschnittliche Performance und Aktienkursentwicklung sein. Gravierend wirken sich Überbewertungen dann aus, wenn sie *wertbeeinträchtigende Managementhandlungen,* z. B. Akquisitionen zur Erzielung externen Wachstums, induzieren, um die scheinbar hohen, in Wirklichkeit aber übersteuerten Markterwartungen zu erfüllen. Solche Aktivitäten können Unternehmen in eine eigentliche Existenzgefährdung führen.[5]

5.2 Timing von Informationen

Nicht zu unterschätzen sind die Timing-Aspekte von Informationen. Wann Informationen publik gemacht werden, ist nur teilweise den Unternehmen selbst überlassen. Gesetzliche und regulatorische Vorschriften geben börsennotierten Unternehmen zum Schutze der Anleger klare Fristen vor. Besonders stringent sind diese im Rahmen der *Ad-hoc-Publizität:* Kursrelevante Informationen müssen *zeitgleich* allen Investoren zugänglich gemacht werden. Geregelt ist aber auch die Erscheinungsweise von Geschäfts- sowie Quartals- oder Halbjahresberichten.

Die hohe Frequenz von Finanzpublikationen ist indes nicht unproblematisch. Der Zwang zur Veröffentlichung detaillierter Kennzahlen in Zwischenberichten birgt die Gefahr, dass sich die Marktteilnehmer kurzfristig auf die jeweils nächste Publikation und die damit verbundenen Markterwartungen konzentrieren, statt die langfristige Wertschöpfung im Auge zu behalten. Der *„Terror der Gewinnprognosen"* ist für ei-

---

5 Ähnliche realwirtschaftliche Effekte können sich aus überhöhten Akquisitionspreisen einstellen, vgl. Moeller/Schlingemann/Stulz 2003, S. 3: „The evidence is therefore consistent with the hypothesis advanced by Jensen (2003) that high valuations increase managerial discretion, making it possible for managers to make poor acquisitions when they have run out of good ones."

nige Unternehmen bereits zum „Alptraum" geworden (VOLKART 2003b, S. 771). COCA-COLA, GILLETTE und WASHINGTON POST sind Beispiele für US-Gesellschaften, die sich dagegen wehrten, und die Stuttgarter PORSCHE AG ließ sich aus dem M-DAX ausschließen, weil sie sich dem Kurzfristdiktat der Quartalsgewinnausweise nicht beugen wollte.

Einen gewissen Spielraum haben die Unternehmen dennoch, und sie sollten ihn nutzen. Vor allem *„Bad News"* sollten *rechtzeitig* und *plausibel begründet* veröffentlicht werden. Andernfalls entsteht die eingangs erwähnte unkontrollierte Eigendynamik des Informationsflusses. Eindrücklich zeigte sich dies – im negativen Sinne – im Fall des ADECCO-KONZERNS im Januar 2004, nachdem bereits im Frühjahr 2003 Probleme aufgetaucht waren (vgl. dazu Abschnitt 7.4).

6 SWOT-Analyse der Unternehmenskommunikation als Basis eines Kommunikations-Controlling

6.1 Periodische Standortbestimmung

Die SWOT-Analyse[6] dient der periodischen Standortbestimmung und der Evaluation von Stärken und Schwächen sowie von Chancen und Risiken; angewandt auf die Unternehmenskommunikation muss sie sich auf die *interne und die externe Kommunikation* sowie deren *„Harmonie"* erstrecken. Dabei müssen die Kommunikationsstrategie sowie die Relevanz, die Verständlichkeit und die Glaubwürdigkeit der Informationen ebenso überprüft werden wie die Kommunikationskanäle. So weisen PALEPU/BERNARD/HEALY darauf hin, dass sich das Management fragen kann, ob die gegenwärtige Kommunikationsstrategie geeignet ist, den Investoren ein besseres Verständnis der Geschäftsstrategie und der erwarteten Performance zu vermitteln, wobei es sich versichern muss, dass der Aktienkurs nicht ernsthaft über- oder unterbewertet ist. Auf der anderen Seite können sich Finanzanalysten fragen, ob das Management sie mit glaubwürdigen Informationen versorgt, auf deren Basis sich die künftige Performance prognostizieren lässt, aber auch, welche Art von Informationen sie vernünftigerweise von der Unternehmensleitung erwarten können. (PALEPU/BERNARD/HEALY 1996, S. 12 ff.)

---

6 SWOT= strengths, weaknesses, opportunities, threats.

6.2 Chancenbeurteilung

Die Evaluation der Chancen im Rahmen der SWOT-Analyse hilft, die Verbesserungspotenziale im Hinblick auf einen maximalen Wertbeitrag der Kommunikation wahrzunehmen. Grundsätzlich liegt eine Chance für eine firmenspezifisch gute Wertkommunikation darin, die Schwächen im externen Informationsfluss zu beheben, die sich aus den divergierenden Interessenlagen der Informationsintermediäre, namentlich der Finanzanalysten (insbesondere im Bereich der Sell-Side-Analyse), ergeben. Mit einer im Wettbewerbervergleich überlegenen Wertkommunikation kann sich ein Unternehmen klare kompetitive Vorteile schaffen, die auch den Aktionären zugute kommen.

6.3 Risikobeurteilung

Hier gilt es, *kritische Bereiche* zu eruieren, Bereiche, in denen aufgrund unzureichender interner und externer Kommunikation Wertverluste bzw. Opportunitätskosten entstehen können. Dies gilt vor allem in Bezug auf die externe Wertkommunikation. In diesem Zusammenhang ist auf das spezifische Problem bewusst „*gesteuerter*" *Resultatpublikationen,* wie sie vor allem US-Firmen um die Jahrtausendwende einzusetzen begannen, hinzuweisen. Bewusste Bilanzmanipulationen zur Vortäuschung nicht vorhandener Gewinne sorgten für Furore; weniger Aufmerksamkeit erhielt die Unsitte, Wochen vor der Veröffentlichung der Reingewinne so genannte „Pro-Forma-Gewinne" zu publizieren (VOLKART 2003b, S. 778–781). Auch die Verwendung bekannter Gewinn-Zwischengrößen wie *EBITDA, EBIT* und *EBT*[7] zur Suggerierung höherer Erfolgszahlen an die Außenwelt stellt eine beliebte und häufig beobachtete Praxis dar.

Wichtig für die Chancen-Risiken-Beurteilung der externen Wertkommunikation ist der Grad der Informationsasymmetrien, d. h. der Informationsineffizienz der betroffenen Märkte bzw. deren Segmente. Nach HAUSER (2004) lässt sich dazu vereinfachend folgern: „Je ineffizienter die jeweiligen Kapitalmarktsegmente sind, desto größer sind die Möglichkeiten, aber auch die Risiken der Investor Relations." (HAUSER 2004, 6. Kapitel). Markteffizienzen spielen gerade im Zusammenhang mit der externen Wertkommunikation eine wichtige Rolle. Wie an anderer Stelle erwähnt, betrifft dies in einem erweiterten Sinn auch die ökonomische Kapitalallokation ganz grundsätzlich.

Eine weitgehend unterschätzte Gefahr ist jene, unerwartete und fundamental nicht gerechtfertigte Aktienkursbewegungen *unkommentiert,* d. h. ohne *Kommunikationsmaßnahmen* seitens des betroffenen Unternehmens, zu lassen. Diese Problematik konnte in

---

[7] EBITDA = Earnings before interest, taxes, depreciation and amortisation; EBIT = Earnings before interest and taxes; EBT = Earnings before taxes.

einer neuen Forschungsarbeit für ausgewählte Schweizer Unternehmen empirisch nachgewiesen werden (HAUSER 2004). „Empirisch gesehen kommt eine beträchtliche Anzahl außerordentlicher Überschussrenditen einzelner Titel vor, die nicht nachvollziehbar sind. Bei praktisch allen analysierten Unternehmen wurden teils erschreckend viele Hinweise auf solche Situationen gefunden, was im Hinblick auf die gewaltige Vielfalt der Informationsinhalte der betrachteten Nachrichten wie auch der jeweiligen Quellen einen erstaunlichen Befund darstellt. [...] Im Sinne der Schaffung und Erhaltung von Reputation weisen die Investor Relations vieler der [...] analysierten Unternehmungen in diesem Punkt ein beträchtliches Defizit auf." (HAUSER, 6. Kapitel).[8] Die erwähnte Untersuchung lässt aber auch positiv auffallende Firmen nicht unerwähnt: „Einigen Unternehmungen scheint es des Öfteren gelungen zu sein, ihre Investoren durch eine ausreichende Präsenz in den Nachrichten nicht 'sich selbst überlassen' zu haben. Die Bereitschaft der Investoren, in Aktien zu investieren [...] könnte durch eine verbesserte Wertkommunikation erhöht werden." (HAUSER, 6. Kapitel). Dies trifft namentlich auf problematische Phasen zu, wo die Befindlichkeit eines Unternehmens für die Finanzinvestoren unbeantwortete Fragezeichen aufwirft (vgl. auch Abschnitt 7.4 zum Fall „Adecco").

Ein besonderes Risiko kann darin bestehen, dass Spillover-Effekte, bedingt durch einen oder wenige Negativfälle, ganze Marktsegmente in Mitleidenschaft ziehen. Dies kann ganze Märkte, Sektoren, Regionen, Länder oder Asset-Klassen betreffen (HAUSER 2004, 6. Kapitel). Die Wertkommunikation ist unter solchen Umständen besonders großen Herausforderungen ausgesetzt.

7 Corporate Governance und phasenspezifische Wertkommunikation

7.1 Corporate Governance und „Empowerment" der Aktionäre

Corporate Governance hat zum Ziel, das durch verschiedene Unternehmensskandale während der letzten Jahre beeinträchtigte *Vertrauen der Investoren* wiederherzustellen. „Vertrauen" stellt den Grundpfeiler funktionierender Märkte dar, weshalb der Ruf nach

---

[8] Diese Beobachtung deckt sich mit der Ansicht anderer Autoren (z. B. Läber 2004, S. 64; Wiehle 2002, S. 150): „The character of traditional investor relations is strongly reactive. [...] Investor management [...] has [...] a proactive component [...]." (Läber 2004, S. 64).

verschärften Vorschriften und einem aussagekräftigeren Reporting nicht erstaunt. Die Grundidee einer wirksameren *Corporate Governance* liegt im „*Empowerment*", der Machtverstärkung der Aktionäre.

Die Kontrolle des Marktes soll als treibende Kraft eine „externe" Disziplinierung des Managements bewirken. Corporate-Governance-Kodizes verpflichten die Unternehmen, wichtige Informationen zur obersten Führung zu publizieren – oder substanziell zu begründen, weshalb dies nicht erfolgt. Zu unterscheiden ist aber auch hier zwischen der *reinen Informationsvermittlung* und der *Kommunikation* mit den Investoren. Erstere ist zum Teil durch festgeschriebene Regeln und deren Einhaltung geprägt. Doch neben der wörtlichen Auslegung gilt es, auf einer kommunikativen Ebene den „*Geist*" der Corporate-Governance-Bestimmungen zu implementieren. Unternehmen, die der gewünschten „Good Governance" gerecht werden wollen, müssen sich entsprechend organisieren und dies auch nach außen kommunizieren. Unter „*Good Corporate Governance*" versteht man nicht ein einfaches „Abhaken" einer Checkliste, sondern eine *Geisteshaltung,* die *Teil der Unternehmenskultur* sein muss.

Corporate Governance und Wertkommunikation haben vieles gemeinsam. Beide gehen von einem Marktumfeld aus, das durch Friktionen gekennzeichnet ist und das spezielle Mechanismen und Instrumente zur Wahrung der Aktionärsinteressen benötigt. Unterschiedlich ist allerdings der Ansatz. Corporate Governance setzt auf eine *externe Disziplinierung* des (eher passiven) Managements *(Outside-In-Perspektive),* während eine *effektive Kommunikation* zu einer Wertsteigerung führt, wenn es gelingt, die interne Sicht der Unternehmensentwicklung und die externe Optik in Einklang zu bringen *(Inside-Out-Perspektive).*

7.2 Transparenzkonzept der Corporate Governance

Die Stärkung der Aktionärsrechte stellt neue Herausforderungen an die Kommunikationsverantwortlichen und an das Management. Der Erwartungshaltung von Medien und Investoren über die Wirkung der verschiedenen Regelwerke ist angemessen Rechnung zu tragen. Das Transparenzkonzept der meisten Corporate-Governance-Kodizes führt zu einer neu zu interpretierenden „*Offenheit*" des Unternehmens gegenüber *Fragen von Aktionären und Medien.* Es wird eine Vielzahl verschiedener neuer Informationen publiziert, die bis dato als „delikat" galten und daher diskret behandelt wurden (etwa Gehalts- oder Honorarsummen). Die neue Offenheit wird unter Umständen neue Fragen hervorrufen und die Unternehmensführung zu Präzisierungen veranlassen. Eine ungeschickte Offenlegung könnte sogar kontraproduktiv sein und die Investorenbeziehungen trüben. Dies lässt sich verhindern, indem „*heikle*" *Angaben* kommentiert und im Zusammenhang dargestellt werden. *Corporate Governance* verpflichtet die Unternehmen unweigerlich, mit ihren Aktionären zu *kommunizieren.*

Eine richtig verstandene Umsetzung der Corporate Governance erweitert diesen Kreis um weitere Informationsintermediäre. Mit der Corporate-Governance-Diskussion ist ein kommunikativer Mehraufwand verbunden. In der momentanen Wirtschaftsflaute lässt sich die Einhaltung der Corporate-Governance-Bestimmungen als Chance interpretieren. Das beschädigte Image von Führungsgremien lässt sich (wieder) ins rechte Licht rücken.

7.3 Neue Kommunikationswege

Die Disziplinierung des Managements als Kernelement der Corporate Governance weist auf die *Interdependenz zwischen der unternehmerischen Innen- und Außenwelt hin* – Kommunikation ist das verbindende Element. Dabei ist nochmals zu betonen, wie wichtig die *Zweiseitigkeit* der Kommunikation ist. Das Empowerment der Aktionäre darf nicht erst darin zum Ausdruck kommen, dass unzufriedene Aktionäre mit Aktienverkäufen ihren Unmut kundtun. Die im Rahmen der Corporate Governance geforderte *aktivere Rollenwahrnehmung durch die Aktionäre* stellt *neue, erhöhte Anforderungen an die externe Kommunikation.* Der Geist der Corporate Governance postuliert, dass geeignete Foren vorhanden sein müssen, über welche die Investoren ihre Meinung äußern. Unternehmen, die den Geist der Corporate Governance leben, betrachten die Meinungsbildung als genauso wichtig wie die Kursbildung.

Nicht nur die Unternehmensleitung hat ein Bedürfnis, mit der Außenwelt zu kommunizieren, auch *umgekehrte Kommunikationswege* müssen implementiert werden. Die *Aktionärsversammlung* gewinnt hierbei an Bedeutung. Deren Gestalt dürfte sich daher mittelfristig stark ändern. Und die heute übliche bzw. geforderte Einrichtung von Audit Committees dürfte die Kommunikation mit der internen und der externen Revision und somit die Qualität der Rechnungslegung und -prüfung verbessern.[9] Die Qualität der Kommunikation wird die *Reputation des Managements* künftig noch stärker prägen; die Bereitschaft der Firmenleitung zur Transparenz setzt auch eine gewisse Distanz zum eigenen Unternehmen voraus. Eine solche Unparteilichkeit kann indes schwierig sein. „It is difficult for managers to be truly impartial in providing external investors with information about their firm's performance. Management has a natural incentive to want to

---

9 Vor dem Hintergrund bis heute verfügbarer Forschungsresultate kann der positive Einfluss der Audits allerdings auch kritisch hinterfragt werden: „While theory suggests that auditors enhance the credibility of financial reports, empirical research has provided surprisingly little evidence to substantiate it." (Healy/Palepu 2001, S. 406)

'sell' the company, in part because that is its job and in part because it is reluctant to provide information that jeopardizes its own job security. [...] Consequently, investors sometimes believe that accounting communications lack credibility." (PALEPU/BERNARD/HEALY 1996, S. 12–5).

7.4 Wahrnehmungskonflikte und -divergenzen: Beispiel „Adecco" April 2003 und Januar 2004

Ein interessantes Beispiel zu Kommunikation und Corporate Governance stellen die Reaktionen von Investoren und Analysten auf die Quartalsberichterstattung und die Kommunikation des Personaldienstleistungs-Konzerns ADECCO dar. Die für das *1. Quartal 2003* publizierten Zahlen wurden zwar weitgehend positiv aufgenommen; Teile der „Financial Community" äußerten indessen herbe *Kritik an der Kommunikationspolitik,* teilweise auch an der Unternehmensstrategie, und es wurden diesbezügliche Aktivitäten an der Aktionärsversammlung angekündigt. Dies betraf gemäß Pressemitteilungen die zur DEUTSCHEN BANK gehörende Fondsgesellschaft *DWS* (VOLKART 2003b, S. 788). In der Presse hieß es: „Die DWS ist Aktionärin der Firma und will es [...] auch bleiben, da man vom Potenzial des Vermittlers von Temporärarbeit überzeugt ist. Weniger überzeugt sei man aber von der Transparenz, der Kommunikation und den strategischen Entscheidungen." Die DWS bemängelte „vor allem das zu lange Festhalten an unrealistischen Prognosen [...]. Dieses Verhalten habe das Vertrauen der Anleger in die Führung der Adecco unterminiert." (RASCH 2003, S. 29). Bemerkenswert ist die in derselben Zeitphase vergleichsweise positive Resonanz der Finanzpresse.

Anfang 2004 lösten erneute Kommunikationsprobleme im Zusammenhang mit nicht näher spezifizierten Bilanzproblemen Aufregung und einen eigentlichen Kurssturz der ADECCO-Aktie aus. In der „SonntagsZeitung" vom 18.1.2004 wurde dies wie folgt kommentiert: „[...] Nirgends verstanden wird nach wie vor die Kommunikationspolitik der ADECCO. ‚ADECCO hat in dieser Woche viel Vertrauen verspielt', zieht Rolf Kunz, Analyst der Zürcher Kantonalbank, Bilanz. Mit der Mitteilung am Montag hat der weltgrößte Temporärarbeits-Vermittler aus dem waadtländischen Chéserex die Finanzmärkte völlig überrascht. Wegen materiellen Schwächen im internen Controlling, insbesondere in den USA, müsse die Veröffentlichung des Jahresergebnisses verschoben werden, hieß es in einer Mitteilung. Statt zu 80 wurden die ADECCO-Aktien plötzlich nur noch bei rund 50 Franken gehandelt – ein Wertverlust von 5,5 Milliarden Franken in einer Woche." (RYSER/RUTISHAUSER 2004, S. 55). Dabei bekam die in New York registrierte ADECCO auch die Probleme national bzw. kontinental unterschiedlicher Finanzmarkt- und Börsengesetzgebungen hart zu spüren. Der nachfolgend zitierte Pressekommentar in der „NZZ am Sonntag" vom 18.1.2004 beschrieb dies wie folgt: „[...] Die Erklärung für die Diskrepanz zwischen Pressemeldungen und Markt liegt im Spagat, den ADECCO zwischen der US-Gesetzgebung und einer vernünftigen Kommunikationsarbeit machen muss. Während in Europa laufend über die gewonnenen Erkenntnisse informiert werden kann, darf in den USA immer nur das Worst-Case-Szenario offen gelegt werden. Damit versuchen sich die Firmen vor allfälligen Klagen zu schützen. Auch bei Adecco dürften die US-Anwälte alles daran gesetzt haben, das Ausmaß der aufgetauchten Probleme großräumig abzugrenzen. Ihr Einfluss zeigt auch die Tatsache, dass der Führungsspitze von ADECCO Maulkörbe angelegt wurden. [...]" (FEHR/OBERHOLZER, 2004).

Die Kommunikationspolitik der Firma Adecco löste eine öffentlich geführte Diskussion um Fehler und notwendige Verbesserungen aus. So zitierte die „NZZ am Sonntag" den Basler Rechtsprofessor und langjähriger Kommunikationschef des Pharmakonzerns Novartis, Walter von Wartburg: „[...] ‚Bei ADECCO wurde das Einmaleins der Schadenbegrenzung sträflich vernachlässigt.' Natürlich gebe es aus juristischer Sicht stets triftige Gründe, nicht zu kommunizieren: Vertraulichkeit, das Geheimhaltungsinteresse, wettbewerbsrechtliche Überlegungen, Börsenvorschriften oder zumindest die Furcht, etwas Falsches zu sagen. Doch von Wartburg kenne seine eigene Spezies: ‚Folgt man dem juristischen Rat, so werden die Probleme jedoch meist nicht kleiner, sondern eher größer.' Damit ADECCO im Markt der Meinungen wieder bestehen kann, brauche es folgende Strategie: vorbehaltlose Eingeständnisse von Fehlern, schonungslose Aufklärung von mangelhaftem Verhalten, eine offene und transparente Kommunikationspolitik, das proaktive Eingehen auf die Bedürfnisse von Medienvertretern und Finanzanalysten. [...]" (PFIFFNER, 2004).

7.5 Reputation in schwierigen Zeiten: Vertrauensverlust und wieder gewonnenes Vertrauen bei ABB

Ein anderes Beispiel, das des Technologiekonzerns ABB, zeigt, dass es durchaus möglich ist, einen Vertrauensverlust wettzumachen. Ende Oktober 2002 erlitten die ABB-Aktien einen verheerenden Kurszerfall. Der totale Vertrauensverlust wurde unter anderem duch die laufend nach unten revidierten Versprechungen des CEO ausgelöst. In der Wirtschaftspresse wurde die damals jüngste Hiobsbotshaft wie folgt kommentiert: „[...] Der Zeitpunkt der Bekanntgabe der neuen Sachlage wurde von einigen Beobachtern als ungewöhnlich kritisiert. Erstens habe der neue CEO JÜRGEN

DORMANN die alten Ziele erst vor sechs Wochen bekräftigt. Entweder sei damals gelogen worden, oder ABB habe überhaupt keinen Überblick mehr über die eigene Situation, sagten Analytiker. Nicht zum ersten Mal vermittle der Konzern einen chaotischen Zustand. Zweitens sei die ‚Gewinnwarnung' lediglich drei Tage vor Veröffentlichung der Quartalszahlen vorgenommen worden. Nun dürfte auch Dormann jegliches Vertrauen im Markt verspielt haben. So schreibt beispielsweise die Investmentbank MERRILL LYNCH in einem Kommentar, dass man an die bisher von ABB anvisierten Margen ohnehin nie geglaubt habe. Als besonders negativ erachteten Beobachter, dass das Management nicht mal mehr einen Ausblick auf das Gesamtjahr wagen will und die mittelfristigen Zielsetzungen überprüft. [...]" (NZZ [ra], 2002) Der Kommentar erschien kurz nach dem Führungswechsel, der sich später als erfolgreich herausstellen sollte. Unter neuer Führung (CEO und CFO) schaffte es ABB 2003/2004 innert weniger Monate, das Vertrauen der Finanzinvestoren, aber auch das firmeninterne Vertrauen, wieder aufzubauen (dies ermöglichte ABB 2003 Kapitalmarkttransaktionen in der Höhe von mehreren Milliarden Dollar, und dies nach einem unter der alten Führung zuletzt noch gefällten katasrophalen Entscheid, in einer Phase höchsten Financial Destresses eigene Aktien zurückzukaufen): „Der ABB-Konzern wirkt heute viel disziplinierter als vor gut einem Jahr. Das Publikum hat nicht mehr Angst, dem Unternehmen Geld zu überlassen; heute sind viele Aktionäre, Obligationäre und Bankenvertreter der Ansicht, ABB werde mit neuem Geld vergleichsweise sorgfältig arbeiten. Welch ein Kontrast zum Herbst 2002, als ABB im Urteil des Publikums als verlustbringende Ansammlung von Unternehmen mit teilweise widersprüchlichen Strategien galt und viele am Kompass der Konzernführung zweifelten." (NZZ [Gy], 2003).

7.6 Phasenspezifische Wertkommunikation im Sinne der Unternehmensentwicklung

Nicht nur die neuen Corporate-Governance-Richtlinien erfordern eine intensivere Kommunikation, auch außerordentliche Phasen in der Entwicklung eines Unternehmens verlangen, wie das oben betrachtete Beispiel zeigt, besondere kommunikative Anstrengungen. So ist etwa im Rahmen eines *Change Management* eine intensive Kommunikation unverzichtbar: Ohne interne Kommunikation wird es nicht möglich sein, strategische Neuausrichtungen im Unternehmen zu verankern. Und die externe Kommunikation ist entscheidend, um das Firmenimage bei allen Anspruchsgruppen, insbesondere bei Investoren und Kunden, anzupassen oder zu erneuern.

In „normalen Zeiten" sind die Beziehungen zu Investoren und anderen Stakeholdern mehr oder weniger „institutionalisiert". Eine *Krisensituation* hingegen verlangt unverzügliches und gleichwohl durchdachtes kommunikatives Handeln. *Krisenkommunikation* ist durch einen hohen Zeitdruck, begrenzte Kontrollmöglichkeiten der Ereignisse und große Unsicherheit gekennzeichnet (MOLL 2002a, S. 289). In schwierigen Geschäftsphasen und in Krisenlagen kommt der externen Berichterstattung besondere Bedeutung zu. Dabei können sich die verschiedenen Formen der Publizität zu einem spezifischen problemorientierten Informations-Set verdichten. Dies zeigt das Beispiel der Schweizer Airline *Swiss,* die im Verlauf des Jahres 2003 unter schwierigen Umfeldbedingungen zu leiden hatte (VOLKART 2003b, S. 781–783):

Geschäftsleitung und Verwaltungsrat der *Swiss* veröffentlichten Anfang Mai 2003 in einem ganzseitigen *Zeitungsinserat* eine umfassende Stellungnahme zu Lage und Entwicklung des Unternehmens. Dabei reagierte die *Swiss* unter anderem auf die *„fünf meistgehörten Vorwürfe"* mit einem pointiert formulierten Argumentarium, indem sie sich gegenüber folgenden explizit formulierten Vorwürfen rechtfertigte: *„Die Flotte ist zu groß, das Management und der Verwaltungsrat sind inkompetent, reagieren zu langsam. – Die Swiss hat keine klare Strategie. Einmal verkauft sie sich als Qualitäts-, dann wieder als Billig-Airline. – 2002 flog die Swiss fast eine Milliarde Franken Verlust ein. Trotzdem zahlte sich das Management einen Bonus. Das ist ein Skandal. – Dass der Irak-Krieg und Sars an der Misere der Swiss schuld sind, ist eine faule Ausrede. – Der Swiss droht schon bald ein Grounding."* Eindrucksvoll und besonders bemerkenswert ist schließlich auch folgende Passage des damaligen Swiss-Inserats: „Verwaltungsrat und Management sind überzeugt: Wir müssen profitabel sein, denn es gibt keine Alternative zu Swiss. Unsere Situation ist nicht so aussichtslos, wie viele denken. Wir haben immer noch eine starke Kapitalbasis. Zugegeben: Wir haben Fehler gemacht. Aber wir haben nie aufgehört zu kämpfen. Und das werden wir auch in Zukunft nicht." (NZZ am Sonntag vom 5.5.2003, S. 9/Inserat der Swiss) Auf eine „Wertung" dieser Kommunikation soll hier verzichtet werden.

Krisenkommunikation ist umso besser zu bewerkstelligen, je *eingespielter der Dialog* mit den Anspruchsgruppen in Zeiten des „Business as usual" ist. Auch oder gerade in Normalphasen ist mit der Wertkommunikation der „Spagat zwischen erfolgsorientiertem und verständigungsorientiertem Handeln zu bewältigen." (MOLL 2003b). Der Aufbau von Glaubwürdigkeit und damit auch von Vertrauen seitens der Stakeholder ist existenziell wichtig, wenn auf lange Sicht „nachhaltig" geführt werden soll. Krisenphasen erfordern auch deshalb besondere Kommunikationssorgfalt, weil hier die Gefahr einer mangelnden Glaubwürdigkeit seitens der Informationsempfänger akzentuiert sein kann (vgl. dazu FROST 1997).

7.7 Exkurs: Kommunikationskosten im Rahmen eines Börsenganges

Ein im Zusammenhang mit Kommunikation und Unternehmenswert häufig zitiertes Beispiel sind die Kosten im Rahmen eines *Börsengangs (IPO)*. Anhand dieses Beispiels lassen sich einige *Probleme der Kosten- und Nutzen-Berechnung von Kommunikation* illustrieren. Es handelt sich im Gegensatz zum täglichen Geschäftsverlauf und den damit verbundenen Kommunikationsprozessen im Sinne der in Abschnitt 3.2 erwähnten *Grenzbetrachtung* um eine relativ leicht isolierbare Transaktion. Dies erleichtert die Bewertung von Kosten und Nutzen. Rückschlüsse auf Kosten-Nutzen-Analysen anderer Kommunikationsmaßnahmen dürfen aus diesem Beispiel nur mit Vorsicht gezogen werden.

Beispiel: Börsengang der „Telekom AG"

Annahmen:
- Emission von 200 neuen Aktien zum Nennwert 10. Emissionspreis 22.
- Kommunikationskosten: 5 Prozent des Emissionsvolumens

	Anzahl Aktien	Nennwert	Kurs	Marktwert
Vor dem IPO	100	10	15*	1.500
Nach dem IPO	300	10	22	6.600

* Aufgrund einiger Privattransaktionen geschätzt

Zwei Größen lassen sich im Rahmen eines Initial Public Offering (IPO) relativ einfach ermitteln: der durch das IPO erhöhte Marktwert (Differenz zwischen dem Marktwert des Unternehmens vor und nach dem IPO) und die direkten monetären Kommunikationskosten, die im Rahmen der Emission angefallen sind. In obigem Beispiel belaufen sich die Emissionskosten annahmegemäß auf 220. Hierbei werden normalerweise lediglich die direkten Kosten berücksichtigt. Geht man von einem (realwirtschaftlichen) Transaktionskostenansatz aus, wären allerdings die anteiligen Managementgehälter genauso miteinzubeziehen wie etwaige Opportunitätskosten (Management und Ressourcenkapazität standen nicht für andere Projekte zur Verfügung). Eine systematische und detaillierte Erfassung dieser Kostenkomponente wird üblicherweise nicht vorgenommen, wäre aber zumindest ansatzweise durchführbar. Somit scheint die Kostenseite der Kommunikation im Rahmen eines IPOs einigermaßen vernünftig bestimmbar zu sein.

Der Nutzen der Kommunikationsinvestitionen ist vordergründig in der Zunahme des Marktwertes zu sehen, der aufgrund der Kommunikationsleistung zustande gekommen ist. Die gesamte Zunahme des Marktwertes beträgt in unserem Beispiel 5100. Allerdings ist nur jener Bruchteil davon für den Return on Investment (ROI) der Kommunikation relevant, der direkt auf diese zurückzuführen ist.[10] Theoretisch lässt sich dieser Wert bestimmen, indem man den Marktwert bei Kommunikationsausgaben von 0 mit dem effektiven Marktwert vergleicht. Wie aber lässt sich der Marktwert berechnen, der ohne Kommunikationsmaßnahmen entstanden wäre? Ein IPO ohne jegliche Kommunikation durchzuführen ist ausgeschlossen, da bereits die Zulassungsbestimmungen gewisse Anforderungen an die Publizität stellen, beispielsweise die Erstellung eines Emissionsprospektes. Folglich stellt das Investitionsvolumen keine vollkommen frei wählbare Größe dar.

Die in Abschnitt 3.2 erwähnte *Grenzbetrachtung* kann hier Abhilfe schaffen. Demnach müsste man die zusätzlichen Kommunikationskosten mit dem zusätzlich erzielten Marktwert vergleichen. Korrekt wäre die Berücksichtigung der über das Mindestmaß hinausgehenden Investitionen in die Kommunikation. Eine Schätzung dieser Größe ließe sich aus einem historischen Vergleich der Emissionskosten verschiedener Emittenten festlegen. Die niedrigsten Emissionskosten, die sich so feststellen ließen, wären die Schätzung für das Mindestmaß. Angenommen, diese Größe sei mit 100 beobachtet worden, so ergäbe sich im Beispiel eine „freiwillige" Investition von 120. Diese wiederum ließe sich in einen gegenüber anderen IPOs „normalen" Beitrag und einen „überdurchschnittlichen" Beitrag aufteilen.

Der *Nutzen* lässt sich in Anlehnung an die Kostenseite auf zwei Arten bestimmen. Einerseits kann argumentiert werden, dass der Nutzen der zusätzlichen Kommunikation darin zum Ausdruck kommt, dass der Markt das Unternehmen *höher bewertet* als die entsprechende Peer Group. Diese Höherbewertung ließe sich, mit gewissen systematischen Schwächen, vermutlich schätzen. Eine Sicht, die dem hier dargelegten Begriff der Wertkommunikation entspricht, müsste den Nutzen der Kommunikation allerdings ganz anders betrachten. Der Nutzen bestünde darin, die *externe Bewertung an die interne heranzuführen*. Der Nutzen muss sich demnach daran messen lassen, inwiefern der innere Wert des Unternehmens nach außen kommuniziert werden konnte.[11] Hierbei ist wichtig festzuhalten, dass gemäß Abschnitt 5.1 sowohl eine Unter- als auch eine wesentliche Überbewertung den Nutzen senken. Wird dieser Ansatz zur Bestimmung des Nutzens verwendet, erkennt man, dass dessen quantitative Bestimmung nicht trivial ist.

---

10 Der Börsengang hat für ein Unternehmen zahlreiche Vorteile, und es gibt verschiedene Faktoren, die eine Höherbewertung der Firma begründen.
11 Vorausgesetzt, dieser Wert ließe sich überhaupt bestimmen.

Komplexer wird die Betrachtung, wenn man nicht nur den effektiven Zeitpunkt der Emissionspreisfestsetzung betrachtet, sondern die darauf folgende Handelsphase einbezieht. Ein mehr oder weniger bewusst gewählter tieferer Emissionspreis (Underpricing) führt in vielen Fällen zu hohen Kurssprüngen während der ersten Handelstage. Je größer das Underpricing, desto stärker die Resonanz in den Medien. Große Kursavancen tragen somit zur Reputationsbildung des Unternehmens am Kapitalmarkt bei und stellen einen Kommunikationseffekt dar, den der Emittent und die Emissionsbanken bewusst in Gang setzen können.

Bringt aber der während der ersten Handelstage steigende Marktwert dem Emittenten tatsächlich einen ökonomischen Nutzen? An sich nicht, denn Underpricing bedeutet, dass der Emittent seine Aktien zu einem höheren Preis hätte verkaufen können („money left on the table"). Dem eventuellen Reputationsgewinn am Kapitalmarkt, der künftig möglicherweise eine günstigere Finanzierung eröffnet, steht heute ein wesentliches Opportunitätskostenelement in Form entgangener Finanzierungsmittel gegenüber. Das Underpricing wäre dann als Investition in die zukünftige Reputation zu verstehen. Die Bestimmung von Kosten und Nutzen wird so betrachtet immer komplexer. Die Kernproblematik besteht darin, dass Kosten und Nutzen nicht zeitlich zusammenfallen und dass kein eindeutiger Ursache-Wirkungs-Zusammenhang ersichtlich ist. Zudem können die Informationsprozesse durch Faktoren verstärkt oder abgeschwächt werden, die außerhalb des Einflussbereichs der primären Kommunikationsteilnehmer liegen.

Das Beispiel zeigt, wie schwierig es selbst bei einem meist kostenmäßig dokumentierten, isolierbaren und zeitlich beschränkten Kommunikationsereignis ist, eine sinnvolle *Kosten-Nutzen-Analyse* durchzuführen[12] geschweige denn einen Kommunikations-ROI zu berechnen. Auf der anderen Seite ist aber auch sichtbar, dass Investitionen in die Kommunikation eine hohe Hebelwirkung haben können und deshalb sinnvollerweise professionell vorzubereiten und durchzuführen sind.

8 Fazit

Viele *offene Fragen* sind beim heutigen Stand von Forschung, Lehre und Praxis noch nicht befriedigend zu beantworten, und für verschiedene *Problemstellungen* gibt es

---

[12] Auf die Problematik des Underpricing und der Management-Anreize zu mehr oder weniger absichtlich verzerrter Preissetzung im Zusammenhang mit IPOs wurde hier bewusst nicht eingegangen. Ebenso wurde nicht thematisiert, welche weitere Wirkung das Underpricing und das IPO auf die Reputation des Emittenten hat (Marketing-Effekt des IPO selber). Vgl. dazu Song, Rhee und Adams (2000).

dementsprechend keine eindeutig „beste" praktische Lösung. Dabei sind oft schon die Beweggründe des Managements für die Wahl von Art und Intensität der externen Wertkommunikation unklar, und neben den nur schwer zu ermittelnden Kosten der Kommunikation wirft die Nutzenseite besonders schwierige Fragen auf. Auch sind es verschiedenste Sachverhalte, welche auf die Kommunikationsweise einwirken bzw. durch diese im Nachhinein tangiert werden. HEALY/PALEPU verweisen in diesem Zusammenhang auf Kapitalmarktuntersuchungen, die dokumentieren, dass Zusammenhänge zwischen einer freiwilligen Offenlegung einerseits und der Aktienperformance, von Bid-ask Spreads, den Kapitalkosten, der Abdeckung durch Analysten und dem Vorhandensein institutioneller Anleger andererseits bestehen (HEALY/PALEPU 2001, S. 407).

Ein Blick in die derzeit zur Diskussion stehenden *neuen Gesetzestexte, Regelwerke und institutionellen Anpassungen* dies- und jenseits des Atlantiks zeigt, dass die von Skandalen geprägte jüngste Vergangenheit das Bewusstsein für Transparenz und Offenheit der Investoren und Regulatoren geschärft hat. Der Trend ist eindeutig: Unternehmen werden in Zukunft immer mehr Informationen an den Markt senden müssen und immer tieferen Einblick in ihr Innenleben gewähren. Dies wird nicht zwingend zu einem „gläsernen" Unternehmen führen, aber die Richtung weist dorthin. Ob der Markt – sprich der Investor – dadurch effektiv besser vor Missbräuchen geschützt sein wird, darf zumindest teilweise kritisch hinterfragt werden. Ein Mehr von Informationen stößt auf eine begrenzte Aufnahme- und Verarbeitungsfähigkeit und kann auch kontraproduktiv sein. Dennoch: Diese Entwicklung ist grundsätzlich zu begrüßen, insbesondere wenn mittelfristig auch eine Angleichung unterschiedlicher Reporting-Standards erreicht werden kann.

Über die sich dadurch stark akzentuierenden Ansprüche an die Unternehmen werden Kommunikationspannen noch stärker auffallen und bestraft werden. Für die Unternehmen ergibt sich durch diese Entwicklung eine eindeutige Aufgabe: Das *Management der Informationsflüsse* einerseits und die *professionelle Planung, Steuerung und Durchführung* der dadurch ausgelösten Kommunikationsprozesse andererseits. Unternehmen, die dies nicht frühzeitig erkennen, handeln fahrlässig und setzen Milliarden an Marktkapitalisierung aufs Spiel – und damit im schlimmsten Fall Tausende von Arbeitsplätzen.

Literatur

ACHLEITNER, A.-K./BASSEN, A./PIETSCH, L. (2001): Kapitalmarktkommunikation von Wachstumsunternehmen – Kriterien zur effizienten Ansprache von Finanzanalysten, Stuttgart 2001.

BOTOSAN, C. A. (1997): Disclosure level and the cost of equity capital, in: The Accounting Review, Vol. 72, No. 3, July 1997, S. 323–349.

BOTOSAN, C. A./PLUMLEE, M. A. (2002): A re-examination of disclosure level and the expected cost of equity capital. In: Journal of Accounting Research, Vol. 40, No. 1, March 2002, S. 21–40.

BRENNAN, M. J./TAMAROWSKI, C. (2000): Investor relations, liquidity, and stock prices. In: Journal of Applied Corporate Finance, Vol. 12, 2000, S. 26–37.

BUSHEE, B. J. (2000): Corporate disclosure practices, institutional investors and stock return volatility. In: Journal of Accounting Research, Vol. 38, 2000, S. 171–202.

CARAMANOLIS, B./GARDIOL, L./GIBSON, R./TUCHSCHMID, N. S. (1999): Are investors sensitive to the quality and the disclosure of financial statements. In: European Finance Review, Vol. 3, No. 2, 1999, S. 131–159.

CHERIDITO, Y. (2003): Markenbewertung – Umfassendes Konzept zur Markenbewertung und empirische Studie bei Schweizer Publikumsgesellschaften, Bern/Stuttgart/Wien 2003.

COCCA, T. D. (2002): Die Rolle von Finanzintermediären im Internet, Bern/Stuttgart/Wien 2002.

COCCA, T./VOLKART, R. (2002): Equity Ownership in Switzerland 2002 (Aktienbesitz in der Schweiz 2002), Versus Verlag, Zürich 2002.

COOK, D./KIESCHNIK, R./VON NESS, R. (2002): On the Marketing of IPOs, SSRN Electronic Paper Collection, 2002.

COYNE, K. P./WITTER, J. W. (2002): Taking the mystery out of investor behavior. In: Harvard Business Review, No. 9, September 2002. S. 68–79.

DANIEL, H. D./HIRSHLEIFER, D./SUBRAHMANYAM, A. (2001): Overconfidence, arbitrage and equilibrium asset pricing. In: The Journal of Finance, Vol. 56, No. 3, 2001, S. 921–965.

DAVIS, E. P. (2003): Institutional investors, financial market efficiency and financial stability, Discussion Paper, University of London, 2003.

DE BONDT, W./THALER, R. (1985): Does the stock market overreact? In: The Journal of Finance, Vol. 40, No. 3, July 1985, S. 793–805.

DEMERS, E./LEWELLEN, K. (2003): The Marketing Role of IPOs: Evidence from Internet Stocks, in: Journal of Financial Economics, Vol. 68, 2003, S. 413–437.

DENNIS, P. J./STRICKLAND, D. (2002): Who blinks in volatile markets, individuals or institutions?, in: The Journal of *Finance*, Vol. 57, 2002, S. 1923–1949.

DIEGELMANN, M./GIESEL, F./JUGEL, S. (Hrsg.) (2002): Moderne Investor Relations – Instrumente der strategischen Unternehmensführung, Frankfurt a.M. 2002.

ECCLES, R. G./KAHN, H. D. (1998): Pursuing value – The information reporting gap in the US capital markets, PricewaterhouseCoopers LLP 1998.

ECCLES, R. G./WEIBEL, P. (1998): Pursuing value – The information reporting gap in the Swiss capital markets, PricewaterhouseCoopers LLP 1998.

ECCLES, R./HERZ, H./KEEGAN, E. M./PHILLIPS, D. M. (2001): The ValueReporting Revolution: Moving Beyond the Earnings Game, London/New York 2001.

FALZ, F. (1999): Investor Relations und Shareholder Value: Die Kommunikation zwischen Unternehmen und Investoren, Wiesbaden 1999.

FEHR, K./OBERHOLZER, R. (2004): Übertriebene Angst um Adecco, in: NZZ am Sonntag, 18.1.2004, S. 43.

FROST, C. A. (1997): Disclosure policy choices of UK firms receiving modified audit reports, in: Journal of Accounting & Economics, 23, S. 163–188.

HAIL, L. (2002): The impact of voluntary corporate disclosures on the ex ante cost of capital for Swiss firms, in: European Accounting Review, Vol. 11, No. 4, December 2002, S. 741–773.

HAUSER, M.J. (2004): Möglichkeiten, Risiken und Grenzen der Investor Relations – Theoretische und empirische Analyse, Bern/Stuttgart/Wien 2004.

HEALY, P. M./PALEPU, K. (1995): The challenges of investor communication. The case of CUS International Inc. In: Journal of Financial Economics, Vol. 38, 1995, S. 111–140.

HEALY, P. M./PALEPU, K. (2001): Information asymmetry, corporate disclosure, and the capital markets: A review of the empirical disclosure literature. In: Journal of Accounting & Economics, 31, 2001, S. 405–440.

HIGGINS, R. B. (2000): Best practices in global investor relations – The creation of shareholder value, Westport/London 2000.

HIRSHLEIFER, D. (2001): Investor psychology and asset pricing. In: The Journal of Finance, Vol. 56, No. 4, 2001, S. 1533–1597.

JENSEN, M. C. (2003): Agency costs of overvalued equity, Work in progress.

KIRCHHOFF, K. R./PIWINGER, M. (Hrsg.) (2005): Investor Relations – Effiziente Kommunikation zwischen Unternehmen und Kapitalmarkt, Wiesbaden 2005.

KIRCHHOFF CONSULT/PRICEWATERHOUSECOOPERS (Hrsg.) (2003): Investor Relations und Corporate Reporting bei börsenkotierten Unternehmen in der Schweiz, Zürich 2003.

LABHART, P. A. (1999): Value Reporting – Informationsbedürfnisse des Kapitalmarktes und Wertsteigerung durch Reporting, Zürich 1999.

LABHART, P./VOLKART, R. (2001): Value Reporting, in: Coenenberg, A. G./Pohle, K. (Hrsg.): Internationale Rechnungslegung. Konsequenzen für Unternehmensführung, Rechnungswesen, Standardsetting, Prüfung und Kapitalmarkt, Stuttgart 2001, S. 115–142.

LABHART, P./MARSEILLE, CH./VOLKART, R. (2005): Investor Relations und Wertsteigerungsmanagement, in: Kirchhoff, K. R./Piwinger, M. (Hrsg.): Praxishandbuch Investor Relations – Effiziente Kommunikation zwischen Unternehmen und Kapitalmarkt, Wiesbaden 2005.

LÄBER, I. (2004): Investor Management – Keeping abreast of myopic investor behaviour and investor preferences to facilitate long-term value creation, Zürich 2004.

LEV, B./ZAROWIN, P. (1999): The boundaries of financial reporting and how to extend them. In: Journal of Accounting Research, Vol. 37, 1999, S. 353–386.

MCMILLAN, J. (2002): Weder Magie noch Voodoo, in: Folio Nr. 9, September 2002, Hrsg. Neue Zürcher Zeitung, S. 24.

MEIER-PFISTER, M./THOMMEN, A. S. (2002): Erfolgsfaktor Investor Relations?: Finanzkommunikation in der Schweiz, Zürich 2002.

MERTON, R. C.: A simple model of capital market equilibrium with incomplete information. In: The Journal of Finance, Vol. 42, No. 3, July 1987, S. 483–510.

MOELLER, S. B./SCHLINGEMANN, F. P./STULZ, R.M. (2003): Wealth destruction on a massive scale? A study of acquiring-firm returns in the recent merger wave, Dice Center Working Paper, Ohio State University, August 2003.

MOLL, G. (2002a): Wertkommunikation im unternehmerischen Kontext – Ein handlungsorientierter Ansatz, Zürich 2002.

MOLL, G. (interviewt von H. Littger) (2002b): Die gebrochene Macht der Zahlen. Ein Interview mit Gabriele Moll über Value Reporting und den Trend bei Unternehmen zu mehr Glaubwürdigkeit, *http://www.changex.de/d_a00855.html* (Abrufdatum: 18.11.2002).

NEUE ZÜRCHER ZEITUNG (NZZ [ra]): Die ABB-Aktien stürzen um mehr als 60 Prozent, Nr. 246 vom 26.10.2002, S. 31.

NEUE ZÜRCHER ZEITUNG (NZZ[Gy]): ABB mit neuem Finanz-Spielraum zum Wachsen – Aktionäre stimmen der Kapitalerhöhung zu, Nr. 271 vom 21.11.2003, S. 27.

NZZ am Sonntag vom 5. 5.2003, S. 9, Inserat der Swiss.

PALEPU, K./BERNARD, V./HEALY, P. (1996): Analysis and Valuation, Cincinnati (Ohio) 1996.

PFIFFNER, F. (2004): Adecco muss den riesigen Schaden begrenzen. In: NZZ am Sonntag von 25.1.2004, S. 49.

RASCH, M. (2003): Adecco trotz guter Zahlen im Kreuzfeuer einiger Investoren. In: Neue Zürcher Zeitung (NZZ), Nr. 89, 16.4.2003, S. 29.

RYSER, H.-J./RUTISHAUSER, A. (2004): Adecco: 50 Millionen fehlen. In: SonntagsZeitung, 18.1.2004, S. 53/55.

SONG, J./RHEE, Y./ADAMS, C. (2000): The Initial Public Offering as a Marketing Tool, Working Paper, Carlson School of Management, University of Minnesota, Minneapolis, Minnesota, 2000.

STEINER, M./HESSELMANN, C. (2001): Messung des Erfolgs von Investor Relations. In:

Achleitner, A.-K./Bassen, A. (Hrsg.): Investor Relations am Neuen Markt – Zielgruppen, Instrumente, rechtliche Rahmenbedingungen und Kommunikationsinhalte, Stuttgart 2001, S. 97–118.

SYLLA, R. (2000): Am Anfang war das Finanzsystem – dann kam der Erfolg. Ein neuer wirtschaftshistorischer Erklärungsansatz des Aufstiegs von Nationen. In: Neue Zürcher Zeitung, Nr. 145, 24./25.7.2000, S. 99.

SYLLA, R./TILLY, R./TORTELLA, G. (Hrsg.) (1999): The state, the financial system and economic modernisation, Cambridge 1999.

VERRECCHIA, R. E. (1999): Disclosure and the cost of capital: A discussion. In: Journal of Accounting & Economics, 26, 1999, S. 271–283.

VOLKART, R. (1998): Wertkommunikation, Aktienkursbildung und Managementverhalten – Kritische Eckpunkte im Shareholder Value-Konzept. In: Volkart, R.: Shareholder Value & Corporate Valuation, Zürich 1998, S. 81–97.

VOLKART, R. (2001): Rechnungswesen und Informationspolitik, Zürich 2001.

VOLKART, R. (2003a): Vom Reingewinn zur Balanced Scorecard – Die Suche nach den Zusammenhängen unter der Oberfläche der „Bottom Line". In: Neue Zürcher Zeitung (NZZ), Nr. 277, 28.11.2003, Sonderbeilage „Führen", S. B3.

VOLKART, R. (2003b): Corporate Finance – Grundlagen von Finanzierung und Investition, Zürich 2003.

VOLKART, R./COCCA, T. (2003): Der Aktionär im Zentrum des Interesses. Corporate Governance und Shareholder Value – ein Widerspruch? In: Neue Zürcher Zeitung (NZZ) Nr. 147, 28./29.6.2003, S. 29 (Themen und Thesen der Wirtschaft).

VOLKART, R./COCCA, T./HAERINGER, B. (2002): Swiss Corporate Governance, in: Investor Relations (Hrsg: Wirz Investor Relations AG), 7. Ausgabe, Dezember 2002, S. 1–2.

VOLKART, R./LABHART, P. (2001): Wie das investierte Kapital bewerten? Invested Capital, Equity and Intagibles (immaterielle Aktiven) als Bewertungsgrößen. In: Schweizer Treuhänder, Nr. 3, März 2001, S. 193–200.

WEIBEL, P.F./SCHEIWILLER, T. (2002): Immaterielle Werte besser managen – Nachhaltiger Erfolg durch erweitere Führungskonzepte. In: Neue Zürcher Zeitung (NZZ), Nr. 144, 25.6.2002, S. 17.

WIEHLE, U. (2002): Internationale Investor Relations. In: Diegelmann, M./Giesel, F./Jugel, S.: Moderne Investor Relations – Instrument der Strategischen Unternehmensführung, Frankfurt a. M. 2002, S. 138–203.

Die Autoren danken **Luzius Neubert,** lic. oec. publ., Research Assistant am Swiss Banking Institute der Universität Zürich, für die materielle und formelle Durchsicht des Manuskripts sowie die wertvollen Hinweise.

Victor Porák
Methoden zur Erfolgs- und Wertbeitragsmessung von Kommunikation

1 Kommunikation als immaterieller Vermögenswert

Unternehmen investieren in Information und Kommunikation, um ihren Wert zu erhöhen.[1] Da der Aufwand von Kommunikation zumindest teilweise klar ausweisbar ist, ist der Ruf nach der Wirtschaftlichkeit und damit nach dem Erfolg der getroffenen Maßnahmen die logische Folge. Der Erfolg kann aber nur ausgewiesen werden, wenn der gleiche Maßstab sowohl zur Erfassung der Kosten als auch zur Erfassung des Erfolgs verwendet wird (vgl. MAUL in diesem Band). Ziel des vorliegenden Beitrags ist es, heute gängige Modelle der Erfolgs- und Wertbeitragsmessung von Kommunikation strukturiert darzustellen.

Der Unternehmenswert wird maßgeblich von Kommunikation beeinflusst. Jedoch sind neben der Kommunikation auch weitere Faktoren wie u.a. das gesamtwirtschaftliche Umfeld oder die strategische Produktausrichtung zu berücksichtigen. Als mögliche Brücke zwischen Kommunikation und Wertentwicklung eines Unternehmens eignen sich die in den letzten Jahren stark in das Zentrum des Interesses gerückten immateriellen Vermögenswerte.

Für den Begriff der immateriellen Vermögenswerte (so genannte Intangible Assets) existiert – ähnlich wie für den Kommunikationsbegriff – eine Vielzahl von Definitionen aus verschiedenen Fachrichtungen, u.a. aus den Disziplinen der Rechnungslegung und des Wissensmanagements. Aus betriebswirtschaftlicher Sicht ist ein Wert (Asset) eine Einheit, die in der Zukunft einen (üblicherweise ökonomischen) Nutzen erbringt. Ein Wert ist dann immateriell, wenn er keine physische Substanz hat. Finanzwerte wie Aktien und Obligationen etc. sind allerdings davon ausgenommen, da ihr Preis in den Finanzmärkten von Angebot und Nachfrage bestimmt wird (LEV 2001). Damit fallen unter den Begriff der immateriellen Vermögenswerte organisationale Infrastrukturen (Informationssysteme, Netzwerke, administrative Strukturen und Prozesse), Marktwissen und technisches Know-how, Patente, Software, Design, Humankapital, Marken und

---
[1] Während Kommunikation stark auf den Aufbau von Beziehungen zielt, dient Information eher der Übermittlung von Fakten. Im folgenden werden unter dem Begriff „Kommunikation" beide Begriffe zusammengefasst, ausser dort wo eine explizite Unterscheidung notwendig ist (siehe hierzu auch Kapitel 1 im Grundlagenteil).

auch Kommunikation. Kommunikation spielt bei der Entstehung vieler der genannten immateriellen Vermögenswerte eine bedeutende Rolle, wie bereits im Grundlagenteil des vorliegenden Buchs dargelegt. Zusammenfassend sind immaterielle Vermögenswerte nicht-physische Quellen zukünftigen Unternehmenserfolgs.

1.1 Rolle innerhalb immaterieller Vermögenswerte

Eine gängige Klassifikation immaterieller Vermögenswerte bezeichnet den Teil der immateriellen Vermögenswerte, der nicht separat ausgewiesen werden kann, als „Goodwill" (LEV 2001). Unter dem Begriff „Goodwill" wird die beobachtete Lücke zwischen Buch- und Marktwert von Unternehmen verstanden. Da im Kapitalmarkt die immateriellen Vermögenswerte bei der Unternehmensbewertung berücksichtigt werden, ist der Marktwert eines Unternehmens i.d.R. höher als der Buchwert. Wie bereits im Grundlagenteil des vorliegenden Bands beschrieben, hängt diese im Kapitalmarkt identifizierte Wertlücke nahezu ausschliesslich von erfolgreicher Kommunikation ab. Interessanterweise hat Kommunikation in den einschlägigen Klassifikationsansätzen[2] immaterieller Vermögenswerte bisher keine explizite Erwähnung gefunden. Lediglich technische Informations- und Kommunikationssysteme sowie Markenwerte werden dort explizit berücksichtigt.

Hauptsächlich können vier immaterielle Vermögenswerte voneinander unterschieden werden: Wissen (bzw. Intellektuelles Kapital), Humankapital, Innovation und Organisation (BIANCHI/LABORY 2002, Europäische Kommission 2003):

1. **Intellektuelles Kapital** als **Wissen**serwerb (Lernen) und Wissensbildung (Erfindung, Schaffung von Neuem) findet in den Köpfen von Menschen statt. Als intellektuelles Kapital von Unternehmen gilt das Wissen der Arbeitskräfte (Humankapital), die Vorlieben und Bedürfnisse von Kunden (Kundenkapital) sowie die Produkte, Prozesse, Fähigkeiten und Systeme im Unternehmen (Strukturkapital). Wegen seiner Intangibilät wird intellektuelles Kapital bislang nur indirekt erfasst, wie z.B. die Erfassung des Anteils von Spezialwissen in Produkten und Dienstleistungen, der Anteil hochqualifizierter Mitarbeiter in Unternehmen (nach Anzahl der Ausbildungsjahre) oder der Anteil der Forschung am Gesamtbudget. Wissen wird damit auf zwei unterschiedliche Arten gemessen: als Input in die Wissensbildung (Ausbildung, Einweisung etc.) oder als Output (Humankapital, Patente etc.).

---

2 Die wachsenden Bedeutung immaterieller Vermögenswerte wird auch dadurch reflektiert, dass sich neben der Wissenschaft viele Organisationen mit deren Klassifikation und Berechnung in den letzten zehn Jahren befasst haben: u.a. Ansätze des Intellectual Capital Accounts in Schweden und Dänemark, die European Reports on Science & Technology Indicators von EUROSTAT sowie Ansätze der OECD, als auch universitäre Institute wie das Intangibles Research Center der New York University, um nur einige Namen zu nennen.

2. **Humankapital** wird in seiner Quantität wie auch Qualität gemessen. Während durch die Quantität die Größe „Anzahl Mitarbeiter" im Unternehmen erfasst wird, wird mit der Qualität der jeweilige Ausbildungsstand gemessen. In der heutigen Informationsgesellschaft ist die Arbeitsqualität der Arbeit in unserer Wirtschaft wesentlich bedeutender als die Arbeitsquantität zu Beginn der Massenproduktion während der Industrialisierung. Die Arbeitsqualität wird als Ausbildungsstand gemessen, aufgeteilt nach verschiedenen Fachdisziplinen, z.B. anhand der Anzahl Mitarbeiter mit abgeschlossener Lehre oder abgeschlossenem Studium, oder anhand durchgeführter Weiterbildungsmaßnahmen. Diese Messmethoden bergen allerdings den Nachteil, dass sie nur begrenzt die Ausbildungsqualität über die Art der Organisation bzw. Universität sowie über die on-the-job-Ausbildung erfassen können. Selbst Mitarbeiterbefragungen seitens der Unternehmen erfassen in der Regel nicht die Trainingsinhalte. Das Problem liegt in der Messbarkeit von Arbeitsqualität selber: Fähigkeiten, Wissen und Kompetenzen von Mitarbeitern sind nicht leicht zu messen. Wird beispielsweise der Ausbildungsgrad als Indikator herangezogen, werden Fähigkeiten, die nicht in der Schule, der Universität oder im Job erlernt wurden, nur begrenzt erfasst.

3. **Innovation** kann einerseits als Input (z.B. Investitionen in Forschung und Entwicklung, Einkauf von Technologien etc.) und andererseits als Output (Anzahl Innovationen, z.B. Patente, neue Produkte etc.) gemessen werden. Innovationen entstehen größtenteils durch Investitionen in immaterielle Werte. Neue Produkte, Dienstleistungen und Prozesse sind Resultat der Investitionen in Forschung und Entwicklung, in erworbene Technologien, in die Mitarbeiterausbildung, die Kundenakquisition, usw.. Wenn die dadurch entstehenden Produkte, Dienstleistungen und Prozesse ökonomisch erfolgreich sind, verwandeln sich diese Investitionen in immaterielle Vermögenswerte, die den Unternehmenswert erhöhen (LEV 2001). Studien zur Erfassung von Innovation konzentrieren sich meist auf Aktivitäten der Forschung und Entwicklung sowie auf Prozessinnovationen und Patente.

4. Struktur und Ablauf der **Organisation** sind als organisationales Kapital ein wichtiger immaterieller Vermögenswert für Unternehmen. Das organisationale Kapital umfasst Maßnahmen, die interne und externe Wissensquellen gewinnbringend nutzen um z.B. den Informations- und Wissensfluss entlang der Wertschöpfungskette zu organisieren. Dies kann die Produktionskosten verringern und die Produktivität anheben (LEV 2001). Organisationales Kapital und Humankapital sind damit eng miteinander verflochten. Sie werden in standardisierten Befragungen (per Fragebogen) erhoben, sie sind aber in der Regel qualitativer Natur.

Immaterielle Vermögenswerte tragen zunehmend zum Unternehmenswert bei, sind aber nur bedingt messbar. Dies wirft die Frage auf, wie diese Vermögenswerte ausgewiesen werden können, denn die dargestellten Indikatoren spiegeln nur begrenzt den wirklichen Unternehmenswert wieder, da sie:

- nur Teilaspekte der Wirkung immaterieller Vermögenswerte erfassen,
- stark auf hochtechnologisierte Branchen fokussieren (z.B. Patente in der Informations- und Kommunikationstechnologie-Branche), sowie
- Kommunikation als grundlegenden Bereich immaterieller Vermögenswerte nicht berücksichtigen.

Immaterielle Vermögenswerte hängen – wie auch schon im Grundlagenteil des vorliegenden Bands besprochen – sehr stark von Kommunikation ab.

1.2 Wertbestimmung innerhalb immaterieller Vermögenswerte

Zur Bewertung bzw. Messung immaterieller Vermögenswerte wurden eine Reihe von Methoden und Instrumenten entwickelt. Es kann unterschieden werden in:

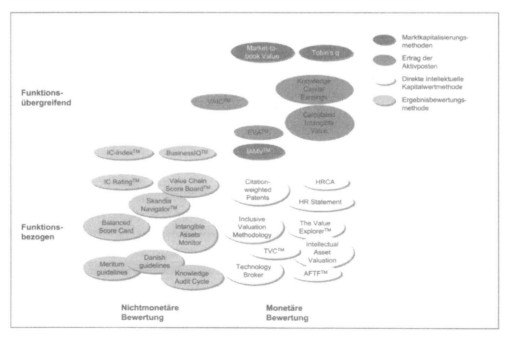

Abbildung 1: Übersicht Messmodelle immaterieller Vermögenswerte (SVEIBY 2004, o. S.)

- finanzielle versus nicht-finanzielle
- holistische versus atomistischen Methoden sowie
- verschiedene Vorgehensweisen wie Marktkapitalisierungsmethoden, Return on Asset-Methoden, Direct Intellectual Capital-Methoden und schließlich Scorecard-Methoden. (SVEIBY 2004).

Abbildung 1 gibt eine aktuelle Übersicht über die bisher entwickelten Methoden zur Bewertung von immateriellen Vermögenswerten und klassifiziert sie nach ihren Grundzügen. Im folgenden sollen die vier genannten Kategorien kurz beschrieben werden, ohne auf alle der 26 dargestellten Messmethoden einzugehen (SVEIBY 2004, Europäische Kommission 2003):

1. Marktkapitalisierungsmethoden: Die Market Capitalization Methods (MCM) erheben den Wert immaterieller Vermögensbestandteile als Differenz zwischen Markt- und Buchwert.
2. Ertrag der Aktivposten: Die Return on Assets Methods (ROA) basieren auf einer Schätzung des Anteils immaterieller Vermögenswerte am Unternehmenswert im Vergleich mit dem Branchendurchschnitt. Dafür nutzen sie verschiedene Kennzahlen wie z.B. die Anlagenrendite.
3. Direkte Intellektuelle Kapitalwertmethode: Die Direct Intellectual Capital Method (DIC) beziffert den monetären Wert immaterieller Vermögensbestandteile durch Identifikation und Berechnung einzelner immaterieller Vermögensbestandteile mit Hilfe von Indikatorenmodellen.
4. Ergebnisbewertungsmethode: Die Score Card Methods (SC) bilden Indikatoren einzelner immaterieller Vermögensbestandteile in Scorecards bzw. Diagrammen ab. Im Unterschied zu den DIC-Methoden weisen die SC-Methoden nicht zwangsläufig einen monetären Wert aus.

Allerdings handelt es sich bei allen Bewertungsmethoden lediglich um Schätzungen der immateriellen Vermögenswerte. Zusätzlich berücksichtigen sie nicht explizit Kommunikation als immateriellen Vermögensbestandteil. Deshalb werden im folgenden die in der Kommunikations-Praxis gängigen Ansätze der Wertbeitrags- und Erfolgsmessung von Kommunikation dargestellt.

2 Systematik der Wertbeitrags- und Erfolgsmessung von Kommunikation

Die letzten Jahrzehnte führten zu einer Professionalisierung der Kommunikationsinstrumente: Klassische Werbung und Mediaplanung haben sowohl ihre Methoden zur Anpassung an steigende Markterfordernisse optimiert als auch an eine vielfältiger werdende Medienlandschaft angepasst (FESSER 2001). Innerhalb der Unternehmenskommunikation haben sich Public Relations und Investor Relations zu wissenschaftlich forschenden Disziplinen entwickelt. Beide Bereiche sind wesentliche Bausteine innerhalb der Unternehmenskommunikation und damit auch Teil des Kommunikations-Managements für das Controllinginstrumente zu implementieren sind.

Eine Systematik der Erfolgsmessung, die sich in den letzten Jahren in Anlehnung an LINDENMANN durchgesetzt hat, unterscheidet vier verschiedene Ebenen des Erfolgs kommunikativer Maßnahmen (NAUNDORF 2001):

- Die **Output**-Ebene misst die reine „Produktionsleistung" der Unternehmenskommunikation quantitativ. Dabei wird u.a. die Anzahl durchgeführter Kommunikationsaktivitäten wie z.B. die Anzahl der Pressekontakte erhoben, aber auch, ob z.B. Unternehmensmitteilungen von der Presse aufgenommen wurden.

- Die **Outgrowth**-Ebene nimmt eine quantitative und qualitative Messung der Wahrnehmungen bei den angepeilten Zielgruppen vor. Dies umfasst die Frage, ob die Kommunikationsleistung überhaupt wahrgenommen wurde (im Sinne von Aufmerksamkeit) und inwiefern sie verstanden wurde.

- Die **Outcome**-Ebene erhebt die Auswirkung der aufgenommenen Informationen auf Einstellungen und das konkrete Verhalten der Zielgruppen. Messinstrumente sind u.a. die Werbewirkungsforschung und Wahrnehmungsstudien (Perception Studies).

- Schliesslich untersucht die **Outflow**-Ebene, ob die Veränderung von Einstellungen und konkretem Verhalten einen Einfluss auf die Wertschöpfung des Unternehmens bzw. den Unternehmenswert ausübt. Messinstrument ist u.a. die quantifizierte Werbewirkungsforschung.

Kommunikation fliesst in unterschiedlicher Quantität zu den dargestellten vier Ebenen, wie das umgekehrte Trichtermodel in Abbildung 2 zeigt. Nur ein kleiner Teil der gesendeten Botschaft ist im Endeffekt als Outflow quantitativ messbar. Während Output und Outgrowth die erfolgreiche Übertragung von Kommunikation zu Anspruchsgruppen beleuchten, umfassen Outcome und Outflow den eigentlichen Erfolg kommunikativer

Methoden zur Erfolgs- und Wertmessung von Kommunikation

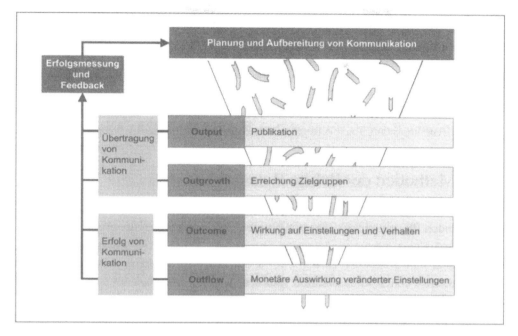

Abbildung 2: Ebenen der Erfolgsmessung von Kommunikation (in Anlehnung an NAUNDORF 2001)

Aktionen, indem sie nach dem Einfluss auf Einstellungen und Verhalten und deren monetären Auswirkungen fragen. Die meisten Instrumente der klassischen Erfolgsmessung kommunikativer Leistungen bewegen sich auf den Ebenen Output bis Outcome. Dies umfasst die reine Messung der quantitativen Zielerreichung durchgeführter Aktivitäten, das Medienmonitoring, Kontaktmessungen und Medienresonanzanalysen sowie Werbewirkungsforschung und Wahrnehmungsstudien.

Die Outflow-Ebene beschreibt dagegen den eigentlichen Einfluss von Kommunikation auf den wirtschaftlichen Erfolg eines Unternehmens. Die Entwicklung eines Kommunikations-Controlling, wie im Grundlagenteil des vorliegenden Bands beschrieben, erfordert die Konzentration auf die Erfolgsmessung der Outflow-Ebene, da hier der monetäre Beitrag als Kommunikationswert ausgewiesen wird.

In der Folge wird ein Überblick über verfügbare Instrumente der Erfolgsmessung von Unternehmenskommunikation im weiteren Sinne gegeben, die stark von der jeweiligen Fach- bzw. Forschungs-Disziplin geprägt sind. Auf Instrumente, welche eine Erfolgsmessung auf Outflow-Ebene zulassen, wird entsprechend verwiesen, allerdings existieren dafür bislang kaum aussagekräftige Methoden der Erfolgsmessung.

3 Funktionsbezogene Methoden

Die Kommunikationsbranche hat sich bislang auf die Messung einzelner funktionsbezogener Werte fokussiert: Markenwert, Reputation, Bekanntheit von Produkten, Kundenbeziehung und Kundenbindung sowie Image und Goodwill. Diese zentralen Messgrößen für das Kommunikations-Management umfassen die Erfolgsmessung der Public Relations, der Investor Relations, des Image- bzw. Reputationswerts und des Markenwerts.

3.1 Methoden der Public Relations

Seit den 70er Jahren wurden kontinuierlich Evaluationsmethoden der Public Relations (im folgenden PR) entwickelt (DOZIER/EHLING 1992). Diese vornehmlich rein quantitativen Methoden erfassten zunächst den operativen Output der Kommunikationsarbeit, konnten aber den wirklichen Erfolg von PR nur begrenzt ausweisen. Die eigentlichen Erfolgsfaktoren von Kommunikation mussten folglich erst noch identifiziert werden (GRUNIG/GRUNIG 1992). FESSER unterscheidet – gemäß der bereits vorgestellten vierteiligen PR-Erfolgsmessungs-Systematik – ökonomische von nicht-ökonomischen Ansätzen der PR-Erfolgskontrolle:

Nicht-ökonomische PR-Erfolgsmessung

Die Methoden und Instrumente der nicht ökonomischen Erfolgskontrolle setzen sich auf der Output-Ebene vornehmlich mit der rein quantitativen Erfassung der Kommunikationsleistung auseinander, u.a. sind zu nennen:

(a) **Veröffentlichungsrate** (Abdruckquote), welche erfasst, wie viel und wie oft informiert bzw. kommuniziert wird, gleichzeitig jedoch nichts über deren Qualität aussagt.

(b) **Reichweite** (Leserrate) beschreibt den Leserkreis eines Mediums und hilft daher bei der Abschätzung, welcher Teil der angepeilten Zielgruppen potenziell erreicht wird.

(c) **Präsenzindikator** (Verweildauer eines Inhalts bei einem Medium bis zum Abdruck) kann mit Hilfe eines Clipping-Services geliefert werden, welcher ausgewählte Medien auswerten und aufbereiten.

Daneben führt FESSER (2001) auch atmosphärische Beurteilungen (subjektive, persönliche Einschätzung) durch PR-Mitarbeiter ein, welche aber aufgrund der fehlenden Objektivität der Methode verworfen werden müssen.

Neben den rein quantitativen Verfahren haben sich auf der Outgrowth- und Output-Ebene verschiedene Verfahren etabliert, welche Wirkungen direkt bei den Zielpersonen selber aufzeigen. So wird z.B. überprüft, ob Botschaften von relevanten Zielgruppen aufgenommen und verstanden wurden (outgrowth) und ob diese zu einer Einstellungs- oder Verhaltensänderung geführt haben (outcome).

Dazu zählen u.a. folgende Testverfahren der Zielgruppen:

- **Recognition und Recall Tests** prüfen die Aufmerksamkeit und das Erinnerungsvermögen vor allem im Zusammenhang mit Anzeigen. Getestet werden Wiedererkennung von Anzeigen und Slogans sowie das Erinnerungsvermögen an kommunizierte Inhalte. Beide Verfahren sind outgrowth-orientiert und können ex-ante oder ex-post durchgeführt werden.

- **Apparative Techniken** setzen unterschiedliche Testgeräte zur Überprüfung der PR-Wirkung bei Testpersonen outgrowth-orientiert ein. Ein Blickaufzeichnungstest überprüft, welche optischen Reize die Testperson besonders ansprechen. Der psychogalvanische Hauttest ermittelt das Aufmerksamkeitsniveau bzw. die Beeinflussung (Involvement) von Testpersonen anhand der Messung des Hautwiderstandes. Dabei wird ausgegangen, dass eine involvierte, erregte Person mehr Schweiß absondert und deshalb einen niedrigeren Hautwiderstand hat. Im Tchistokop-Test werden Probanden sehr kurz (1/1000 – 1/10 Sek.) mit Bildern konfrontiert, um zu ermitteln, wie schnell sie Botschaften aufnehmen können.

Auf der Ebene der Outflow-Messung hat sich als Weiterentwicklung der Clipping-Sammlung die Medienresonanzanalyse etabliert. Ähnlich einer Inhaltsanalyse unterzieht sie die Berichterstattung in Print-, Funk-, TV- und Internetbereich einer qualitativen Bewertung. Unterschieden werden dabei aktionsabhängige (Kampagnen), taktische (Produkteinführung), langfristig ausgelegte und mit den Konkurrenten vergleichende Medienresonanzanalysen.

Auf der Ebene der Outcome-Messung entwickelten sich verschiedene Arten der Befragung direkt bei den Zielgruppen, wobei unsystematische Vorgehensweisen (Exploration, Gruppendiskussion) von systematischen (standardisierte Befragung) unterschieden werden.

- Die **Exploration** ist ein frei geführtes qualitatives Interview mit ausgesuchten Einzelpersonen oder Gruppen. Im Sinne von Tiefeninterviews zielt sie auf umfassende unstrukturierte Informationen eines Einzelnen. Sie wird vorzugsweise bei der Erforschung von Einstellungen, Erwartungen, Motiven und Bedürfnissen sowie im Bereich von Imagestudien eingesetzt.

- Die **Gruppendiskussion** fokussiert dagegen auf Informationsvielfalt unterschiedlicher Personen und soll ein möglichst breites Spektrum an Meinungen, Einstellungen und Erwartungen im Gespräch zutage fördern.

■ Die **standardisierte Befragung** schließlich verfährt einheitlich anhand eines strukturierten Fragebogens und erfolgt in schriftlicher, mündlicher oder telefonischer Form. Einzelaussagen werden so vergleichbar und wiederholt überprüfbar, jedoch kommt der Befragte nicht ins Erzählen.

Diese Begrenzung wurde durch Entwicklung der Imageanalyse auf der Outcome-Ebene aufgehoben. In standardisierten Fragebögen werden Einstellungen und Meinungen zu einem bestimmten Gegenstand (z.B. zu Firmen oder Marken) abgefragt. Mittels Skalierungsverfahren können Polaritätsprofile erstellt, welche die Meinung der befragten Personen widerspiegeln.

Ökonomische PR-Erfolgsmessung

Die dargestellten Instrumenten der Erfolgsmessung der Ebenen Output (Medienresonanz) bis Outcome (Interviews, Perception Studies etc.) sind sowohl quantitativer als auch qualitativer Art, bestimmen aber nicht die ökonomischen Auswirkungen von Kommunikationsleistungen (FESSER 2001). Lediglich eine reine Wirtschaftlichkeitskontrolle konnte sich bislang etablieren, indem der personelle und finanzielle Mitteleinsatz mit dem Ziel der Kostenkontrolle erhoben wurde. Diese Methode kann jedoch nur begrenzt angewendet werden, da u.a. Mittel zur Berechnung des eigentlichen Werts von Kommunikationsleistungen fehlen. BRUHN schlägt deshalb die Anwendung des Opportunitätskostenansatzes vor, was jedoch die Berechnung des Nutzens voraussetzt (BRUHN 1995).

Neben den aufgezeigten Methoden der qualitativen und quantitativen Erfolgsmessung von Unternehmenskommunikation durch PR, haben sich Prozessanalysen wie z.B. der Kommunikations-Audit in der Praxis etabliert.

Fazit: Die PR verfügen über ein breites Portfolio praxisgeprüfter Evaluationsinstrumente, die prinzipiell nicht zwischen ökonomischen und nicht-ökonomischen Ansätzen differenzieren. Während im nicht-ökonomischen Bereich viele aussagekräftige Instrumente zur Verfügung stehen, gibt es bislang kaum Ansätze für die Bewertung der ökonomischen Auswirkungen des materiellen Werts der Unternehmenskommunikation (so genannter Outflow).

3.2 Methoden der Investor Relations

Auch im Bereich der Investor Relations (im folgenden IR) haben sich – ähnlich wie in den PR – verschiedene qualitative und quantitative Evaluationsansätze zur Identifizierung und Messung des Erfolgs der IR-Arbeit etabliert. Erfolgsfaktorenn wie z.B. die Qualität der kommunizierten Informationen, können durch eine Reihe von Indikatoren wie z.B. der Verständlichkeit gemessen werden. In der Praxis sind Methoden verbreitet, die sich allesamt im Bereich der Output- und Outgrowth-Messung bewegen. Im folgenden werden nur die beeinflussbaren Erfolgsfaktoren mit möglichen Indikatoren beschrieben, die kausal in ein entsprechendes Zielsystem einfließen und messbare qualitative (z.B. Vertrauen) oder quantitative (z.B. Aktienpreis) Auswirkungen haben.

Abbildung 3: Kausaler Wirkungszusammenhang der Investor Relations (PORÁK 2005)

Im folgenden werden nicht-ökonomische und ökonomische IR-Erfolgsmessungen unterschieden. Im Gegensatz zu PR existieren bereits einige ökonomische IR-Methoden, was z.T. auch aus der zahlengetriebenen Finanzmarktnähe erklärbar ist.

Nicht-ökonomische IR-Erfolgsmessung

- **Feedback von Analysten und Investoren** via Befragung (persönlich oder per Fragebogen) erlauben Rückschlüsse auf die Qualität der IR, z.B. zur Aktionärszufriedenheit. Mögliche Nachteile sind die mangelnde Repräsentativität der Aussagen aufgrund der Auswahl der Gesprächspartner insbesondere bei Privatinvestoren und die Meinungsbeeinflussung durch Wahl des Zeitpunkts der Befragung.

- Die **Analyst Coverage** wird ebenfalls als Indiz für die IR-Qualität herangezogen. Analysten werden diejenigen Unternehmen lieber abdecken, welche vergleichbar gute Informationen zur Verfügung stellen und ihnen möglichst wenig Aufwand bei der Recherche verursachen.

- Durch **Inhaltsanalyse von Research-Reports der Sell-side** lassen sich unterschiedliche Bewertungen und Interpretationen der verschiedenen Analysten feststellen. Treten bei einem Unternehmen starke Abweichungen zwischen ihren Research-Reports auf, kann unter anderem auf Fehler in der Kommunikation geschlossen werden.

- **Wahrnehmungsstudien** (so genannte Perception Studies) stammen ursprünglich aus der Verhaltens- und Verkaufspsychologie und sind mittlerweile ein wichtiges Feedback-Instrument geworden: Durch sie wird anhand von Befragungen von professionellen Anlegern erhoben, wie die von IR kommunizierten Botschaften von professionellen Kapitalmarktteilnehmern aufgenommen wurden.

- **Medienmonitoring** (Clippings) erfasst die Häufigkeit der Berichterstattung. Mittels der **Medienresonanzanalyse** wird die Wirkung der Berichterstattung zudem auch inhaltlich auf Korrektheit und Interpretation untersucht. Medien bleiben weiterhin eine der wichtigsten Informationsquellen für Kapitalmarktteilnehmer und sind somit bedeutend für IR.

- Die **Nutzung der Investor Relations-Webseiten** wird meist durch Zugriffsstatistiken (Page Impressions, Sessions, Hits etc.) gemessen. Weitere Fragen bzgl. der Resonanz von Internetaktivitäten sind: Werden Feedback- bzw. Anfrage-Möglichkeiten wie z.B. Kontaktformulare genutzt? Welche Publikationen werden abgerufen oder über das Web online bestellt? Allerdings sind durch reine Zugriffsstatistiken nur pauschale Aussagen über den Nutzungsumfang möglich. Weder ist eine Differenzierung nach Zielgruppen noch eine Qualitätsbeurteilung in Abhängigkeit vom dargebotenen Inhalt möglich.

- Die **Anzahl Teilnehmer an offiziellen IR-Anlässen** spiegelt zum einen das Interesse am Unternehmen wider, kann aber auch Resultat und damit Indikator einer gelungenen IR-Arbeit sein. Dazu werden Anzahl und Art der teilnehmenden Analysten, Investoren und Medienvertreter an Anlässen wie Präsentationen, Konferenzen, Technology Days oder Conference Calls analysiert.

- **IR-Ratings** wie diejenigen von Reuters oder Capital sind öffentliche IR-Benchmarkings. So veröffentlicht REUTERS beispielsweise jährlich ein IR-Ranking, welches die Meinungen von Analysten, Fondsmanagern und Privatanlegern zu IR-Kriterien wie Zeitnähe, Glaubwürdigkeit und Qualität widerspiegelt. Auch Zeitschriften wie CAPITAL veröffentlichen ein entsprechendes jährliches Ranking deutscher Unternehmen.

Ökonomische IR-Erfolgsmessung

Viele der ökonomischen IR-Erfolgsmessungen sind quantitativer Natur, jedoch ist ein Nachweis der direkten Kausalität zwischen IR-Handlung und Zielgrößen nur begrenzt nachweisbar. Deshalb sind in der Praxis die nicht-ökonomischen qualitativen Methoden der Erfolgs- bzw. Leistungsmessung weit verbreitet.

- IR-Maßnahmen beeinflussen indirekt den **Aktienkurs** von Unternehmen, indem die Informationsasymmetrie zwischen Unternehmen und Finanzgemeinde durch Offenlegung relevanter Informationen abgebaut wird. Eine erhöhte Transparenz führt zu einem höheren Vertrauen, wodurch der Risikoabschlag geringer ausfällt. Aufgrund der einfachen Verfügbarkeit ist die Aktienkursentwicklung eine einfach anzuwendende Beurteilungsgröße, die in der Regel im Verhältnis zur vergleichenden Gruppe oder zu einem führenden Index betrachtet wird (so genannter Performancevergleich).

- Die **Volatilität**, gemessen als Beta einer Aktie misst die Schwankung des Einzeltitels im Vergleich zum Gesamtmarkt. Ein kontinuierliches Erwartungsmanagement (Guidance) soll die Volatilität der Einzelaktie gering halten.

- Die Ermittlung der **Aktionärsstruktur** gibt Aufschluss über das Verhältnis von institutionellen Investoren, Privatanlegern, ausländischen Investoren etc. – insoweit die Aktionäre überhaupt identifizierbar sind. Eine breite Aktienstreuung ist Voraussetzung für eine geringe Volatilität, da sich das Verhalten Einzelner geringer auswirkt. Durch den Vergleich der periodisch erhobenen Aktionärsstruktur kann nachvollzogen werden, wie sich IR-Maßnahmen auf einzelne Zielgruppen ausgewirkt haben.

- Eine geringe Volatilität bewirkt, dass die **Kapitalkosten** für das Unternehmen aufgrund des reduzierten Anlegerrisikos sinken. Hat ein Unternehmen geringe Kapitalkosten, werden zukünftige Cashflows in der Unternehmensbewertung geringer abgezinst, wodurch der Wert für die Anteilseigner (so genannter Shareholder Value) steigt.

Neben den dargestellten Praxismethoden werden in der Forschung weitere Kombinationsansätze verfolgt, die – ähnlich wie in der Markenbewertung – erfolgsversprechend erscheinen (PORÁK 2005). Durch sowohl qualitative als auch quantitative Erhebungen können Einstellungen und Verhalten im Kapitalmarkt (Outcome) berücksichtigt und deren Einfluss auf ökonomische Werte (Outflow) identifiziert werden.

> **Fazit:** Die IR bedienen sich im Grunde ähnlicher nicht-ökonomischer und ökonomischer Evaluationsmethoden wie die PR und ergänzen diese um fachspezifische Methoden wie z.B. die Überprüfung der Analystencoverage. Während im nicht-ökonomischen Bereich viele aussagekräftige Instrumente zur Verfügung stehen, bietet das Instrumentarium der IR bislang nur begrenzte Ansätze für die Bewertung der ökonomischen Auswirkungen (Outflow) der IR. Entsprechende Ansätze befinden sich derzeit auf Seite der Forschung in Entwicklung.

3.3 Methoden des Sponsoring

Sponsoring, so u.a. Sport-, Kultur-, Medien-, Sozio-, und Umwelt-Sponsoring unterstützt die positive Entwicklung des Unternehmenswertes. In der Regel schließt die Erfolgskontrolle den Planungsprozess des Sponsoring ab und überprüft den Erreichungsgrad hinsichtlich gesetzter Sponsoringziele. Die Erfolgskontrolle im Sponsoring kann zu verschiedenen Zeitpunkten durchgeführt werden. Es wird zwischen Pre-Tests vor dem Sponsoring Inbetween-Tests während und Post-Tests nach dem Sponsoring sowie quantitativen von qualitativen Verfahren unterschieden (BRUHN 2003). Nicht zuletzt aufgrund der teilweise beträchtlichen Sponsoringbudgets im zweistelligen Millionenbereich werden drei Arten von Erfolgskontrolle durchgeführt: Prozesskontrolle, Wirkungskontrolle sowie Wirtschaftlichkeits- und Effizienzanalyse. Im Mittelpunkt jeglicher Evaluation von Sponsoringprogrammen steht die Frage, welche kommunikative Wirkung bei den Zielgruppen erreicht wurde (Wirkungsanalyse) und ob sich die Investitionen in Sponsoring für das Unternehmen gelohnt haben (Effizienzanalyse).

Diese Kontrolle der operativen Umsetzung von Sponsoringmaßnahmen finden mittels **Prozesskontrollen** auf Ebene des Outputs statt, analog zu der in der Einleitung vorgestellten Systematik der Erfolgsmessung von Kommunikation. So kann z.B. die Medienwirkung im Vorfeld von Sponsoringmaßnahmen erfasst werden, die Rückschlüsse auf die zu erwartende Medienwirkung im Zusammenhang mit der geplanten Maßnahme zulässt. Zudem wird die Durchführung der Maßnahme selbst anhand von Checklisten, Netzplänen und weiteren Mitteln der Prozesskontrolle überprüft.

Wirkungskontrollen bewegen sich andererseits auf der Ebene des Outgrowth und des Outcome innerhalb der Systematik für Erfolgsmessungen. Durch die Ergebniskontrolle überprüfen Unternehmen, ob und inwieweit die gewählten Sponsoringmaßnahmen zur Erreichung der geplanten kommunikativen Ziele beitragen z.B. anhand einer Medienresonanzanalyse. Die Wirkungsmessung im Sponsoring unterscheidet dabei zwischen momentanen und dauerhaften Kommunikationswirkungen. Momentane Sponsoringwirkungen umfassen kurzfristige Reaktionen in einer bestimmen Situation, gemessen an Aufmerksamkeit, Akzeptanz und Interesse der Zielgruppen mittels Beobachtung, Befragung und Paneldaten. Dauerhaft wirksame Sponsoringwirkungen umfassen von den Zielgruppen gelernte, langfristig wirksame psychologische Konstrukte wie die Imagewirkung, die Produktpräferenz und die Zufriedenheit, welche meist durch Befragungen erhoben werden. Die Wirkungsmessung von Sponsoring unterscheidet dabei zwischen der kognitiven (Wissen, Erinnerung) und der affektiven (Einstellung, Imagewirkung) Ebene. Kognitive Zielwirkungen können in der Regel durch Befragung von Kunden (Einzelexploration, Gruppengespräche) sowie von Meinungsführern und Mitarbeitern, durch Auswertung von Besucherzahlen und Mediawerten, sowie durch Recall- und Recognition-Tests und Blickaufzeichnungen erhoben werden. Die affektive Ebene ist schwieriger zu erheben, in der Regel in Form von Befragung von Meinungsführern in Einzelexploration und Gruppengesprächen. Um diese Einstellungen zu messen, wird die Erinnerungswirkung (Recall-Test bzw. Day-After-Recall-Test) und Wahrnehmung (Blickregistrierung), das Image (z.B. semantisches Differential) sowie die Kontaktmenge (z.B. Blickkontakte) und die Kontaktqualität (Einschaltquoten, Reichweiten, On-Screen-Zeit) ermittelt. Oft werden experimentale Designs wie Laborexperiment oder Feldexperiment zur Datenerhebung verwendet.

Neben der Wirkungsanalyse, erfordert das Sponsoring eine **Wirtschaftlichkeits- bzw. Effizienzanalyse** um nachzuweisen, ob sich der finanzielle Aufwand für Sponsoring gelohnt hat. Dabei werden die Kosten der Sponsoringmaßnahmen in Relation zum erbrachten Nutzen gesetzt, z.B. mit gesteigertem Umsatz durch Sponsoring, soweit dies überhaupt identifizierbar ist. Statistische Verfahren weisen u.a. den Tausendersponsoringpreis bzw. Tausenderkontaktpreis, Werbewert oder Zielgruppenaffinität aus, indem sie die erzielten Einschaltquoten bei Übertragungen oder Veränderungen von Imageprofilen und Bekanntheitsgraden berücksichtigen. Obwohl dadurch einzelne Sponsoringmaßnahmen untereinander vergleichbar werden, kann der ökonomische Nutzen einzelner Maßnahmen selbst jedoch kaum ausgewiesen werden.

Nicht nur die Wirtschaftlichkeits- und Effizienzanalyse von Sponsoring sondern auch die Wirkungskontrolle ist mit methodischen und inhaltlichen Schwächen behaftet. So sagt der Grad der Aufmerksamkeit von Zielgruppen nur sekundär etwas über deren Interesse am Sponsor aus. Zudem erlaubt Sponsoring meist nur begrenzte Werbeaussagen, z.B. aufgrund der räumlichen Begrenzung auf der Banderole eines Sportstadiums.

Die Bestimmung eines Werbenutzens aufgrund der erreichten Kommunikationswirkung könnte nach dem Opportunitätskostenansatz vorgenommen werden. Trotz verschiedener Instrumente des Sponsoring-Controllings ist eine quantitative kausale Erfolgskontrolle und damit eindeutige Wirkungsmessung kaum durchführbar, zudem kann die Wirkung gegenüber anderen Kommunikationsinstrumenten kaum abgegrenzt werden (Bruhn 2003). Insbesondere die häufig vorgenommenen qualitativen Bewertungen entziehen sich einer objektiven Überprüfbarkeit.

> **Fazit:** Wie auch die PR verfügt das Sponsoring über ein umfangreiches Portfolio praxisgeprüfter Evaluationsinstrumente. Es ist zu unterscheiden zwischen Prozesskontrolle, Wirkungsanalyse und Effizienzanalyse. Für die Wirkungsanalyse von Sponsoring stehen viele aussagekräftige Instrumente zur Verfügung. Wegen seiner Kausalwirkung bieten sich nur wenige Instrumente zur Effizienzanalyse und Bewertung der ökonomischen Auswirkungen (Outflow) an. Keiner der dargestellten Ansätze kann den materiellen Wert des Sponsoring bisher vollständig abbilden.

3.4 Methoden der Image- bzw. Reputationsmessung

Die Reputation von Unternehmen (so genannte Corporate Reputation) bei seinen Zielgruppen ist für den wirtschaftlichen Erfolg von entscheidender Bedeutung (Wartburg 2003). Die Reputation ist das Resultat der Wahrnehmungen dieser Zielgruppen, die durch Fakten, durch Handeln und Verhalten des Unternehmens entstehen. Dabei ist auch die Wahrnehmung bestimmter Meinungsführer bzw. Mehrheiten entscheidend, denn sie verdichtet sich bei Dritten oft zum realen Faktum. Die Reputation stellt einen bedeutenden Teil des Unternehmenswertes dar, der bilanzmäßig oft als nicht separat identifizierbarer immaterieller Vermögenswert (so genannter „Goodwill") aufgeführt wird. Der Wert der Reputation kann oft erst bei Firmenverkäufen, Fusionen oder Übernahmen als Goodwill ausgewiesen werden. Reputation ist aber laut WARTBURG kein unkontrollierbares Politikum, sondern lässt sich vielmehr aktiv managen vorausgesetzt, dass man sie kennt (2003). Heute stehen Unternehmen immer häufiger vor der Frage, wie sie ihre Reputation, ihren Ruf und ihr Image managen sollen. Die Erkenntnis, dass nicht allein die Meinung von Menschen über die Produkte von Unternehmen, sondern auch über die Unternehmen als Ganzes von Bedeutung ist, bildet den Grundstein für ein Reputationsmanagement.

Unternehmen mit einer hohen Reputation verfügen über einen Vertrauensbonus, über ein Unterstützungspotenzial, das in Krisenzeiten aktiviert werden kann (PEETZ/PLAU-

SCHINAT/STEIN 2004). Reputation gehört damit zu den wichtigsten immateriellen Vermögenswerten von Unternehmen und wird als Summe aller Wahrnehmungen im weiteren Sinne aller relevanten Zielgruppen definiert, wobei die Wahrnehmungen einzelner Zielgruppen als Teilreputationen angesehen werden. Das Reputationsmanagement bewertet – im Gegensatz zur Firmenwahrnehmung (sogenanntes Corporate Image) – bewußt wahrgenommene Unternehmenseigenschaften und Unternehmenswerte, die tendenziell eher ein intuitives Unternehmensbild aufgrund spontaner Assoziationen erhebt, Deshalb wird im weiteren nur auf das Reputationsmanagement und nicht weiter auf die Imagemessung eingegangen werden.

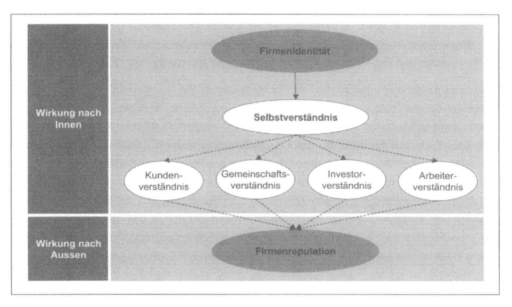

Abbildung 4: Zusammenhang von Unternehmensidentität und Unternehmensreputation (Fombrun 1996, S. 37)

Reputationsmanagement beschäftigt sich mit dem Zusammenhang von Unternehmensidentität (so genanntes Eigenbild), geprägt vom unterschiedlichen Selbstverständnis bezüglich verschiedener Anspruchsgruppen, und der externen Unternehmensreputation (so genanntes Fremdbild) (FOMBRUN 1996). Für FOMBRUN ist Reputation mit Werten bzw. Attributen wie Glaubwürdigkeit, Zuverlässigkeit, Vertrauenswürdigkeit und Verantwortungsbewusstsein verbunden (1996). Gängige Verfahren der Reputationsmessung vergleichen das Fremd- mit dem Eigenbild von Unternehmen. Während das Fremdbild durch Befragung wesentlicher Einflussgruppen sowie Medienanalysen mit entsprechender quantitativer und qualitativer Aufbereitung erhoben wird (Wahrnehmungsstudien), wird das Eigenbild durch Befragung von Management und Mitarbeiterschaft verstanden (Unternehmensidentität). In Längsschnittsanalysen wird die zeitliche Entwicklung des Reputationswerts verfolgt, während sich in Querschnittsanalysen an ein ähnliches Thema durch unterschiedliche psychologischen Tests wie u.a. Assoziationstests, Satzergänzungstests, oder Befragungen mit indirekter Fragestellung angenähert wird. Immer aufwendigere neu entwickelte Verfahren wie u.a. Semiometrie, Kausalanalysen, Regressionen, Ratingskalen, Conjoint-Analysen und weitere statistische Verfahren versprechen eine genauere Reputationswertmessung. Demgegenüber stehen stark praxisorientierte Verfahren wie die jährlich erscheinenden Image-Studien, u.a. weltweit die „Global Most Admired Companies" des *Fortune Magazine*, die „World's Most Respected Companies" der *Financial Times/PriceWaterhouseCoopers* sowie in Deutschland die periodische Umfrage des *Manager Magazins*. Diese Ansätze geben jedoch keinen Aufschluss über die eigentlichen Einflussfaktoren der Reputation und ihre Teilwirkung auf verschiedene Ansprechgruppen (Stakeholder).

Besonders herauszustellen ist deshalb der Reputations-Faktor (Reputation Quotient) von *Fombrun*, der ein erstes standardisiertes und praxistaugliches Verfahren zur Messung der Unternehmensreputation darstellt unter Erfüllung wissenschaftlicher Kriterien. Der Reputations-Faktor identifiziert für die Unternehmensreputation kritische Erfolgsfaktoren aus Sicht einzelner Anspruchsgruppen. In sechs Kerndimensionen werden zwanzig Attribute erhoben und deren Reputationswirkung mittels Regressions- und Faktorenanalyse berechnet (FOMBRUN 2001) (siehe Abbildung 5). Dies ermöglicht die jeweilige Betrachtung aus dem Blickwinkel einer ausgewählten Anspruchsgruppe und damit die Identifikation von Stärken und Schwächen der eigenen Unternehmensreputation. Daraus lassen sich wiederum entsprechende Maßnahmen für das Reputationsmanagement ableiten.

Trotz der dargestellten Methodenfülle hat sich bis dato keine Standardmethode zur Erhebung von Reputation durchgesetzt. Da selbst der vielversprechenste Reputations-Wert keinen direkten Brückenschlag zum Unternehmenswert darstellt, eignet er sich nur bedingt zur Messung des eigentlichen Kommunikationswerts.

Fazit: Eigene Unternehmensidentität (Eigenbild) und fremde Unternehmensreputation (Fremdbild) sind laut *Fombrun* eng miteinander verknüpft. In der Fülle von Methoden zur Reputationsmessung hat sich in den letzten Jahren der Reputations-Wert (Reputation Quotient) von *Fombrun* als führendes Modell durchgesetzt. Dieses lässt zwar Rückschlüsse auf den Ruf eines Unternehmens aus Sicht verschiedener Anspruchsgruppen zu, bedarf aber weiterer Entwicklung hinsichtlich seiner Verbindung zum Unternehmenswert.

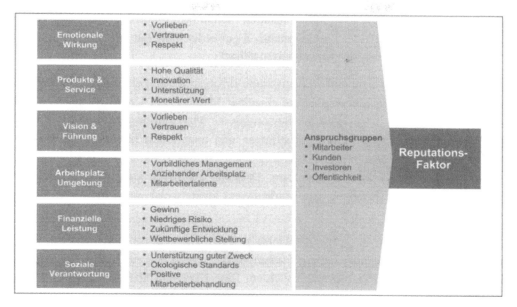

*Abbildung 5: Der Reputations-Faktor (*FOMBRUN *2001, S. 24)*

3.5 Methoden der Markenstärke- und -wertbestimmung

Im Zuge des wertorientierten Managements (so genanntes Value Based Management) hat in den letzten Jahre die Wertschöpfungsfunktion von Kommunikation eine verstärkte Aufmerksamkeit erfahren. Das wertorientierte Management hat seinen Ursprung in der betriebswirtschaftlichen Sichtweise von Unternehmenskommunikation, weshalb bislang aus kommunikationswissenschaftlicher Sicht keine originäre Markenwertdefinition vorliegt (BUCHELE/HOEPFNER 2004). Der Markenwert umfasst dabei die Gesamtwirkung einer Marke und überführt diese teilweise in einen monetären Wert. Darin sind Aspekte der Wahrnehmung einer Marke aus Sicht von Zielgruppen (u.a. auch im Sinne eines Markenguthabens in Form von Vertrauen) integriert sowie Erlöse der Marke abzüglich der Kosten für ihren Aufbau und die Pflege. Darüber hinaus haben sich integrative Ansätze durchgesetzt, welche beide Perspektiven – die der qualitativen Bestimmung der Markenstärke und die der Berechnung des Markenwerts – berücksichtigen (BEKMEIER-FEUERHAHN 1998).

Der von Top-Managern aus 126 befragten Unternehmen geschätzte Anteil der Marken am Unternehmenswert liegt in Deutschland durchschnittlich bei 56 Prozent und bei Markenartikelunternehmen sogar bei über 90 Prozent gemäss einer Studie von SATTLER/PRICEWATERHOUSECOOPERS (SATTLER/PRICEWATERHOUSECOOPERS 2001). Aus der Erkenntnis, dass sich mit Marken Kunden binden lassen und Marken damit zu einem wichtigen Erfolgsfaktor für Unternehmen geworden sind, hat sich die Notwendigkeit ergeben, den Markenwert separat auszuweisen.

Im Markenwert soll das monetär quantifizierte Erfolgspotenzial einer Marke zum Ausdruck kommen, womit der Wertbeitrag einzelner Marken zum Unternehmenswert bestimmt werden kann. Eine monetäre Bewertung der Marke ermöglicht darüber hinaus die Vergleichbarkeit von Markeninvestitionen und materiellen Investitionen (KRIEGBAUM 2000). Da der Markenwert das Erfolgspotenzial von Marken ausdrückt, muss die Bewertung zukunftsorientiert geschehen. Dennoch etablieren sich Marken nur sehr langsam weshalb die Erhebung des Markenwerts idealerweise einen langen Zeitraum überspannen soll.

Das Bewusstsein über die steigende Wichtigkeit der Marke eines Unternehmens zeigt sich in den mittlerweile über siebzig konkurrierenden Modellen zur Markenbewertung, die in den letzten Jahren entwickelt wurden. Eine Übersicht über eine Auswahl von nicht-monetären und monetären Markenbewertungsansätzen inklusive Bewertung gibt SATTLER (2002). Diese setzen entweder direkt bei den ökonomischen Markenwirkungen des Unternehmens an (einstufiges Vorgehen) oder ermitteln zunächst die Markenstärke bei ausgewählten Zielgruppen, um diese anschließend monetär zu erfassen (zweistufiges Vorgehen). Zu den einstufigen Verfahren zählt SATTLER u.a. kostenorientierte Verfahren (Ermittlung von Kosten, die mit Aufbau und Erhaltung der Marke oder deren Wiederbeschaffung verbunden sind), die Lizenzpreiseinnahmen (Anwendung branchenüblicher Lizenzsätze ähnlicher Marken) sowie Preisprämien und Einzahlungsüberschüsse anhand von Börsenwerten. Zu den zweistufigen Verfahren zählt SATTLER u.a. die Ansätze von NIELSEN, INTERBRAND, SEMION, SATTLER und GfK (SATTLER 2002).

Obwohl in der Praxis zweistufigen Verfahren stärker verbreitet sind, hat sich bisher kein weithin akzeptiertes Bewertungsmodell durchsetzen können. Denn die Ergebnisse einzelner Methoden weichen trotz ihres ähnlichen Berechnungsprinzips aus abgezinsten zukünftigen Einzahlungsüberschüssen für dieselbe Marke teils bis um den Faktor 10 voneinander ab. Die Berechnung von Markenwerten wird in der Zukunft von wachsender Bedeutung sein, denn spätestens mit der Umsetzung der Internationational Accounting Standards (IAS) wird die Markenbewertung ab 2005 bei Unternehmenskäufen (M&A) notwendig.

Zusammenfassend haben BENTELE, BUCHELE, HOEPFNER und LIEBERT Kriterien zur Klassifizierung und Analyse von 37 Markenbewertungsverfahren aus kommunikationswissenschaftlicher Sicht erarbeitet (2003). Dabei klassifizieren sie die unterschiedlichen Markenbewertungsverfahren nach ihrem jeweiligen disziplinären Charakter in

(1) betriebswirtschaftliche Modelle (insbesondere stark finanzbezogen), (2) psychologische bzw. verhaltensorientierte Modelle (stark verhaltensbezogen) und (3) betriebswirtschaftlich-verhaltenswissenschaftliche Kombinationsmodelle (vgl. Abbildung 6).

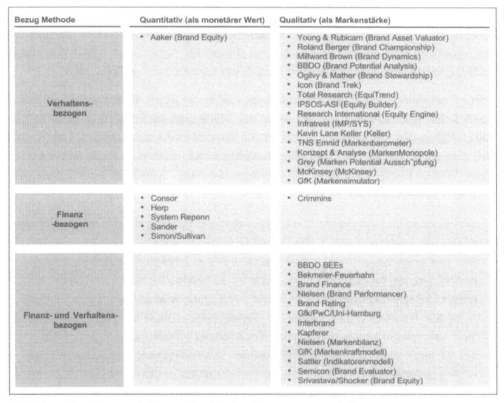

Abbildung 6: Systematisierung der Markenbewertungsmodelle (in Anlehnung an Buchele/Hoepfner 2004)

Nicht alle der gängigen Markenbewertungsverfahren weisen einen monetären Markenwert aus. Ein Teil erhebt lediglich die so genannte Markenstärke, also die Wahrnehmung der Marke durch Zielgruppen und verzichtet auf eine monetäre Bewertung. Zudem eignen sich nicht alle Modelle für alle Markenformen. So fokussieren einige Modelle ausschließlich auf den Wertausweis von Konsumgütermarken, während andere ausschließlich den Wert von Unternehmensmarken ausweisen können, wobei hier noch einmal Dach- von Submarken unterschieden werden (BUCHELE/HOEPFNER 2004).

Die in der Praxis eingesetzten Modelle unterscheiden sich u. a. durch unterschiedliche Auswahl und Gewichtung von Einflussfaktoren. Während die meisten Modelle die

Marketingkommunikation und ihre Wirkung bei Konsumenten operationalisieren, sind Faktoren, die den Einfluss der Unternehmenskommunikation operationalisieren stark unterrepräsentiert. Dies führt letztendlich dazu, dass die Modelle und vor allem die ausgewiesenen Markenwerte nicht miteinander vergleichbar sind. BENTELE et al. kommen, – ähnlich wie bereits SATTLER – nach eingehender Analyse und Bewertung zum Schluss, dass keines der analysierten Markenbewertungsmodelle wirklich geeignet ist, den monetären Wert einer Marke umfassend abzubilden. Somit ist eine faire und aussagefähige Festlegung des Markenwerts beim Unternehmenskauf noch ungelöst.

Selbst Controlling-Methoden des Marketings sind in der Regel Schätzungen und lassen damit keine Rückschlüsse auf den Wert der Marketingkommunikation zu (KÖHLER 2001). Neben den dargestellten Modellen zur Markenbewertung verfügt das Marketing über eine ganze Palette von Controlling-Konzepten und -methoden. Diese umfassen vor allem Werbewirkungskontrollen, Absatzwegecontrolling, Kundenzufriedenheitsanalysen und Customer Lifetime Values.

> **Fazit:** Die umfangreichen Instrumente der Markenbewertung können zwischen ein- und zweistufigen Vorgehensweisen sowie zwischen ökonomischen, verhaltensorientierten und Kombinationsmodellen unterschieden werden. Obwohl ein großer Teil der Instrumente einen Markenwert monetär ausweisen kann, werden meist nur Teilwerte erfasst sodass die ausgewiesenen Werte einzelner Methoden stark divergieren. Auch sind die meisten Methoden stark marketingorientiert – nur wenige operationalisieren Einflüsse der Unternehmenskommunikation. Am weitesten fortgeschritten sind die Kombinationsmodelle, die neben dem Markenwert auch betriebswirtschaftliche Kennziffern liefern. Die geänderten Rechnungsvorschriften beim Unternehmenskauf erfordern eine Festlegung des Marktwerts. Keines der Instrumente konnte sich aber bis jetzt in der Praxis durchsetzen.

4 Funktionsübergreifende Methoden

Funktionsübergreifende, integrierte Ansätze der Messung des Kommunikationswerts existieren bis jetzt nur selektiv als Communication Scorecard, Sponsoring-Controlling, Controlling der internen Kommunikation, Cultural Due Diligence und Plananalyse.

4.1 Die Communcations Scorecard

Bereits zu Anfang der 90er Jahre wurde die Balanced Scorecard von *Kaplan* und *Norton* als umfassendes Controlling-System entwickelt, welches über die üblichen finanziellen Kennzahlen hinaus weitere Erfolgsindikatoren wie z.B. immaterielle Vermögenswerte berücksichtigt (1992, 2004). In der Folge wurde dieses System zu einem strategischen Managementkonzept weiterentwickelt, das die Planung und Steuerung eines Unternehmens unterstützt (KAPLAN/NORTON 1997). Nachdem in den USA die Balanced Scorecard – u.a. durch die International Association of Business Communicators (IABC) – bereits ihren Weg in die PR gefunden hat, wird die Communications Scorecard zunehmend auch in Europa als Führungsinstrument im PR-Bereich berücksichtigt. In Deutschland setzt sich u.a. die Deutsche Gesellschaft für Public Relations Agenturen (GPRA) mit dem Ansatz der Communications Scorecard (CSC) auseinander. Die GPRA passt ihre CSC gemäß der Balanced Scorecard-Systematik an die Gegebenheiten im Kommunikationsbereich an. Die deutsche Communications Scorecard besteht aus den vier Perspektiven der Anteilseigner bzw. Aktionäre, des Beschaffungsmarktes, des Absatzmarktes und des Akzeptanzmarktes, in denen die Aufgaben der Finanzkommunikation – der internen Unternehmenskommunikation, der Werbung und Produkt-PR sowie der PR/Pressearbeit/Lobbying – analog abgebildet werden. Somit kann ein Vertrauensindex als Leitkennziffer berechnet werden. HERING, SCHUPPENER und SOMMERHALDER führen diesen Gedanken zur Entwicklung einer Communications Scorecard weiter. Ihr Vorgehen umfasst fünf Schritte (2004):

(1) Identifikation kommunikativer Werttreiber und Priorisierung nach ihrem Beitrag zur Steigerung des Unternehmenswerts, die
(2) Festlegung strategischer Ziele, die
(3) Zuordnung von quantitativen Meßgrössen, die
(4) Definition von Kommunikationszielen und schließlich die
(5) Bestimmung von operativen Instrumenten.

Allerdings gehen die Autoren weder näher auf die eigentliche Erfolgsmessung von Kommunikation ein, noch schildern sie, wie kommunikative Werttreiber überhaupt identifiziert und gemäss ihres erwarteten Beitrags zur Steigerung des Unternehmenswertes priorisiert werden sollen (eine Voraussetzung für die Berechnung des Erfolgsbeitrags). ZERFASS knüpft hier an und zeigt, dass die bisherigen Ansätze der CSC zu kurz fassen (2004). Anstatt zur Kommunikationsoptimierung soll laut ZERFASS die Communications Scorecard zur strategischen Steuerung der Unternehmenskommunikation eingesetzt werden. Seine zur Corporate Communication Scorecard (CCS) erweiterte integrative Sichtweise unterstützt die Unternehmenskommunikation als strategisches Steuerinstrument (2004). Für verschiedene Perspektiven auf die Unternehmensstrategie werden in der erweiterten Scorecard Erfolgsfaktoren, Werttreiber, Leistungskennzahlen und strategische Programme abgeleitet und somit Auswirkungen des Handelns aller Beteiligten auf den Unternehmenserfolg verdeutlicht (ZERFASS 2004). Dieses Instrument fasst einerseits mehrere Aspekte von Kommunikationseinflüssen zusammen wie z.B. Reputation und Markenimage, andererseits kann es nur begrenzt den Kausalzusammenhang zwischen kommunikativen Leistungen und Wertentwicklung des Unternehmens abbilden.

> **Fazit:** Die Communications Scorecard berechnet den Wertbeitrag von Kommunikation. Die Weiterentwicklung zur Corporate Communications Scorecard durch ZERFASS ermöglicht die Planung und Kontrolle kommunikativer Maßnahmen und ist damit als Führungsinstrument des Kommunikations-Managements durchaus geeignet. Solange jedoch die Erfolgsmessung von Kommunikation auf ökonomischer Stufe nicht hinreichend entwickelt ist, kann auch die Corporate Communications Scorecard den kausalen Regelkreislauf von Ursache und Wirkung im Kommunikations-Management nicht zufriedenstellend darstellen.

4.2 Methoden der internen Kommunikation

Der Werteitrag der internen Kommunikation zum Unternehmenserfolg wurde bislang vernachlässigt, obwohl Unternehmen erhebliche Mittel und Ressourcen für die adäquate interne Kommunikation von und mit und zwischen ihren Mitarbeitern aufwenden (JÄGER/LANG/MARQUART 2001). Während sich der Ressourceneinsatz wie z.B. Aufwendungen für E-Mail teilweise quantifizieren lässt, ist der dazugehörige Nutzen bzw. Wertbeitrag wie eine reibungslose innerbetriebliche Zusammenarbeit allerdings bisher kaum erfassbar. Bisher konzentrierten sich die meisten Disziplinen auf die Wertmessung der externen Kommunikation.

Da interne Kommunikation durch eine Vielzahl von Medien geschieht, müssen zuerst die wirkungsvollsten und kostenintensivsten identifiziert werden. JÄGER, LANG und MARQUART wählen z.B. aus dem Feld der schriftlichen, personalen und elektronischen Kommunikation die elektronische Kommunikation als geeignetes Objekt mit erhöhtem Steuerungsbedarf (2001). Mit einem Methodenmix von qualitativen und quantitativen Verfahren soll der Erfolg interner Kommunikation den entstandenen Kosten sowie gebundenen Ressourcen gegenübergestellt werden. Mittels dem Einsatz der Balanced Scorecard als Führungssystem können jedoch Erfolgsfaktoren nur begrenzt identifiziert und operationilisiert werden – analog der bereits identifizierten Probleme bei der Communications Scorecard. Andere Ansätze berücksichtigen den gesamten Medienmix in Abhängigkeit von Unternehmens- und Kommunikationzielen und führen auf dieser Basis eine Leistungs- und Wirkungsanalyse durch (ICOM 2004).

Neben der elektronischen internen Kommunikation kommt auch der gesamten Unternehmenskultur eine zentrale Rolle in Form von Wissensdistribution und niedriger Wechselrate zu. „Social capital generates economic returns (...) better knowledge sharing (...) lower transaction cost (...) low turnover rates (...) greater coherence." (COHEN/PRUSAK 2001, S. 10). Bei der zunehmenden Umsetzung moderner Führungsformen haben viele Unternehmen ihre Unternehmenskultur grundlegend geändert: Mitarbeiter erwarten eine partizipative Führung und Zusammenarbeit, intensive offene Kommunikation sowie erweiterte Gestaltungsmöglichkeiten im eigenen Verantwortungsbereich (DOMSCH/LADWIG 2000). Unterstützt wird diese neue partizipative Unternehmenskultur durch Einsatz personalpolitischer Instrumente wie u.a. durch Mitarbeitergespräche. In der Praxis werden Mitarbeiterbefragungen, z.B. für das Personalcontrolling und im Zusammenhang mit Balanced Scorecard-Konzepten als strategisches Führungsinstrument mit gutem Erfolg eingesetzt. Standardisierte bzw. teilstandardisierte Befragungen von (ausgewählten) Mitarbeitern erfassen im Auftrag der Unternehmensleitung Einstellungen, Erwartungen und Bedürfnisse bzgl. dem Gesamtunternehmen, über die Arbeit im engeren Sinne, über Informationsquellen, -medien und -wege und schließlich über die Kommunikation an sich. Dadurch wird der Erfolg der internen Kommunikation messbar, der als Bestandteil des Kommunikations-Controllings eingesetzt werden kann

> **Fazit:** Das Controlling der internen Kommunikation wird bislang in Praxis und Theorie nur wenig beachtet. Zwar kann im Bereich der internen Informations- und Kommunikationssysteme der Nutzen den Kosten und gebundenen Ressourcen gegenübergestellt werden. Neben dem Einsatz der Balanced Scorecard ermöglichen Mitarbeiterbefragungen ein Verständnis der wahrgenommenen Unternehmenskultur sowie die Erarbeitung von Erfolgsindikatoren der internen Kommunikation. Aber auch hier fehlt es vor allem an quantitativen Instrumenten, die den Erfolg der internen Kommunikation kausal messbar machen.

4.3 Die Cultural Due Diligence

Ein weiteres Modell zur Bewertung des Wertbeitrags der Kommunikation stellt die Kulturelle Unternehmensüberprüfung (so genannte Cultural Due Diligence) dar. Erfahrungen aus der Praxis von Unternehmenskäufen (M & A) zeigen, dass die angestrebten Synergieeffekte durch Firmenzusammenschlüsse in der Regel nur eingeschränkt eintreten. Neben Finanzanalysen zur korrekten Wert- bzw. Kaufpreisermittlung bei Börseneinführungen und Fusionen sollen auch immaterielle Werte wie Unternehmenskultur, Wissen und Qualität der Mitarbeiter in die Bewertung einfließen (SCOTT 2001). Vor allem bei Fusionen spielen die Unternehmenskulturen der zu fusionierenden Unternehmen für die Realisierung der versprochenen Synergieeffekte eine bedeutende Rolle. Für eine Vereinigung zweier unterschiedlicher Unternehmenskulturen müssen beträchtliche Mittel aufgewendet werden – ihre Unvereinbarkeit könnte gar ein Scheitern der Fusion wahrscheinlich machen.

Die Cultural Due Diligence erhebt bei Unternehmenskäufen die Ergebnisse von Kommunikation als immaterielle Vermögenswerte (PFANNENBERG 2004). Die immateriellen Vermögensgegenstände werden im Verlauf des M & A-Prozesses in der Bilanz als Aktiva erfasst, so u.a. Markenwert und Reputation (des Unternehmens, Managements, Finanzen und Innovationskraft), die Bekanntheit von Produkt-Portfolios, die Mitarbeiterqualität, die Qualität der Kundenbeziehungen (Auswirkungen auf zukünftige Erträge) sowie die Kundenbindung (bzw. Minimierung des Verlustrisikos) und die Unternehmenskultur (Normen, Werte des Unternehmens, Mitarbeiterverhalten) (CARRILLO 2001). Als immaterielle Vermögenswerte sind diese nur begrenzt als Wert bzw. Erfolgsbeitrag erfassbar, meist an Individuen und nicht Rechtspersonen gebunden und sind deshalb nicht direkt handelbar, es existieren für sie keine Märkte. Eine Wertbestimmung kann aber nur dann erfolgen, wenn es einen Markt gibt, wie im Fall der M & A. Mittels qualitativer (Tiefeninterviews, Beobachtung) und quantitativer (Fragebögen) Verfahren werden bestehende Kulturvariablen beider Unternehmen erfasst. Nach Festlegung einer gemeinsamen Soll-Kultur können Kosten und Risken nicht genutzter Synergien identifiziert werden. Der daraus resultierende Barwert fließt in den Kaufpreis des jeweiligen Unternehmens ein, jedoch wird keine direkte monetäre Bewertung der Kultur eines Unternehmens vorgenommen.

> **Fazit:** Auch der Ansatz der Cultural Due Diligence unterstützt nur begrenzt eine umfassenden Bestimmung des Kommunikationswerts bzw. des Beitrags zum Unternehmenswert. Vor einem Unternehmenskauf werden indirekt Kosten und Riskien nicht genutzter Synergien erhoben. Damit ist die Cultural Due Diligence im Tagesgeschäft nicht einsetzbar.

4.4 Die Plananalyse

Ursprünglich wurde die Plananalyse für klinische Fallkonzeptionen und Therapieplanungen in der Psychologie in den 70er Jahren entwickelt, um die Motivation von Patienten aus Beobachtungen und Verhaltensweisen zusammenzufassen. Die Plananlyse versucht, die Selbstdarstellungspläne zu verstehen, die Patienten nutzen, um ihre übergeordneten Ziele zu erreichen. Dabei wird der Frage nachgegangen, warum sich ein Mensch in einer bestimmten Weise verhält und welcher bewusste oder unbewusste Zweck hinter einzelnen Aspekten seines Verhaltens stehen könnte (SCHÜTZ 1992). Diese teils verbalen und teils nicht-verbalen Strategien werden als Plan aufgezeichnet und dienen der Behandlung des Patienten (siehe Abbildung 12).

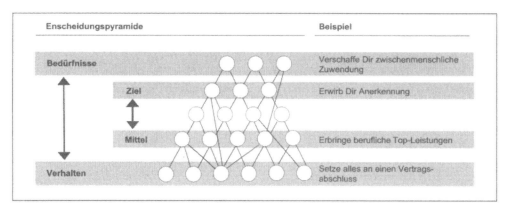

Abbildung 7: Handlungsoptionen durch Pläne (CASPAR *1996, S. 12)*

Der Begriff „Plan" bezeichnet eine Art „Handlungsprogramm", der als Konstrukt des Selbstkonzepts des Menschen stets im Imperativ formuliert wird (z.B. „erwirb dir Anerkennung"), um deren instrumentellen Charakter zu verdeutlichen. Pläne bestehen aus Bedürfnissen, Zielen, Mitteln und Verhalten, nach denen sich der Handelnde teilweise unbewusst orientiert und die teilweise durch Interaktionen z.B. mit dem Arzt erschlossen werden können. Während Zielkomponenten bewusste und unbewusste Ziele von Personen widerspiegeln, stellen Operationskomponenten die Mittel zur Zielerreichung dar. So entsteht eine komplexe hierarchische Planordnung (CASPAR 1996).

Die Planalyse basiert auf einigen theoretischen Annahmen:

- Eine **interaktionistische Sicht von Person und Umwelt** erklärt das menschliche Verhalten nicht allein aus inneren Veranlagungen oder Einflüssen der Umwelt, sondern aus der Interaktion beider.

- Die **Zielgerichtetheit** menschlichen Handels ist getrieben von ihrem Wunsch, Vorstellungen in der Wirklichkeit zu materialisieren.

- Eine **Interessenparallelität** der Pläne von Menschen führt zu verschiedenen, parallel wichtigen Zielausrichtungen des menschlichen Handelns [z.B. unterstreicht Jemand seine Vorzüge, um sich als attraktiv darzustellen (Ziel: Angenommen werden), dagegen wird er diese Vorzüge nicht ungehemmt zur Schau stellen, um nicht als Angeber zu erscheinen (Ziel: Nicht-Auffallen)].

Handeln Menschen konsistent mit ihrem Handlungsschemata, d.h. folgt ihr Verhalten regelmäßig bestimmten Plänen, dann entstehen Typisierungen bzw. „Typen". Durch die Eröffnung von Handlungsoptionen ist die Plananalyse ideal für die Planung und Analyse der Kommunikation von Unternehmen geeignet.

> **Fazit:** Auch wenn die Plananalyse heute noch nicht systematisch im Rahmen der Kommunikation von Unternehmen eingesetzt wird, eröffnet sie eine Möglichkeit der systematischen Planung und Analyse kommunikativer Handlungsoptionen für Unternehmen. Damit ist sie als qualitatives Instrument der Kommunikationsstrategie zu werten, ermöglicht aber keine umfassende Bestimmung des Kommunikationserfolgs bzw. des Beitrags zum Unternehmenswert.

5 Abschliessende Betrachtung

Die dargestellten Methoden der Erfolgsmessung von Kommunikation sind alle stark einzel-disziplinär geprägt. Damit weisen sie jeweils bestenfalls Teilaspekte der gesamten Kommunikationsleistungen eines Unternehmens aus. Ähnlich verhält es sich mit den aufgezeigten Methoden der Wertbestimmung immaterieller Vermögenswerte. Hier wird Kommunikation heute noch ungenügend berücksichtigt. Bislang existiert kein Ansatz, der die Erfassung und Berechnung des Wertbeitrags der Unternehmenskommunikation im weiteren Sinne ermöglichen würde. Deshalb verweisen wir an dieser Stelle auf den im Grundlagenbeitrag des vorliegenden Buchs vorgeschlagenen Ansatz der Erfassung des immateriellen Vermögenswerts „Sozialkapital" durch ein integriertes Kommunikations-Controlling. Durch dieses werden alle Bereiche erfasst, in denen Kommunikation einen maßgeblichen Einfluss auf die Wertentwicklung des Unternehmens hat: Dazu können u.a. Public Relations, Investor Relations, Sponsoring, interne Kommunikation, Produktmarketing, Recruiting u.w.m. gezählt werden.

Das Sozialkapital selbst sollte möglichst monetär ausgewiesen werden können. Bis auf einige der dargestellten Ansätze zur Bestimmung des Markenwerts existieren bislang allerdings keine Modelle zur monetären Wertbeitragsbestimmung von Kommunikation. Jedoch wird erst durch diese Wertbestimmung bzw. durch die Bestimmung des Einflusses von Kommunikation auf den Unternehmenswert eine wertorientierte Führung von Kommunikationsmaßnahmen und -instrumenten ermöglicht – erst dann kann eine wertorientierte Kommunikation im eigentlichen Sinne geplant und durchgeführt werden.

Literatur

BEKMEIER-FEUERHAHN, S. (1998): Marktorientierte Markenbewertung. Wiesbaden.
BIANCHI, P./LABORY, S. (2002): The Economics of Intangibles. Working Paper N.17/2002: University of Ferrara.
BRUHN, M. (1995): Integrierte Unternehmenskommunikation: Ansatzpunkte für eine strategische und operative Umsetzung integrierter Kommunikationsarbeit. 2., überarb. u. erw. Aufl. Stuttgart.
BENTELE, G./BUCHELE, M./HOEPFNER, J./LIEBERT, T. (2003): Markenwert und Markenwertermittlung. Wiesbaden.
BRUHN, M. (2003): Sponsoring. Systematische Planung und integrativer Einsatz. 4. Aufl. Wiesbaden.
BUCHELE, M.-S./HOEPFNER, J. (2004): Marken und die Bestimmung des Markenwerts. In: Bentele, G./Piwinger, M. (Hrsg.): Kommunikationsmanagement: Strategien, Wissen, Lösungen. Darmstadt, (Losebl.), Kap. 4.10.
CARRILLO, O. H. (2001): Due Diligence: Verfahren zur Bewertung weicher Faktoren. Hauptseminararbeit Münster.
CASPAR, F. (1996): Beziehungen und Probleme verstehen. Eine Einführung in die Psychotherapeutische Plananalyse. 2. Aufl. Bern.
COHEN, J. D./PRUSAK, L. (2001): In Good Company: How Social Capital makes Companies work. Boston.
DOMSCH, M. E./LADWIG, D.H. (2000): Mitarbeiterbefragungen – Stand und Entwicklungen. In: Domsch, M./Ladwig, D. (Hrsg.): Handbuch Mitarbeiterbefragung. Berlin.
DOZIER, D./EHLING, W. (1992): Evaluation of Public Relations Programs: What the Literature Tells Us About Their Effect. In: Grunig, J. (Hrsg.): Excellence in Public Relations and Communication Management. Hillsdale, S. 159 – 184.

EUROPÄISCHE KOMMISSION (2003): Study on the Measurement of Intangible Assets and Associated Reporting Practices. Commission of the European Communities, Enterprise Directorate General (Hrsg.).

FESSER, N. (2001): Public-Relations-Erfolgskontrollen. Zur Messbarkeit der Öffentlichkeitsarbeit. Marburg.

FOMBRUN, C. (2001): Corporate Reputation – It's Measurement and Management. In: Thexis, 4/2001, S. 23–26.

FOMBRUN, C. (1996): Reputation. Realizing Value from the Corporate Image. Boston.

GRUNIG, J. E./GRUNIG, L. A. (1992): Model of Public Relations and Communication. In: Grunig, J. (Hrsg.): Excellence in Public Relations and Communication Management. Hillsdale, S. 285–325.

HERING, R./SCHUPPENER, B./SOMMERHALDER, M. (2004): Die Communication Scorecard. Eine neue Methode des Kommunikationsmanagements. Bern.

ICOM (2004): Ohne Titel. Gefunden am 28. Juli 2004 unter http://www.icom-media.de

JÄGER, W./LANG, A./MARQUART, A. (2001): Controlling (Steuerung) der internen Kommunikation am Beispiel der elektronischen Kommunikation. In: Klöfer, F./Nies, U. (Hrsg.): Erfolgreich durch interne Kommunikation. Neuwied, S. 317–328.

KAPLAN, R./NORTON, D. (2004): Immaterielle Werte – Grünes Licht für Ihre Strategie. In: Harvard Business Manager, 26. Jg., Nr 5, S. 18–33.

KAPLAN, R./NORTON, D. (1997): Balanced Scorecard. Strategien erfolgreich umsetzen. Stuttgart.

KAPLAN, R./NORTON, D. (1992): The Balanced Scorecard – Measures that Drive Performance. Harvard Business Review (January-February), S. 71–79.

KÖHLER, R. (2001): Marketing-Controlling: Konzepte und Methoden. In: Reinecke, S./Tomczak, T./Geis, G. (Hrsg.): Handbuch Marketingcontrolling: Marketing als Motor von Wachstum und Erfolg. Frankfurt, S. 12–31.

KRIEGBAUM, C. (2000): Markencontrolling. Bewertung und Steuerung von Marken als immaterielle Vermögenswerte im Rahmen eines unternehmenswertorientierten Controlling. München.

LEV, B. (2001): Intangibles: Management, Measurement, and Reporting. Washington DC.

NAUNDORF, P. (2001): Messen und Bewerten in der PR – Grundlagen der Erfolgs- und Wirkungskontrolle. In: Bentele, G./Piwinger, M./Schönborn, G. (Hrsg.): Kommunikationsmanagement. Neuwied/Kriftel, (Losebl.), Art.-Nr. 4.06.

PEETZ, S./PLAUSCHINAT, O./STEIN, T. (2003): Reputationsanalyse als Grundlage für ein erfolgreiches Kommunikationsmanagement. In: Bentele, G./Piwinger, M. (Hrsg.): Kommunikationsmanagement: Strategien, Wissen, Lösungen. Neuwied/Kriftel, (Losebl.), Kap. 4.09.

PIWINGER, M./PORÁK, V. (2005): Grundlagen und Voraussetzungen des Kommunikations-Controllings. In: Piwinger, M./Porák, V. (Hrsg.): Kommunikations-Controlling. Wiesbaden.

PORÁK, V. (2005): Erfolgsmessung von Investor Relations. In: Kirchhoff, K.-R./Piwinger, M. (Hrsg.): Praxishandbuch Investor Relations. Wiesbaden.

PFANNENBERG, J. (2004): Due Diligence: Ansatzpunkt für die Bewertung von Kommunikationsleistungen. In: Bentele, G./Piwinger, M. (Hrsg.): Kommunikationsmanagement: Strategien, Wissen, Lösungen. Darmstadt, (Losebl.), Kap. 4.11.

SATTLER, H. (2002): Grundlagen und praktische Umsetzung der Bewertung von Marken aus Sicht des Marketing. In: Gesamtverband Werbeagenturen GWA (Hrsg.): Der Geldwert der Marke: Erfolgsfaktor für Marketing und Kommunikation. Edition Erfolgsbeiträge der Werbung, Nr. 7, Frankfurt a.M., S. 19–33.

SATTLER, H./PRICEWATERHOUSECOOPERS (Hrsg.) (2001): Praxis von Markenbewertung und Markenmanagement in deutschen Unternehmen. 2. Aufl. Frankfurt a.M.

SCHÜTZ, A. (1992): Selbstdarstellung von Politikern. Analyse von Wahlkampfauftritten. Weinheim.

SCOTT, C. (2001): Die kulturelle Due Diligende, insbesondere im Hinblick auf internationale Unternehmensakquisitionen. In: Scott, C. (Hrsg.): Due Diligende in der Praxis. Wiesbaden, S. 167–184.

SVEIBY, K.E. (2004): Methods for Measuring Intangible Assets. Gefunden am 14. Juni 2004, http://www.sveiby.com/articles/IntangibleMethods.htm

SVEIBY, K.E. (1998): Wissenskapital. Das unentdeckte Vermögen. Immaterielle Vermögenswerte aufspüren, messen und steigern. Landsberg a.L.

WARTBURG, W. VON (2003): Das Ansehen verbessern – den Ruf schützen. In: FAZ, 7.4.2003, S. 24.

ZERFASS, A. (2004): Die Corporate Communications Scorecard – Kennzahlensystem, Optimierungstool oder strategisches Steuerungsinstrument? Gefunden am 28.7.2004 unter http://www.prportal.de

Autoren

Dr. Ali Arnaout ist kaufmännischer Geschäftsführer der MPC Münchmeyer Petersen Real Estate Consulting GmbH, einem Tochterunternehmen der MPC Capital AG, Hamburg. Zuvor war er als Partner bei Horváth & Partners Management Consultants in Düsseldorf Leiter des Competence Centers Strategisches Management & Innovation. Nach seinem Studium der technisch orientierten Betriebswirtschaftslehre an der Universität Stuttgart promovierte er am Lehrstuhl Controlling von Univ.-Prof. Dr. Péter Horváth. Kontakt: arnaout@t-online.de

Dr. Teodoro D. Cocca ist Oberassistent am Swiss Banking Institute und Lehrbeauftragter der Universität Zürich. Zurzeit weilt der Co-Autor zu Forschungszwecken an der Stern School of Business der NYU in New York. Teodoro Cocca ist Autor zahlreicher finanz- und bankwirtschaftlicher Publikationen, unter anderem einer grossen Buchpublikation (Dissertation) zur Rolle der Finanzintermediäre im Internet. Seine Forschungsschwerpunkte sind die Finanzintermediation in elektronischen Märkten, das Anlageverhalten von Investoren sowie Corporate-Governance-Aspekte. Weitere Informationen finden sich unter www.isb.unizh.ch. Kontakt: (teococca@isb.unizh.ch).

Dr. Karl-Heinz Maul studierte BWL an der Universität Saarbrücken und promovierte in Frankfurt am Main. Er war zunächst 14 Jahre in der WP-Branche (Erwerb der Steuerberater- und der Wirtschaftsprüferqualifikationen), wechselte dann für knapp zehn Jahre in die Energiewirtschaft, um danach wieder zu einer WP-Gesellschaft zurückzukehren. Er baute dort den Bereich Corporate Finance auf und ist Partner in diesem Bereich bei PricewaterhouseCoopers, Frankfurt am Main. Lehraufträge an den Universitäten Frankfurt und Bochum zum Bilanzrecht und eine Vielzahl an Veröffentlichungen zeugen von der engen Verbindung zwischen Wissenschaft und Praxis. Schwerpunkt der aktuellen Tätigkeit ist die Beratung in aktien- und umwandlungsrechtlichen Umstrukturierungen und auf dem Gebiet des Intellectual Asset Managements. Im Rahmen dieser Tätigkeit ist u. a. auch das Bewertungsverfahren für Marken „ABV - Advanced Brand Valuation" entwickelt worden.

Dr. Gabriele Moll ist Mitinhaberin und Geschäftsführerin der Corporate-Publishing-Agentur Graf Moll & Partner in Zürich, deren Schwerpunkt im Bereich der Finanzkommunikation liegt. Die gebürtige Kölnerin legte im November 1980 ihre Diplomprüfung in Betriebswirtschaftslehre an der Universität zu Köln ab. Nach fast 20-jähriger Tätigkeit als Wirtschaftsjournalistin und Corporate-Publishing-Spezialistin schloss sie im Jahr 2000 am Swiss Banking Institute der Universität Zürich ihre Dissertation mit dem Thema „Wertkommunikation im unternehmerischen Kontext – ein handlungsorientierter Ansatz" ab. Kontakt: (moll@grafmoll.ch)

Jan Pfister ist wissenschaftlicher Mitarbeiter und Doktorand am Lehrstuhl für Wirtschaftsprüfung und Interne Revision sowie Lehrbeauftragter der Universität Zürich. Sein Forschungsschwerpunkt liegt im Bereich der Wirtschaftsprüfung, insbesondere in der kontinuierlichen Berichterstattung und Prüfung.

Dipl.-Ing. Manfred Piwinger ist seit 1998 selbstständiger Unternehmensberater. Bis dahin langjährige Tätigkeit als Kommunikationsmanager in der Industrie; davor Journalist. Er ist Lehrbeauftragter für Unternehmenskommunikation an der Universität Leipzig, Dozent an der Bayerischen Akademie für Marketing und Werbung und Mitglied im Beirat der econet AG (München). Außerdem gehört er dem Deutschen Rat für Public Relations an und ist Vorsitzender der Jury für den Deutschen PR-Preis. 1997 in Helsinki Auszeichnung mit dem „PR-Oscar", dem Golden World Award der IPRA; 1995 mit dem Deutschen PR-Preis. Manfred Piwinger ist Autor zahlreicher Publikationen zu Kommunikationsthemen wie z. B. Investor Relations, Unternehmenskultur, Leitbildentwicklung, Impression Management, Wirtschaftlichkeit von Kommunikation u.a. Kontakt: consultant@piwinger.de

Dr. Victor Porák ist Habilitand an der Universität St. Gallen und leitet dort das Center for Financial Communication (CFC) am Institut für Medien- und Kommunikationsmanagement (MCM). Neben einem Schwerpunkt in Kapitalmarktkommunikation, forscht Dr. Porák im Bereich der Erfolgsmessung und des Kommunikations-Controlling. Zuvor war er Assistent und Doktorand am selben Lehrstuhl, wo er im Herbst 2002 promovierte. Als Absolvent der Stiftsschule Engelberg hat er Elektrotechnik und Informatik am Polytechnikum in Lausanne studiert (EPFL), bevor er 1999 in St.Gallen das betriebswirtschaftliche Studium mit der Vertiefung Informationsmanagement abschloss. Neben div. Lehraufträgen an der Universität St.Gallen engagiert er sich in der Privatwirtschaft. Kontakt: victor.porak@unisg.ch

T. Flemming Ruud, PhD und Wirtschaftsprüfer (Norwegen), ist Professor für Wirtschaftsprüfung und Interne Revision an der Wirtschaftswissenschaftlichen Fakultät der Universität Zürich. Zudem ist er Ständiger Gastprofessor für Interne und Externe Revision an der Universität St. Gallen und an der Norwegian School of Management in Oslo, Norwegen.

Er ist Vorstandsmitglied im Schweizerischen Verband für Interne Revision (SVIR) sowie Mitglied des Verwaltungsrates der Schweizerischen Akademie für Wirtschaftsprüfung und arbeitet eng mit der Treuhand-Kammer zusammen. Außerdem ist er Mitglied des Vorstands verschiedener akademischer Verbände und hat diverse weitere Verwaltungsrats-Mandate in der Schweiz und in Norwegen inne. Als Berater für europäische akademische Institutionen, Revisionsgesellschaften, staatliche Organisationen und private Unternehmen fördert er die Entwicklung von Corporate Governance sowie jene des Externen und Internen Audits.

Prof. Dr. Rudolf Volkart ist Ordinarius für Betriebswirtschaftslehre, insbesondere Corporate Finance, und Direktor des Swiss Banking Institute der Universität Zürich. Er ist neben seiner akademischen Tätigkeit als Verwaltungsrat verschiedener Gesellschaften und als Gutachter aktiv. Besondere Arbeitsschwerpunkte bilden Unternehmensbewertung und betriebliches Wertmanagement. Rudolf Volkart ist Autor zahlreicher finanzwirtschaftlicher Aufsätze und Buchpublikationen. Weitere Informationen finden sich unter www.isb.unizh.ch sowie unter www.versus.ch. Kontakt: (volkartr@isb.unizh.ch).

Zimpel Media Relations – Integrierte PR-Kommunikation.

zimpel-online
zimpel-xpress

- Mediendatenbank
- PR-Software
- Distribution

ZDATA/ZDATAplus

Loseblattwerke

Der Direktkontakt in die Redaktion Ihrer Wahl!
Ihr Abonnement, einen Gastzugang zimpel-online oder ein Angebot über eine kostenlose und unverbindliche Produktpräsentation erhalten Sie unter **www.zimpel.de**.

Praxiswissen Unternehmenskommunikation

Exzellente Ergebnisse erzielen – durch effektive Kommunikation

„Communicate or Die" zeigt Ihnen, wie Sie Mitarbeiter zu Höchstleistungen anspornen und unzufriedene Kunden verhindern – durch effektive Kommunikation. Mit vielen anschaulichen Beispielen und einer Fülle unmittelbar anwendbarer Tipps.

Thomas D. Zweifel
Communicate or Die
Mit effektiver Kommunikation außergewöhnliche Ergebnisse erzielen
2004. 164 S. Hc. EUR 36,90
ISBN 3-409-12634-1

Das Standardwerk der Investor Relations!

Das Standardwerk der Investor Relations mit namhaften Herausgebern und Autoren aus Deutschland, UK und der Schweiz. Praxisnah und mit Hilfe verschiedener Fallbeispiele wird gezeigt, wie Investor Relations funktioniert - und zwar vor, während und nach dem Börsengang.

Manfred Piwinger/
Klaus Rainer Kirchhoff (Hrsg.)
Praxishandbuch Investor Relations
Februar 2005. ca. 350 S. Hc.
ca. EUR 59,90
ISBN 3-409-11901-9

Mitarbeiter motivieren durch richtiges Informieren im Corporate Change!

Die Bedeutung der internen Kommunikation in Veränderungsprozessen wird zunehmend erkannt. Die Auswirkungen auf die Praxis der internen Kommunikation sind jedoch oft unklar. Dieses Buch zeigt, wie man den Herausforderungen eines durch permanenten Wandel geprägten Unternehmensaltags gerecht wird. Mit vielen Fallbeispielen, u.a. Aventis, DaimlerChrysler, Deutsche Bahn, Deutsche Bank 24, TUI.

Egbert Deekeling
Kommunikation im Corporate Changet
Maßstäbe für eine neue Managementpraxis
2003. 267 S. hc, EUR 39,90
ISBN 3-409-2 9321-3

Änderungen vorbehalten. Stand: Januar 2005.
Erhältlich im Buchhandel oder beim Verlag.

Gabler Verlag · Abraham-Lincoln-Str. 46 · 65189 Wiesbaden · www.gabler.de

Printed in Germany
by Amazon Distribution
GmbH, Leipzig